高职高专工学结合课程改革规划教材

交通职业教育教学指导委员会
交通运输管理专业指导委员会　组织编写

Cangchu Guanli Shiwu
仓储管理实务
（第二版）

（物流管理专业用）

范爱理　主　编
孙统超
蒋家尧　副主编
鲍贤俊　主　审

人民交通出版社

内 容 提 要

本书是高职高专工学结合、课程改革规划教材,是在各高等职业院校积极践行和创新先进职业教育思想和理念,深入推进"校企合作、工学结合"人才培养模式的大背景下,由交通职业教育教学指导委员会交通运输管理专业指导委员会根据新的教学标准和课程标准组织编写而成。

本书讲述了仓储管理认知、库场和仓储设备规划、仓储作业、仓储商务管理、仓储成本与绩效、特殊货物仓储与仓储安全、库存控制。

本书既可作为高等教育物流管理、工商管理等经济管理类专业的教材,又可作为工商企业仓储从业人员的培训教材。

图书在版编目(CIP)数据

仓储管理实务/范爱理主编. —2 版. —北京:
人民交通出版社,2012.7
高职高专工学结合课程改革规划教材
ISBN 978-7-114-09872-7

Ⅰ.①仓… Ⅱ.①范… Ⅲ.①仓库管理—高等职业教育—教材 Ⅳ.①F253.4

中国版本图书馆 CIP 数据核字(2012)第 129887 号

高职高专工学结合课程改革规划教材
书　　名：仓储管理实务(第二版)
著　作　者：范爱理
责任编辑：任雪莲　张一梅　崔　建
出版发行：人民交通出版社
地　　址：(100011)北京市朝阳区安定门外外馆斜街3号
网　　址：http://www.ccpress.com.cn
销售电话：(010)59757969,59757973
总　经　销：人民交通出版社发行部
经　　销：各地新华书店
印　　刷：北京交通印务实业公司
开　　本：787×1092　1/16
印　　张：15.75
字　　数：363千
版　　次：2007年7月　第1版
　　　　　2012年7月　第2版
印　　次：2012年7月　第2版　第1次印刷　总第3次印刷
书　　号：ISBN 978-7-114-09872-7
印　　数：5001-8000册
定　　价：42.00元

(有印刷、装订质量问题的图书由本社负责调换)

高职高专工学结合课程改革规划教材

编审委员会

主　　任：鲍贤俊（上海交通职业技术学院）
副主任：施建年（北京交通运输职业学院）
专　　家：（按姓氏笔画排序）

孔祥法（上海世纪出版股份有限公司物流中心）　　刘　念（深圳职业技术学院）
严南南（上海海事大学高等技术学院）　　杨志刚（上海海事大学交通运输学院）
逄诗铭（招商局物流集团易通公司）　　贾春雷（内蒙古大学交通职业技术学院）
顾丽亚（上海海事大学交通运输学院）　　黄君麟（云南交通职业技术学院）
薛　威（天津交通职业学院）

委　　员：（按姓氏笔画排序）

毛晓辉（山西交通职业技术学院）　　石小平（湖北交通职业技术学院）
刘德武（四川交通职业技术学院）　　向吉英（深圳职业技术学院）
孙守成（武汉交通职业学院）　　曲学军（吉林交通职业技术学院）
朱亚琪（青海交通职业技术学院）　　祁洪祥（南京交通职业技术学院）
许小宁（云南交通职业技术学院）　　严石林（湖北交通职业技术学院）
吴吉明（福建船政交通职业学院）　　吴毅洲（广东交通职业技术学院）
李建丽（河南交通职业技术学院）　　李艳琴（浙江交通职业技术学院）
肖坤斌（湖南交通职业技术学院）　　武　钧（内蒙古大学交通职业技术学院）
范爱理（安徽交通职业技术学院）　　赵继新（广西交通职业技术学院）
郝晓东（上海交通职业技术学院）　　袁炎清（广州航海高等专科学校）
阎叶琛（陕西交通职业技术学院）　　黄　浩（江西交通职业技术学院）
黄碧蓉（云南交通职业技术学院）　　程一飞（上海交通职业技术学院）
楼伯良（上海交通职业技术学院）　　谭任绩（湖南交通职业技术学院）

秘　　书：
任雪莲（人民交通出版社）

序

为了适应我国高职高专教育发展及其对教育改革和教材建设的需要，在全国交通职业教育教学指导委员会的指导下，根据2011年颁布的交通运输类主干专业《物流管理专业教学标准与课程标准》(适应于高等职业教育)，我们组织从事高职高专教学第一线的优秀教师和企业专家合作编写物流管理专业系列教材(第二版)，其中部分作者来自国家级示范性职业院校。

为了做好此项工作，2011年8月5~8日在青海省西宁市召开了全国交通教育交通运输管理专业指导委员会工作扩大会议，启动了新一轮规划教材的建设工作，邀请物流企业的专家共同参与教材建设(原则上要求副主编由企业专家担任)，采取主编负责制。为了保证本套教材的出版质量，我们在全国范围内选聘成立"高职高专工学结合课程改革规划教材编审委员会"，确定了编写5门核心课程和12门专门化方向课程的教材主编、副主编和参编。2011年9月23~25日在北京召开了由全国交通教育交通运输管理专业指导委员会主办、人民交通出版社承办的高职物流管理专业教材编写大纲审定会议，编审委员会审议通过了17种教材的编写大纲以及具体编写进度要求。2012年3月23日、5月4日、5月5日在上海分三批对17种教材进行了审稿、定稿。本套教材按照"任务引领、项目驱动、能力为本"的原则编写，突出应用性、针对性和实践性的特点，并重组系列教材结构，力求反映高职高专课程和教学内容体系改革方向，反映当前物流企业的新理念、新技术、新工艺和新方法，注重理论知识的应用和实践技能的培养，在兼顾理论和实践内容的同时，避免片面强调理论知识的系统性，理论知识以应用为目的，以必需、够用为尺度，尽量体现科学性、先进性和广泛性，以利于学生综合素质的形成和科学思维方式与创新能力的培养。

本套教材包括：《物流信息技术应用》、《运输管理实务》、《仓储管理实务》、《物流市场营销技术》、《供应链管理实务》5门专业核心课程教材，《集装箱运输实务》、《货物配送实务》、《国际货运代理》、《物料采购与供应管理》等12门专门化方向课程教材。突出以就业为导向、以企业工作需求为出发点的职业教育特色。在内容上，注重与岗位实际要求紧密结合，与职业资格标准紧密结合；在形式上，配套提供多媒体教学课件，作为教材的配套资料挂到人民交通出版社网站供读者下载。既满足物流管理专业人才培养的需要，也可供物流企业管理和技术人员阅读，还可作为在职人员的培训教材。

交通职业教育教学指导委员会
交通运输管理专业指导委员会
2012年5月

PREFACE

第二版前言

不论是在何种经济体制条件下,仓储活动都是必然存在的经济活动,它是商品生产与流通乃至整个社会再生产过程中不可缺少的重要环节。在经济日趋全球化以及现代物流活动的速度、效率日益引起各级政府部门和各类经济组织重视的今天,仓储活动能否适应经济的快速发展和物流业的迅速崛起是人们越来越关注的问题之一。仓储活动及其管理的好坏,直接关系到生产流通成本的高低和生产流通速度的快慢,也直接关系到供应链、价值链和服务链战略目标的构建。本书全面系统地阐述了仓储管理的基本任务、管理内容,重点阐述了仓储管理作业过程,并详细讲述了作为一名仓储管理人员所必须掌握的知识与技能,包括仓储规划和库房设计、仓储设备设施的选择、货物出入库作业活动、货物储存保管养护及盘点、库存控制、特殊货物仓储管理及仓储安全、仓储商务管理、成本及绩效管理等内容。

本书在编写过程中,突出以下特点:

(1)充分汲取各高职高专院校在探索培养高等技术应用型人才方面取得的成功经验和教学成果,从岗位分析入手,确定课程内容。

(2)切实落实"管用、够用、适用"的教学指导思想,注重理论与实践环节的紧密结合,突出作业流程及其功能的可操作性描述。本书从现代物流系统理念出发,依据现代仓储的管理方法与技术手段的发展,着重阐述了仓储管理的实际业务,突出教材的实用性与可操作性,能够更好地适应高职高专层次的教学需要。

(3)注重引用国家以及有关行业的最新标准,规范仓储操作流程。同时,结合现代仓储业大力发展仓储增值服务的趋势,增加了商品包装、流通加工与分拣等内容。本书共分七个部分:第一部分为仓储管理认知;第二部分为库场和仓储设备规划;第三部分为仓储作业;第四部分为仓储商务管理;第五部分为仓储成本与绩效;第六部分为特殊货物仓储与仓储安全;第七部分为库存控制。

本书由安徽交通职业技术学院范爱理主编,上海交通职业技术学院鲍贤俊主审,孙统超、蒋家尧担任副主编,多位编者合作完成。具体分工为:陕西交通职业技术学院王晓星编写任务一;河南交通职业技术学院刘丽琴编写任务二;河南交通职业技术学院王晓丽编写任务三的项目一、项目二、项目三、项目五、项目六、项目七、项目八、项目九、项目十;四川交通职业技术学院孙统超编写任务四及任务三的项目四;安徽交通职业技术学院韩素兰编写任务五;安徽交通职业技术学院范爱理编写任务六;安徽交通职业技术学院李娟玲编写任务七。安徽迅捷物流有限责任公司副总经理蒋家尧就仓储管理实践对本书提出了许多宝贵意见。

本书在编写过程中借鉴、参考了大量的书籍及国内外文献。在此,对这些前辈、专家和学者表示深深的谢意,作者已尽可能在参考文献中列出。如有引证材料因疏漏而没有列出,在这里深表歉意。由于编者水平有限,加之编写时间仓促,书中难免存在疏漏和不足之处,恳请广大同行和读者批评指正,以便日后修订完善。

作者
2012 年 3 月

第一版前言 PREFACE

进入 21 世纪,随着经济全球化的发展,物流业作为国民经济的动脉和基础产业起着越来越重要的作用,各级政府和企业都把发展物流业作为提高竞争能力和提高企业核心竞争力的重要手段。现代物流理念、先进的物流技术逐步引入到经济建设和企业经营管理之中。物流业作为一个独立的产业迅速崛起,同时也促进了物流教育的发展。为提高物流运作和管理水平,解决人才制约物流产业发展的瓶颈,加强国际物流、物流管理、仓储配送、物流运输、企业运输、物流营销、物流信息处理等技能型人才的培养,已是推动物流行业发展的关键。

为了实现人才培养目标,适应物流行业的发展要求,贯彻《国务院关于大力发展职业教育的决定》精神,培养面向生产、建设、服务和管理第一线需要的物流行业的高技能人才,推动课程建设与改革,加强教材建设,交通职业教育教学指导委员会交通运输管理专业指导委员会根据物流管理专业人才培养要求,组织全国交通职业技术院校的教师编写了物流管理专业规划教材,供高等职业院校物流管理及其相关专业教学使用。

本套教材全面、系统、科学地阐述了现代物流学的相关理论、方法和应用技术,突出以就业为导向,以能力为本位,以企业工作需求为出发点的职业教育特色,在内容上注重与岗位实际要求紧密结合,与职业资格标准紧密结合,体现了教材的科学性、系统性、应用性、前瞻性和通俗性。既满足了物流管理专业人才培养的需要,也可供物流企业管理和技术人员阅读,还可作为在职人员的培训教材。

《仓储管理实务》是高职高专院校物流管理专业规划教材之一,内容包括:现代仓储管理概论、现代仓库的规划及设施、仓储业务作业管理及操作、商品分类及装卸搬运作业、仓储商品的流通加工、特殊物资及仓储的安全管理、库存控制与管理方法、现代仓储管理中的绩效评价、现代技术在仓储管理中的应用。

参加本书编写工作的有:四川交通职业技术学院王煜洲(编写第一、三、九章),福建交通职业技术学院吴吉明(编写第二、七章),陕西交通职业技术学院刘晗兵(编写第五、六章),西南交通大学吴刚(编写第四、八章)。全书由王煜洲担任主编,吴吉明担任副主编,上海交通职业技术学院鲍贤俊担任主审。

本套教材在编写过程中参阅和应用了国内外有关物流科学的论著和资料,无论在参考文献中是否列出,在此,对这些文献的作者和译者表示由衷的感谢和诚挚的谢意。由于作者水平有限,书中不妥之处在所难免,恳请专家和读者给予批评和指正。

交通职业教育教学指导委员会
交通运输管理专业指导委员会
2007 年 5 月

目录 CONTENTS

任务一　仓储管理认知 1
项目一　仓储与仓储管理 2
项目二　仓库及其种类的识别 9

任务二　库场和仓储设备规划 14
项目一　库场规划 15
项目二　仓储设施与设备 28

任务三　仓储作业 54
项目一　仓储作业概述 55
项目二　入库作业 59
项目三　储位管理作业 69
项目四　库存管理与商品保养 78
项目五　盘点作业 91
项目六　订单处理作业 97
项目七　拣选作业 105
项目八　流通加工与包装 112
项目九　出库作业 124
项目十　送货与退换货处理 132

任务四　仓储商务管理 137
项目一　仓储商务管理概述 138
项目二　仓单 143

任务五　仓储成本与绩效 149
项目一　仓储成本与成本控制 150
项目二　仓储绩效和绩效评估 167

任务六　特殊货物仓储与仓储安全 177
项目一　特殊货物仓储 178
项目二　仓储安全 198

任务七　库存控制 212
项目一　ABC 分类法 212
项目二　独立库存控制技术 217

项目三　相关库存控制技术 …………………………………………………… 226
附录 1 ……………………………………………………………………… 238
附录 2 ……………………………………………………………………… 239
参考文献 ………………………………………………………………… 240

任务一　仓储管理认知

内容简介

仓储管理作为物流管理的一部分，对社会经济的运行发挥着重要的作用。仓储系统是企业物流系统中不可缺少的子系统。物流系统的整体目标是以最低成本提供令客户满意的服务，而仓储系统在其中发挥着重要的作用。仓储活动能够促进企业提高客户服务水平，增强企业的竞争能力。现代仓储管理已从静态管理向动态管理发生了根本性的变化，这对仓储管理的基础工作也提出了更高的要求。

教学目标

1. 知识目标
(1) 仓储的含义、功能及仓储活动的性质；
(2) 仓储管理的概念及内容；
(3) 仓储管理发展的过程；
(4) 仓库的含义、功能及分类。
2. 技能目标
(1) 能科学合理地组织仓储活动；
(2) 了解现代仓储管理人员应具备的基本素质；
(3) 掌握仓库的基本概念，可以对不同仓库进行分类。

案例导入

观澜内陆集装箱仓储中心

和记黄埔港口集团旗下的深圳和记内陆集装箱仓储有限公司在深圳观澜设立了大型物流仓储基地"观澜内陆集装箱仓储中心"，以配合华南地区的进出口贸易发展。目前已建成两座面积为 2 万 m^2 的大型出口监管仓，4 万 m^2 的集装箱堆场，以及与之相配套的报关楼、验货中心及办公场所。

观澜内陆集装箱仓储中心实现高科技智能化出口监管仓及堆场操作，包括采用 WMS（仓储管理系统）和 TOMS（堆场管理系统）管理仓储运作及堆场操作；全球海关、船公司、租箱公司及客户查询库存资料，了解货物进出仓的情况；IC 卡闸口自动识别验放 CTV 全方位监控；电子系统报关，为客户提供方便快捷的报关服务。

同时，与和记黄埔集团投资的南方明珠盐田国际集装箱码头有限公司联手，采用 GPS 卫星定位系统。在盐田与观澜之间进行途中监控，并在盐田港入闸处为集装箱车开辟专门的"绿色通道"，以实现信息共享、统一协调、分工合作，充分发挥港口与仓储运作的优势，将盐田码头服务功能延伸至更靠近各生产厂家的内地。

观澜内陆集装箱仓储中心目前为国外销售商、集运公司、货运代理、生产厂家、船公司及租箱公司提供优质监管仓拼柜集运、国内配送、集装箱堆存等服务,对推动华南地区的物流发展做出了贡献。

引导思路

现代仓储主要表现在哪些地方?

项目一 仓储与仓储管理

教学要点

（1）了解仓储活动的意义和我国仓储业的发展现状；
（2）理解仓储的分类；
（3）掌握仓储的性质和功能；
（4）熟悉仓储管理的内容、原则与任务；
（5）熟悉仓储管理人员的基本要求；
（6）掌握仓储管理人员的责任。

教学方法

可采用讲授、情境教学、案例教学和小组讨论等方法。

教学内容

一、仓储的概念

1. 情景设置

认真比较图 1-1 和图 1-2,了解我国仓储业的发展。

图 1-1 情景

图 1-2 情景

2. 技能训练目标

使学生认识到仓储的重要性,能够识别不同类型的仓储。

3. 相关理论知识

1) 仓储的含义

"仓"也称为仓库,是存放、保存物品的建筑物或场所的总称。它可以是房屋建筑物,也可以是大型容器、洞穴或者特定的场所等,其功能是存放和保护物品。"储"表示将储存对象储存起来以备使用,具有收存、保护、管理、储藏物品以备交付使用的意思,也称为储存物品的行为。"仓储"就是指通过仓库对物品进行保管。它是指在原产地、消费地,或者在这两地之间存储商品(如原材料、部件、在制品、产成品),并向管理者提供有关存储商品的状态、条件和处理情况等信息。也就是说,仓储是商品离开生产过程尚未进入消费过程的间隔时间内的暂时停滞。

仓储是商品流通的重要环节之一,也是物流活动的重要支柱,在社会分工和专业化生产的条件下,为保持社会再生产过程的顺利进行,必须储存一定量的物品,以满足一定的时间内社会生产和消费的需要。一般来说,仓储管理是对物品储存的经营管理。从广义上看,仓储管理是对物流过程中的物品储存、中转过程以及由此带来的商品包装、装卸、分拣、整理、后续加工等一系列活动的经营管理。

仓储活动存在于社会经济活动的各个阶段和各个行业,仓储管理的形式和内容有相当大的差别。我们谈到的仓储既包含用于一般物品储存保管的传统仓库,又包含商品流转和分销过程中的配送中心和物流中心。

2) 仓储的种类

虽然说仓储的本质是为了物品的储藏和保管,但是由于经营主体、仓储功能、仓储物保管条件及处理方式的不同,使得不同的仓储活动具有不同的特征。

(1) 按仓储经营主体划分。

①自营仓储。自营仓储主要包括生产企业仓储和流通企业仓储。生产企业为保障原材料供应、半成品及成品的保管需要而进行仓储保管,其储存的对象较为单一,以满足生产为原则。流通企业自营仓储则为流通企业所经营的商品进行仓储保管,其目的是支持销售。

自营仓储不具有经营独立性,仅仅是为企业的产品生产或商品经营活动服务。相对来说,自营仓储规模小、数量众多、专业性强、仓储专业化程度低、设施简单。

②营业仓储。营业仓储是仓储经营人以及其拥有的仓储设施,向社会提供仓储服务。仓储经营人与存货人通过订立仓储合同的方式建立仓储关系,并且依据合同约定提供仓储服务,收取仓储费。

营业仓储面向社会,以经营为手段,实现经营利润最大化。与自用仓库相比,营业仓储的使用效率较高。

③公共仓储。公共仓储是公用事业的配套服务设施,为车站、码头提供仓储配套服务,其运作的主要目的是保证车站、码头等地的物品作业和运输,具有内部服务的性质,处于从属地位。但对于存货人而言,公共仓储也适用营业仓储的关系,只是不独立订立仓储合同,而是将仓储关系列在作业合同、运输合同之中。

④战略储备仓储。战略储备仓储是国家根据国防安全、社会稳定的需要,对战略物资进行储备。战略储备仓储特别重视储备品的安全性,且储备时间较长。所储备的物资主要有粮食、油料、有色金属等。

(2) 按照仓储功能分类。

①储存仓储。储存仓储为物资较长时间存放的仓储。由于物资存放时间较长,使存

费用低廉就很有必要,因此,储存仓储一般在较为偏远的地区进行。储存仓储的物资较为单一、品种少,但储存量大。由于物资存期长,储存仓储特别注重对物资的质量保管与维护。

②物流中心仓储。物流中心仓储是以物流管理为目的的仓储活动,是为了实现有效的物流管理,实现物流的时间价值,对物流的过程、数量、方向进行控制的过程。物流中心仓储一般位于一些经济地区中心,在交通较为便利、仓储成本较低的地方进行。物流中心仓储品种较少,较大批量进货,一定批量分批出库,整体吞吐能力强。

③配送仓储。配送仓储也称为配送中心仓储,是商品在配送交付消费者之前所进行的短期仓储,也是商品在销售或者供生产者使用前的最后储存,并在该环节进行销售或使用前的处理。该类仓储一般在商品的消费经济区间内进行,能迅速地送达消费和销售。配送仓储物品品种繁多、批量少,需要一定量进货、分批少量操作,往往需要进行拆包、分拣、组配等作业,主要目的是支持销售,注重对物品存量的控制。

④保税仓储。保税仓储是指使用海关核准的保税仓库存放保税物品的仓储行为。保税仓储所储存的对象是暂时进境并且还需要复运出境的物品,或者是海关批准暂缓纳税的进口物品。保税仓储受到海关的直接监控,虽然所储存的物品由存货人委托保管,但保管人要对海关负责,入库或出库单据均需要由海关签署。该类仓储一般在进出境口岸附近进行。

(3)按照仓储的保管条件分类。

①普通物品仓储。普通物品仓储是指不需要特殊条件的物品仓储,其设备和库房建造都比较简单,使用范围较广。这类仓储具有一般性的保管场所和设施,常温保管,自然通风,无特殊功能。

②专用仓储。专用仓储是专门用来存储某一类(种)物品的仓储。一般由于物品本身的特殊性质,如对温湿度的特殊要求,或容易对与其共同储存的物品产生不良影响,要专库储存。例如,机电产品、食糖、烟草仓库等。

③特殊物品仓储。特殊物品仓储是在保管中有特殊要求和需要满足特殊条件的物品仓储,如危险品、石油、冷藏物品等。这类仓储必须配备有防火、防爆、防虫等专门设备,其建筑构造、安全设施都与一般仓库不同。例如,冷冻仓库、石油仓库、化学危险品仓库等。

(4)按照仓储物的处理方式分类。

①保管式仓储。保管式仓库也称为纯仓库,是以保管物原样保持不变的方式所进行的仓储。存货人将特定的物品交由保管人进行保管,到期保管人将原物交还存货人。保管物除了所发生的自然损耗和自然减量外,数量、质量、件数不发生变化。保管式仓储又分为仓储物独立保管仓储和将同类仓储物混合在一起的混藏式仓储。

②消费式仓储。保管人在接受保管物时,同时接受保管物的所有权,保管人在仓储期间有权对仓储物行使所有权。在仓储期满,保管人将相同种类、品种和数量的替代物交还给委托人所进行的仓储。消费式仓储特别适合于保管期较短的物品(如农产品)的长期存放,具有一定的商品保值和增值功能。消费式仓储是仓储经营人利用仓储物开展经营的增值活动,也是仓储经营的一个重要发展方向。

③加工式仓储。该类仓储为保管人在仓储期间根据存货人的要求对保管物进行一定加工的仓储方式。保管物在保管期间,保管人根据委托人的要求对保管物进行外观、形状、成分构成、尺度等方面的加工,使仓储物发生委托人所希望的变化。

4. 技能训练准备

提前联系仓储企业进行仓储相关内容的参观实习。

5. 技能训练步骤

(1) 对学生进行实习内容、实习流程、实习要求的介绍；

(2) 现场参观相关厂家仓储相关内容；

(3) 撰写实习报告；

(4) 学生陈述实习报告。

6. 技能训练注意事项

(1) 参观实习中注意安全，并遵守厂家相应规章制度；

(2) 态度认真，报告内容全面、真实、准确。

7. 技能训练评价

技能训练完成后填写技能训练评价表，见附录2。

8. 技能训练活动建议

(1) 参观的仓储企业要有代表性；

(2) 参观不同类型的仓储企业。

二、仓储管理的功能及对管理人员的要求

1. 情景设置

美国某药品和杂货零售商成功实现其并购计划之后，销售额急剧上升，需要扩大分拨系统以满足需要。一种设计是利用6个仓库供应全美约1000家分店。公司以往的物流战略是全部使用自有仓库和车辆为各分店提供高水平的服务，因而此次公司计划投入700万美元新建一个仓库，用来缓解仓储不足的问题。新仓库主要供应匹兹堡附近的市场，通过配置最先进的搬运、存储设备和进行流程控制，以降低成本。管理层已经同意了这一战略，且已经开始寻找修建新仓库的地点。

然而，公司同时进行的一项网络设计研究表明，新仓库并没有完全解决仓储能力不足的问题。有人建议采用混合战略——除使用自建仓库外，部分地利用营业形租赁仓库，这样做的总成本比全部使用自建仓库的总成本要低。于是，企业将部分产品转移至营业型仓库，然后安装新设备，腾出足够的自有空间，以满足可预见的需求。新设备的成本为20万美元。这样，企业成功地通过混合战略避免了单一仓储模式下可能导致的700万美元的巨额投资。

2. 技能训练目标

(1) 熟悉仓储管理的内容、原则与任务；

(2) 熟悉仓储管理人员的基本要求；

(3) 掌握仓储管理人员的责任。

3. 相关理论知识

1) 仓储管理的内容

所谓仓储管理，是指服务于一切库存商品的经济技术方法与活动。很明显，"仓储管理"的定义指明了其所管理的对象是"一切库存商品"，管理的手段既有经济的，又有纯技术的。仓储管理工作包括以下几个方面的内容。

（1）仓库的选址与建设。

它包括仓库的选址原则、仓库建筑面积的确定、库内运输道路与作业的布置等问题。仓库的选址和建设问题是仓库管理战略层面所研究的问题，它涉及公司长期战略与市场环境相关联的问题的研究，对仓库长期经营过程中的服务水平和综合成本有非常大的影响，所以必须提到战略层面来对待和处理。

（2）仓库机械作业的选择与配置。

它包括如何根据仓库作业特点和储存物种类及其理化特征，选择机械装备以及应配备的数量，如何对这些机械进行管理等。现代仓库离不开仓库所配备的机械设施和设备，如叉车、货架、托盘和各种辅助设备等。恰当地选择适用于不同作业类型的仓库设施和设备，将大大降低仓库作业中的人工作业劳动量，并提高货品流通的顺畅性和保障货品在流通过程中的质量。

（3）仓库作业组织和流程。

它包括设置什么样的组织结构，各岗位的责任分工如何，仓储过程中如何处理信息组织作业流程等。仓库的作业组织和流程随着作业范围的扩大和功能的增加而变得复杂。现代大型的物流中心要比以前的存储型仓库组织机构大得多，流程也复杂得多。设计合理的组织结构和明确的分工是仓储管理的目标得以实现的基本保证。合理的信息流程和作业流程使仓储管理高效、顺畅，并达到客户满意的要求。

（4）仓库管理技术的应用。

现代仓储管理离不开现代管理技术与管理手段，如选择合适的编码系统，安装仓储管理系统，实行 JIT 管理等先进的管理方法等。现代物流越来越依靠现代信息和现代管理技术，这也是现代物流区别于传统物流的主要特点之一。商品的编码技术和仓储管理系统极大地改善了商品流通过程中的识别和信息传递与处理过程，使得商品的仓储信息更准确、快捷，成本也更低。

（5）仓库的作业管理。

仓库作业管理是仓储管理日常所面对的最基本的管理内容。例如，如何组织商品入库前的验收，如何安排库位存放入库商品，如何对在库商品进行合理保存和发放出库等。仓库的作业管理是仓库日常所面对的大量和复杂的管理工作，只有认真做好仓库作业中每一个环节的工作，才能保证仓储整体作业的良好运作。

（6）仓储综合成本控制。

成本控制是任何一个企业管理者的重要工作目标，仓库管理也不例外。仓储的综合成本控制不但要考虑库房内仓储运作过程中各环节的相互协调关系，还要考虑物流过程各功能之间的背反效应，以平衡局部的利益和总体利益最大化的关系。选择适用的成本控制方法和手段，对仓储过程每一个环节的作业表现和成本加以控制是实现仓储管理目标的要求。

2）仓储管理的基本特点

仓储管理活动与一般的物质生产活动相比，有明显的不同，其主要表现如下：

（1）仓储管理活动所消耗的物化劳动不改变劳动对象的功能、性质和使用价值，而保持和延续其使用价值。

（2）仓储管理活动的产品虽然没有实物形态，却又有实际内容，即仓储劳务，也就是以劳动的形式，为他人提供的某种特殊使用价值。

(3)仓储管理活动虽然不改变在库物品的使用价值,但会增加在库物品的价值,也就是仓储生产中的一切劳动消耗要追加到在库物品价值中去。追加多少,由社会必要劳动时间决定。

(4)仓储劳动的质量通过在库物品的数量和质量的完好程度、保证供应的及时程度来体现。

3)仓储管理的任务

仓储管理作为物流管理的一部分,对社会经济的运行发挥着重要的作用。仓储管理的基本任务包括以下几方面。

(1)合理规划仓储设施网络。

物流网络是由运输的"流动线"和仓库的"固定点"联结而成的运作系统。由于仓库的固定性,其位置的选择也尤为重要。仓库一旦建成,不能轻易搬动,所以合理选择仓库的位置对于提高物流网络的高效性和降低物流的综合运作成本有着非常大的影响。

(2)合理选择仓储设施设备。

仓库设施设备的选择不但对仓库的运营成本产生影响,也影响着整个供应链的运作效率。例如,托盘的选择会直接影响接货和出货的效率,也会影响上下游单位的运作方式和效率。所以,合理选择仓储的设施设备是实现系统作业标准化、高效化的保证。

(3)严格控制商品进出质量。

严格控制商品的进出质量,既可以减少仓库损失,又可以避免不合格的商品流入下一环节。随着经济全球化的发展,商品供应链的加长,物流网络的扩大,流通过程中的质量控制变得越来越重要。

(4)认真保管在库商品。

在库商品的保管,既包括在库商品的数量管理,又包括商品的质量保证。在库商品的数量和品种的增加会加大商品数量清点的难度,准确掌握库存商品的真实数据是保证良好的存货控制的条件。在库商品的质量保证是仓储管理的主要任务之一,只有按照商品的储存要求,达到商品的保管质量,存储活动才是有效的。

(5)保证仓库高效运作。

仓库日常运作包括进货、分拣、出货、盘点等一系列工作。保证仓库日常作业的顺畅和高效是仓库管理最基本的任务。

(6)降低仓储运营成本。

降低仓储运营成本是仓储管理的主要任务之一,降低仓储成本的方法包括供应链网络的合理化设计、仓储设施设备的合理选择与应用、指标评定系统的合理设定和日常运作过程的有效监督与管理。总之,仓储运营成本是反映仓储管理水平的一项综合性指标。

(7)确保仓库运行安全。

仓库是商品的集中存放地点,既要保证操作过程中人员的安全,又要注意防盗、防火。确保仓库的运行安全既是企业正常经营的必要条件,也是保障社会安定和人民生命财产安全的要求。

4)现代仓储管理人员的基本要求

(1)仓储管理人员的基本素质要求。

①具有丰富的商品知识。对于所经营的商品要充分地熟悉,掌握其理化性质和保管要求,能针对性地采取管理措施。

②掌握现代仓储管理技术。对仓储管理技术充分掌握,并能熟练运用,特别是现代信息技术的使用。

③熟悉仓储设备。能合理高效地安排使用仓储设备,能够操作仓储设备。

④计算机操作熟练。

⑤办事能力强,有较强的责任心。能分清轻重缓急,有条有理地处理事物;爱岗敬业。

⑥具有一定的财务管理能力。能进行经济核算,成本分析正确掌握仓储经济信息,能查阅财务报表。

⑦具有一定的管理素质。

(2)仓储管理人员的职责。

①认真贯彻仓库保管工作的方针、政策和法律法规,有高度的责任感,忠于职守,廉洁奉公,热爱仓库工作,具有敬业精神,树立为客户服务、为生产服务的观点,具有合作精神;树立讲效率、讲效益的思想,关心企业的经营。

②严格遵守仓库管理的规章制度和工作规范,严格履行岗位职责,及时做好物品的入库验收、保管保养和出库发运工作;严格遵守各项手续制度,做到收有据、发有凭,及时准确登记销账,手续完备,账物相符,把好收、发、管三关。

③熟悉仓库的结构、布局和技术定额,熟悉仓库规划;熟悉堆码和苫垫技术,掌握堆码作业要求;在库容使用上做到妥善地安排货位,合理高效地利用仓容。

④熟悉仓储物品的特性和保管要求,有针对性地进行保管,防止物品损坏,提高仓储质量。

⑤熟练地填写表账和制作单证,妥善处理各种单证业务。

⑥了解仓储合同的义务约定,完整地履行义务。

⑦重视仓储成本管理,不断降低仓储成本。妥善保管好剩料以及废旧包装,收集和处理好地脚货,做好回收工作。用具、苫垫和货板等妥善并细心使用,延长使用寿命。重视研究仓储技术,提高仓储利用率,降低仓储物耗损率,提高仓储的经济效益。

⑧了解仓库设备和设施的性能和要求,熟练地掌握计量、衡量、测试用具和仪器的使用,督促设备的维护和维修。

⑨严格执行仓库安全管理的规章制度,时刻保持警惕,做好防火、防盗、防破坏及防虫鼠害等安全保卫工作,防止各种灾害和人身伤亡事故,确保人身、物品和设备的安全。

⑩注意自身形象,做好与内部及相关客户的协调沟通工作。

4. 技能训练准备

(1)学生每4~6人自由结成一个小组,每个小组选一名组长。

(2)教师准备一个企业的仓储管理环境模型。

5. 技能训练步骤

①4~6人一组共同进行讨论,根据教师提供的模拟的企业仓储环境,制订一套仓储管理流程;

②仓储管理流程报告的课堂发表分小组进行,每小组派代表陈述;

③教师对每个小组的报告逐一点评,并打分。

6. 技能训练注意事项

(1)小组内学生集思广益,认真撰写仓储管理流程报告;

(2)报告内容确定要有依据、要准确。

7. 技能训练评价

全员参与讨论和成绩评判工作,但在自己小组发表时回避,即不为本小组评价成绩,总评满分为 100 分。

每位小组成员成绩 = 本小组成绩 ÷4/6

小组成绩 = 全员评价该小组成绩总和 ÷ 参评人数

请完成技能训练后填写技能训练评价表,见附录 1。

8. 技能训练活动建议

(1) 教师模拟制订的企业仓储环境要有代表性和全面性。

(2) 各小组可对报告内容进行讨论。

思考练习

简答题

(1) 何谓现代仓储管理?

(2) 如何区分现代仓储业与传统仓储业?

(3) 仓库管理人员应具备哪些基本素质?

(4) 仓库管理人员应该履行的主要职责有哪些?

项目二 仓库及其种类的识别

教学要点

(1) 了解仓库的概念及分类;

(2) 了解仓库的功能。

教学方法

可采用讲授、情境教学、案例教学和小组讨论等方法。

教学内容

1. 情景设置

联邦快运公司的创立者、总裁福瑞德·史密斯先生在大学期间曾经写过一篇论文,建议在小件包裹运输上采纳"轴心概念"。可是这篇论文得分不高。但是,他后来的实践证明"轴心概念"的确能为小件包裹运输提供一个独一无二的、有效的辐射状配送系统。此外,他选择了田纳西州的孟菲斯作为公司的运输的中央轴心所在地。

首先,孟菲斯为联邦快运公司提供了一个不拥挤、快捷畅通的机场,它坐落在美国中部地区,气候条件优越,机场很少关闭。正是由于摆脱了气候对飞行的限制,联邦快运的竞争潜力才得以充分发挥。成功的选址也许对其安全记录有着重大的贡献,在过去的 25 年里,联邦快运从来没有发生过空中事故。

除了星期天,每天晚上联邦快运的飞机将世界各地的包裹运往孟菲斯,然后再运往联邦快运没有直接国际航班的各大城市。虽然这个中央轴心的位置只能容纳少量的飞机,但它们能够为之服务的航空网点要比传统的 A 城到 D 城的航空系统多得多。另外,这种轴心安排使得联邦快运每天晚上飞机航次与包裹量一致,并且可以应航线容量的要求随时改道飞行,这就节省了一笔巨大的整用。另外,联邦快运相信,中央轴心系统也有助于减少运输上的误导或延误,因为从起点开始,包裹在整个运输过程都有一个总体控制。

世界上许多事情是很难做到绝对精确的,选址问题也不例外。由于选址决策涉及许多因素,加之一些因素又是相互矛盾的,造成了选址决策的困难。在同一个地区,相同类型的企业中也有经营得好的和经营得不好的。对一个特定的企业来说,其最优选址应取决于该企业的类型。工业选址决策主要是为了追求成本最小化;而零售业或专业服务性组织机构一般都追求收益最大化;至于仓库选址,可能要综合考虑成本及运输速度的问题。总之,选址战略的目标是使厂址选择能给工厂带来最大化的收益。

2. 技能训练目标

使学生意识到仓库的重要性,能够识别不同类型的仓库。

3. 相关理论知识

1) 仓库的概念

随着人类社会生产力的进步,出现了剩余产品,就产生了储存的想法,从面建造了储存物品的建筑或场所——仓库。而从《诗经·小雅》中"乃求千斯仓"的句子可知仓库建筑古已有之。从仓库的产生和作用来看,仓库是保管、存储物品的建筑物和场所的总称,包括商品、生产资料、工具或其他财产及对其数量和价值进行保管的场所或建筑物等设施,还包括用于防止减少或损失物品而进行作业的土地或水面。仓库内一般都有为储存和保管及其他相关作业服务的设备、设施、如地坪、货架、衬垫物、装卸设备、通风照明设备等。

2) 仓库的分类

仓库是物流系统的基本设施之一,有各种各样的类型。下面从营运形态、保管形态、所在位置、功能、库内形态等几个方面进行分类。

(1) 按营运形态分。

①营业仓库。专门为了经营储运业务而修建的仓库,这类仓库面向社会服务或以一个部门的物流业务为主,兼营其他部门的物流业务,如商业、物资、外贸等系统的储运仓库等。此类仓库具有独立的法人地位,自主核算,自负盈亏。

②自用仓库。某些生产企业或流通企业,为了本企业物流业务顺利进行而修建的附属仓库。这类仓库不对外,只储存本企业的原材料、燃料、配件、半成品、产成品或商品。一般工厂、企业、商店的仓库以及部队的后勤仓库,多属于这一类。

③公共仓库。由国家或一个主管部门修建的,为社会物流业服务的为公共仓库,如铁路车站的货场仓库、交通港口的码头仓库、公路站场的货栈仓库等。

(2) 按保管形态分。

①普通仓库。常温下的一般仓库,用于存放对仓库没有特殊要求的一般性物品。只要求具有通用的库房和堆场,用于存放普通物品,如一般的金属材料仓库、机电产品仓库、砂石堆场等。仓库设施比较简单,但储藏的物资品种繁杂,作业过程和保管方法、要求均不同。

②保温仓库。用于储存对温度湿度等有特殊要求的仓库,包括恒温库、恒湿库、冷藏库等,用于如粮食、水果、肉类等物品的储存。这类仓库在建筑上要有隔热、防寒、密封等功能,并配备有专门的设备,如空调、制冷机等。

③特种仓库。用于储存有某些特殊保管要求的物品的仓库,包括危险品仓库,如石油

库、化工危险品库、放射性危险品库等,以及用于专门储藏粮食的粮仓等。这类仓库具有某些特殊保管条件。

(3) 按所在位置分。

①港口仓库。位于沿海、沿江、沿河的仓库,主要储存水运的物资,其中含有需要海运进出口贸易的物资。

②车站仓库。火车站、汽车站所属的仓库,主要储存需要运输或运输完毕待提的物资。

③机场仓库。航空机场所属的仓库,主要储存需要通过航空运输或运输完毕待提的物资。

④市区仓库。位于市区的仓库,主要储存居民的日常生活消费品。

⑤郊区仓库。位于郊区的仓库,以避免市区高昂的地价,储存量一般较大,主要储存工业用品、危险品等。

(4) 按功能分。

①储存仓库。主要对物品进行保管,以解决生产和消费的不均衡,如秋季生产的大米储存到第二年卖;常年生产的化肥,想要在春季、秋季集中供应,只有通过仓储来解决。

②流通仓库。这种仓库除具有保管功能之外,还能进行流通、装配、简单加工、包装、理货以及运输等功能,具有周转快、附加值高、时间性强的特点,可减少在连接生产和消费的流通过程中商品因停滞而花费的费用。

③配送仓库。配送中心所属仓库,是直接向市场或消费者配送商品的仓库。其存放的物品种类繁多,但存量却较少。配送仓库一般要进行商品包装拆除、配货组合等作业,并进行商品的配送业务。

④保税仓库。经海关批准,在海关监管下,专供存放未办理关税手续而入境或过境物品的场所。

(5) 按库内形态分。

①地面型仓库。一般仅为平地面的仓库,多使用非货架型的保管设备。

②货架型仓库。采用多层货架保管的仓库。在货架上放置托盘,物品和托盘可在货架上移动。货架分固定式货架和移动式货架。采用固定式货架的仓库称为固定式货架仓库;采用移动式货架的仓库称为移动式货架仓库。

③自动化立体仓库。由电子计算机进行管理和控制,不需人工搬运作业,而实现收发作业的现代化仓库。一般采用高层货架储存、巷道堆垛机作业,可进行自动收货、存货、取货、发货和信息处理等。

3) 仓库的功能

仓库的一个最基本的功能是储存货物,并对储存的物资进行保管和控制。随着人们对仓库概念的深入了解,以仓库为核心开展了许多功能,如物资处理、流通加工、物流管理和信息服务等,其含义远远超出单一的存储功能。一般来讲,仓库具有下列功能。

(1) 储存和保管的功能。

这是仓库最基本的传统功能,仓库具有一定的空间,用于储存物品,并根据物品的特征,仓库内还配有相应的设备,以保持储存物品的完好性。例如,存储挥发性物质的仓库,往往要有通风设备,以防止空气中含挥发性物质过高而引起爆炸;储存精密仪器的仓库,往往需要防尘、防潮、保湿,因此要设置空调、保湿等控制设备。在仓库作业时,应防止搬运和堆放时碰坏、压坏物品,所以要注意改善和提高搬运和堆放的操作方法,提高保管能力。

(2)配送和加工功能。

现代仓库的功能已由保管型向流通型转变,即仓库由原来的存储、保管物品的功能向流通、销售的功能转变。仓库不仅具备储存、保管物品的设备,而且还增加了分袋、配套、捆装、流通加工、移动等设施。这样既扩大仓库的经营范围,提高了物资的综合利用率,又方便了消费者,提高了服务质量。

(3)调节物品运输能力的功能。

各种运输工具的运输能力差别是比较大的,如船舶的运输能力很大,海运船舶的载运能力一般都在万吨以上,火车的载运能力虽小一些,但一列 50 节车厢的火车,其载运能力也达几千吨。汽车的载运能力相对较小,一般在 10t 以下,它们之间的运输能力差别要靠仓库来调节和衔接。

(4)信息传递的功能。

信息传递功能总是伴随着以上三个功能而发生的。在处理仓库管理的各项事务时,需要及时准确的仓库信息,如仓库利用水平、进出货频率、库存状况、仓库的地理位置、仓库的运输情况、顾客需求状况以及仓库人员的配置等,这对仓库的经营管理产生重大的影响。

4. 技能训练准备

提前联系仓储企业进行仓库相关内容的参观实习。

5. 技能训练步骤

(1)对学生进行实习内容、实习流程、实习要求的介绍;

(2)现场参观相关厂家仓库相关内容;

(3)撰写实习报告;

(4)学生陈述实习报告。

6. 技能训练注意事项

(1)参观实习中注意安全,并遵守厂家相应规章制度;

(2)态度认真,报告内容全面、真实、准确。

7. 技能训练评价

技能训练完成后填写技能训练评价表,见附录2。

8. 技能训练活动建议

(1)参观的仓库要有代表性;

(2)参观不同类型的仓库。

思考练习

1. 简答题

(1)何谓现代仓储管理?

(2)如何区分现代仓储业与传统仓储业?

(3)仓库管理人员应具备哪些基本素质?

(4)仓库管理人员应该履行的主要职责有哪些?

(5)仓库的定义是什么?

2. 案例分析题

西南仓储公司是一家地处四川省成都市的国有商业储运公司,随着市场经济的深入发展,原有的业务资源逐渐减少,企业也经历了由专业储存公司到非专业储运公司再到专业储运公司的发展历程。

在业务资源和客户资源不足的情况下,这个以仓储为主营业务的企业,其仓储服务是有什么就储存什么,以前以五金交电为主,后来也储存过钢材、水泥和建筑涂料等生产资料。这种经营方式解决了企业仓库的出租问题。

那么,这家企业是如何发展区域物流的呢?

(1)专业化。

当仓储资源重新得到充分利用的时候,这家企业并没有得到更多的利益。经过市场调查分析研究,这家企业最后确定了立足自己的老本行,发展以家用电器为主的仓储业务。

一方面,在家用电器仓储上,加大投入,加强管理,加强与国内外知名家用电器厂商的联系,向这些客户和潜在客户介绍企业确定的面向家用电器企业的专业化发展方向,吸引家电企业进入。另一方面,与原有的非家用电器企业用户协商,建议其转库,同时将自己的非家用电器用户主动地介绍给其他同行。

(2)延伸服务。

在家用电器的运输和使用过程中,不断出现损坏的家用电器。以往,每家生产商都是自己进行维修,办公室场所和人力方面的成本很高。经过与用户协商,在得到大多数生产商认可的情况下,这家企业在库内开始了家用电器的维修业务。这样既解决了生产商售后服务的实际问题,也节省了维修品往返运输的成本和时间,并分流了企业内部的富余人员,可谓一举两得。

(3)多样化。

除了为用户提供仓储服务之外,这家企业还为一个最大的客户提供办公服务,向这个客户的市场销售部门提供办公场所,为客户提供了前店后厂的工作环境,大大地提高了客户的满意度。

(4)区域性物流配送。

通过几年的发展,企业经营管理水平不断提高,企业内部的资源得到了充分的挖掘。同样,企业的仓储资源和其他资源也已经处于饱和状态。资源饱和了,收入的增加从何而来?在国内发展现代物流的形式下,这家企业认识到只有走出库区,走向社会,发展物流,才能提高企业的经济效益,提高企业的实力。经过调查和分析,决定发展物流从学习入手,向比自己先进的企业学习,逐步进入现代物流领域。经过多方努力,该企业找到一家第三方物流企业。在这个第三方物流企业的指导下,通过与几家当地的运输企业合作(外包运输),该企业开始了区域内的家用电器物流配送,为一家跨国公司提供物流服务。

问题:

(1)为什么当西南仓储公司的仓储资源又重新得到充分利用的时候,这家企业并没有得到更多的利益?

(2)通过分析西南仓储公司向现代物流的转变过程,试述其转变成功的关键是什么。

(3)通过本案例分析,试述我国目前传统物流企业怎样才能实现向现代物流的转变。

任务二　库场和仓储设备规划

内容简介

库场规划主要包括仓库选址、仓库平面布置、仓库内部具体规划等。为了满足仓储管理的需要，仓库必须配置一定的硬件设施和设备。当前仓储设备的种类日益增多，主要有货架、叉车、托盘、起重机、堆垛机和出入库输送设备等，仓储设备的使用管理必须制订相应的制度规范，以提高设备的作用率，减少不必要的损耗。

教学目标

1. 知识目标
（1）了解库场选址的原则、程序、方法；
（2）掌握库场内部规划的具体方法；
（3）掌握仓储设施的规划；
（4）掌握不同仓储设备的选择与应用。

2. 技能目标
（1）能进行仓库的平面布置；
（2）能组织仓库内部的具体规划；
（3）能正确选择仓储设备并进行相关的操作。

案例导入

某企业的仓库布局设计

某厂是一家外商投资的中小型企业，主要供应商和客户均在国外。该厂采用订单驱动的生产模式，产品品种多、批量小，所需的原材料品质要求高、种类复杂，对仓库的利用程度高，仓库的日吞吐量也较大。因此，该厂选择在距车间较近的地方建了自营仓库，仓库采用拣选货区和存储区混合使用的方式。仓库共有三层：一、二层主要存储主料、辅料；三层主要用于存放成品。按照各个车间来划分存储区域：一层用于存放主料，主料质量、荷重大，考虑到楼板的承载能力，将其置于一层是合理的选择，由于每单位主料的质量均不在人工搬运的范围之内，一层的搬运设备主要为平衡重式叉车。一层通道宽 3～4m，装满车可以在通道通过及调转方向。货区布置采用的垂直式，主要通道长且宽，副通道短，主要用于存取查拣，且有利于通风和采光。二层仓库存放辅料，部分物料使用货架存放，有利于节省空间。其余大部分物料直接存放于托盘上，托盘尺寸没有采用统一标准。托盘上物料采用重叠堆放方式，其高度在工人所能及的范围之内。物料搬运借助手动托盘搬运车完成，操作灵活轻便，适合于短距离搬运，通道比一层通道窄。主通道宽约 2m。

引导思路

（1）目前该企业的仓库布局设计还存在哪些问题？
（2）针对可能出现的问题，如何对该仓库布局进行改进？

项目一 库场规划

教学要点

（1）了解仓库选址的原则、程序和方法；
（2）结合实际案例，熟练掌握仓库内部布局设计以及堆场设计。

教学方法

可采用讲授、情境教学、案例教学和分组讨论等方法。

教学内容

一、仓 库 选 址

1. 情景设置

根据对自己身边的物流市场的调查，自创一家物流企业，并为自创企业仓库选择一个合适的位置，最终拟定仓库选址报告，具体包括物料存储类型分析、业务量分析、竞争商圈分析三个方面。在确定仓库地址时，要考虑仓库位于城市的方位、周边基础设施（医院、公交、公安、银行、通信设施等）、政府近期规划情况、交通设施、交通管制情况以及仓库辐射区域等。

2. 技能训练目标

能够根据目标市场客户分布与状况来确定仓库的合理位置。

3. 相关理论知识

仓储网点选址即仓库选址，是指在一个具有若干供应点及若干需求点的区域内，选一个地址设置仓库的规划过程。设施选址首先要根据设施的特点选择建设的地区，然后在选择确定了的地区内采用选址的某种方法进一步确定建设的具体地点。较佳的仓库选址方案可以使商品通过仓库的汇集、中转、分发直至输送到需求点的全过程的效益最好。仓库拥有众多建筑物、构筑物以及固定机械设备，一旦建成很难搬迁，如果选址不当，将付出长远代价，因而仓库的选址是仓库规划中至关重要的一步。

1）仓库选址的原则

从宏观层面上看，仓库选址的基本原则有利于促进生产和货物流通，节约流通费用，有利于运输能力的合理利用、货物的安全储存以及环境保护。从微观层面上看，仓库选址要遵循适应性原则、协调性原则、经济性原则和战略性原则。

（1）协调性原则。

仓库的选址应将国家的物流网络作为一个大系统来考虑,使仓库的设施设备在地域分布、物流作业生产力、技术水平等方面互相协调。

(2)适应性原则。

仓库的选址要与国家的方针政策相适应,与我国物流资源分布和需求分布相适应,与国民经济和社会发展相适应。

(3)经济性原则。

仓库发展过程中,有关选址的费用主要包括建设费用和物流费用(经营费用)两部分。仓库的选址定在市区、近郊区或远郊区,其未来物流辅助设施的建设规模及建设费用以及运费等物流费用是不同的。选址时,应以总费用最低作为仓库选址的经济性原则。

(4)战略性原则。

仓库的选址应具有战略性眼光,一是要考虑全局,二是要考虑长远,局部要服从全局,目前利益要服从长远利益,既要考虑目前的实际需要,又要考虑日后发展的可能。

2)仓库选址的影响因素

(1)经济因素。

经济因素主要包括以下几方面:

①货流量的大小。仓库的位置一定要选在物流量较大的区域。

②货物的流向。仓库位置应考虑其服务的产业的大量货品流动方向。

③交通的便利性。综合性仓库一定要选择在两种以上运输方式的交会地。港口仓库要选择在内河运输与海运的交会地;城市仓库要选择干线公路或高速公路与城市交通网络的交会地,还要有铁路专用线或靠近铁路货运编组站。

(2)自然因素。

自然因素包括地理因素和气候因素两个方面。仓库要选择在地面较坚硬、空气较干燥的地方。临近河海地区,必须注意当地水位,不得有地下水上溢,远离闹市或居民区,周边不应有产生腐蚀性气体、粉尘和辐射热的工厂,还应与易发生火灾的单位保持一定的安全距离。此外,要详细了解当地的自然气候环境,如湿度、盐分、降雨量、风向、风力、瞬时风力、地震、山洪与泥石流等。

(3)政策因素。

政策因素主要包括企业优惠措施(土地提供、减税)、城市规划(土地开发、道路建设计划)、地区产业政策等。

(4)成本因素。

仓库应该尽量选择建在接近物流服务需求地,如大型工业、商业区等周边,以便缩短运输距离、降低运费等物流费用。

3)仓库选址的步骤

(1)调查准备。

首先,要组织相关的工程技术人员、系统设计人员和财务核算人员成立专门的工作小组。其次,根据拟新建仓库的任务量大小和拟采用的储存技术、作业设备对仓库需占用的土地面积进行估算,调查了解仓库所在地区的自然环境、交通运输网络、气象等资料。最后,进行现场调查。现场调查的主要任务是具体考察拟建仓库地点的实际情况,并进行综合分析提出多个备选地址。

(2)提出选址报告。

选址报告应包含以下几方面：

①选址概述。这部分要简明扼要地阐明选址工作组的组成、选址工作进行的过程、选址的依据和原则，简单介绍可供选择的几个点，并推荐一个最优方案。

②选址要求及主要指标。这部分要说明为了适应仓库作业的特点，完成仓储生产任务，备选地点应满足的基本要求，简述各备选地址满足要求的程度，列出选址要求的主要指标，如仓库总占地面积、仓库存储能力等。

③库区位置说明及平面图。这部分要说明库区的具体方位，四周距主要建筑物及大型设施的距离，附近的地形、地貌等，并画出区域位置图。

④建设时占地及拆迁情况。这部分要说明仓库建设范围内的耕地情况、拆迁户数及人口数，估算征地和拆迁费用。

⑤当地地质、地震和水文情况。这部分包括备选地址的地质情况、地震烈度、气温、降水量、历史洪水水位等。

⑥交通及通信条件。这部分要说明备选地的铁路、公路、水运及通信的设施条件和可利用程度。

⑦地区协作条件。这部分要说明备选地供电、供水、供暖、排水等协作关系以及职工福利设施共享的可能程度。

(3) 方案对比分析。

对提出的几个备选地址，依照已经确定的原则和具体指标进行对比分析，分析每个仓库方案的利弊得失，最终得出最优方案。

商品储存离不开仓库，仓库建设要求布局合理。仓库设置的位置，对于商品流通速度的快慢和流通费用的大小有着直接的影响。仓库布局要尽可能与供货单位接近，遵循"近厂近储"的原则，否则就会造成工厂远距离送货的矛盾；商品供应外地的要遵循"近运近储"原则，要考虑临近的交通运输条件，力求接近车站、码头以利于运送；储存的商品主要供应本地区，则宜建于中心地，与各销售单位布局呈辐射状。总之，仓库在布局时要掌握物流距离最短原则，尽可能避免物流迂回倒流现象。选择建设大型仓库时，最好能具备铺设铁路专用线或兴建水运码头等条件，考虑集装箱运输的发展等。

4) 仓库选址的基本方法

在现有仓库中确立一个仓库，用总距离最短、总运输周转量最小、总运输费用最小来计算比较简单。确立一个新的仓库地址，可用因素比重法、重心法、盈亏平衡分析法、微分法和运输模型法来进行评估选址。以下重点介绍因素比重法和重心法。

(1) 因素比重法。

选址中要考虑的因素很多，但是总要有一些因素比另一些因素相对重要，决策者要判断各种因素孰轻孰重，从而使评估更接近现实。这种方法有六个步骤：列出所有相关因素；赋予每个因素以权重，从而反映它在决策中的重要性；给每个因素的打分取值，设定一个范围（1～10 或 1～100）；用上一步设定的取值范围就各个因素给每个备选地址打分；将每个因素的得分与其权重相乘，计算出每个备选地址的得分；考虑以上计算结果，以总分最高者为优。

(2) 重心法。

重心法是单设施选址中常用的模型，在这种方法中选址因素只包含运输费率和该点的货物运输量，在数学上被归纳为静态连续选址模型。设有一系列点分别代表供应商位置和

需求点位置,各自有一定的物品需要以一定的运输费率运往待定仓库或从仓库运出,那么仓库所处位置的计算方法如下:

$$\min T_C = \sum V_i R_i d_i \tag{2-1}$$

式中:T_C——总运输成本;
　　　V_i——i点的运输量;
　　　R_i——到i点的运输费率;
　　　d_i——从位置待定的仓库到i点的距离。

4. 技能训练准备

(1) 学生每6人自由结成一个小组,每个小组选一名组长;
(2) 教师指导点评;
(3) 学生自己安排时间调查,书写选址报告,教师统一评选。

5. 技能训练步骤

(1) 6人一组共同进行调查,撰写选址报告,报告署名按照贡献大小排列;
(2) 选址报告的课堂发表分小组进行,每小组派代表陈述。

6. 技能训练注意事项

(1) 一丝不苟,认真撰写选址报告;
(2) 调研内容确定要有依据、要准确。

7. 技能训练评价

全员参与选址调查和成绩评判工作,但在自己小组发表时回避,即不为本小组评价成绩,总评满分为100分。

　　　每位小组成员成绩 = 本小组成绩 × 报告署名
　　　小组成绩 = 全员评价该小组成绩总和 ÷ 参评人数

报告署名:第一名占总成绩的23%,第二名占20%,第三名占17%,第四名占15%,第五名占13%,第六名占12%。

请完成技能训练后填写技能训练评价表,见附录1。

8. 技能训练活动建议

(1) 资料的查阅范围要广泛,内容要全面;
(2) 多收集当地相关仓库选址资料进行讨论。

二、仓库内部布局

1. 情景设置

根据具体情况,选择一家有一定代表性的物流仓储企业,参观其现有条件(也可由教师提供该仓库图片、视频等),分析该仓库目前的布局设计情况,讨论仓库内部设计(包括仓库平面布置以及仓库内部具体设计两部分)中存在的问题,并最终提出改进意见、措施。

2. 技能训练目标

通过技能训练能够将理论与实践相结合,在现实环境中掌握物流仓储系统规划,了解仓库内部布局的内容和原则,培养学生解决实际问题的能力。

3. 相关理论知识

1) 仓库的结构

（1）仓库总体构成。

仓库的结构对于实现仓库功能起着重要的作用，在设计仓库时要事先考虑仓库的结构。根据仓储作业的内容和性质不同，仓库通常由生产作业区、辅助生产区、行政生活区三大作业区域组成。

①生产作业区。生产作业区是仓库的主体部分，也是物品仓储活动发生的主要场所，主要包括两大部分：一部分是以装卸、储存、转运物品为主要业务的货场、货棚、仓库、装卸平台，另一部分是由码头、铁路、道路专用线为主要组成的交通系统。储存区是装卸、储存物品的主要场所，也是物流作业区的主体区域。储存区主要由保管区和非保管区两部分组成：保管区是主要用于储存物品的区域，非保管区主要包括各种装卸区以及设备通道。

②辅助生产区。辅助生产区是为仓储生产作业提供各项辅助工作的各种外围配套设施布置的集中区域，包括设备间、车库、油库、维修车间、变电室及辅助道路系统，如停车场、会车场等。

③行政生活区。行政生活区是仓库行政管理机构和生活区域，一般设在仓库入口附近，便于业务接洽和管理，具体包括办公楼、警卫室、化验室、宿舍和食堂等。行政生活区与生产作业应分开，并保持一定距离，最好利用建筑、景观绿化等设计手段加以处理。行政管理设施一般独立集中在此区域布置，但应由便捷的道路与生活及辅助设施连接，方便人员生活活动。职工生活设施的布置应与物流作业区保持适当的距离，在方便人员往来作业区的同时，保持生活环境质量。

（2）仓库作业区域的布局形式。

受仓库特性、商品吞吐量、库内道路规划以及仓库作业流程等因素的影响，仓库作业区域可以分为直线形流动、U形流动、T形流动三种布局形式。

①直线形流动。直线形流动受环境和作业特性限制，适合于出入口在厂房两侧，作业流程简单、规模较小的物流作业，无论订单大小或拣货的多少都要经过厂房，如图2-1所示。

收货 ——→ 储存 ——→ 拣货 ——→ 发货

图2-1　直线形流动形式

②U形流动。U形流动适合于出入口在仓库的同侧，根据进出频率大小安排靠近进出口端的储区，缩短拣货、搬运路线，站台可以作为收货台或发货台，使用同一个通道供车辆出入，便于控制和安全防范，如图2-2所示。

③T形流动。T形流动适合于出入口在厂房两侧，可以满足快速流转和储存两个功能，也可以根据需要增加储存面积。仓库适用的范围比较广，如图2-3所示。

图2-2　U形流动形式　　　　　图2-3　T形流动形式

2）仓库平面布置

仓库平面布置是指对仓库的各个部分——存货区、入库检验区、理货区、流通加工区、配送备货区、通道以及辅助作业区在规定范围内进行全面合理的安排。仓库平面布置是否合理，将直接影响仓储作业的效率、储存质量、储存成本和仓库盈利目标的实现。

（1）影响仓库平面布置的因素。

①仓库的专业化程度。仓库专业化程度主要与库存物品的种类有关。库存物品种类越多，仓库的专业化程度越低，仓库平面布置的难度越大；反之，难度小。因为储存物品种类越多，各种物品的理化性质就会有所不同，所要求的储存保管保养方法及装卸搬运方法也将有所不同，因此在进行平面布置时，必须考虑不同的作业要求。

②仓库的规模和功能。仓储的规模越大，功能越多，需要的设施设备就越多，设施设备之间的配套衔接成为平面布置中的重要问题，增加了布置的难度，反之则简单。

（2）仓库平面布置的原则。

①单层仓库平面布置。重、大件物品，周转量大和出入库频繁的物品，宜靠近出入口布置，以缩短搬运距离，提高出入库效率；易燃的物品，应尽量靠外面布置，以便管理；要考虑充分利用面积和空间，使布置紧凑；有吊车的仓库，汽车入库的运输通道最好布置在仓库的横向方向，以减少辅助面积，提高面积利用率；仓库内部主要运输通道的宽度，一般采用双行道；仓库出入口附近，一般应留有收发作业用的面积；仓库内设置管理室及生活间时，应该用墙与库房隔开，其位置应靠近道路一侧的入口处。

②多层仓库平面布置。多层仓库平面布置除必须符合单层仓库布置原则要求外，还必须满足下列要求：多层仓库占地面积、防火隔间面积、层数，根据储存物品类别和建筑耐火等级遵照现行建筑设计防火规范来确定；一座多层库房占地面积小于 $300m^2$ 时，可设一个疏散楼梯，面积小于 $100m^2$ 的防火隔间，可设置一个门；多层仓库建筑高度超过 $24m$ 时，应按高层库房处理；多层仓库存放物品时应上轻下重，周转快的物品分布在低层；当设地下室时，地下室净空高度不宜小于 $2.2m$，楼板荷载控制在 $2t/m^2$ 左右为宜。

（3）仓库平面布置的程序。

仓库平面布置需根据仓库场地条件、仓库业务性质和规模、物资储存要求以及技术设备的性能和使用特点等因素，对仓库各组成部分进行合理安排。仓库布置的程序如下：

①基础资料的搜集。仓库平面布置的合理与否在很大程度上取决于前期的准备工作，如有关资料的全面性、准确性和可靠程度等。平面布置是一个反复试验的过程，即布置、修改、再布置、再修改，反复多次，直到求得最满意的方案为止。在布置时，一般借助于一些辅助工具，如作业流程图、仓库平面图、样板图等，在纸面上加以设计。

②仓库各工作面积预估。根据建设地点的现有地形，对库房、货场、主要通道、装卸场地以及辅助车间、办公室、生活福利设施的相应位置及占用面积进行初步设计。

③关键性作业的布置。在仓库平面设置中，铁路专用线的位置一般受外界条件的限制较多，而且在很大程度上决定着仓库总布局的走向，所以应首先确定专用线的位置。库房、货场的位置可根据上述要求依次确定。

④仓库内部具体布置。首先，要根据物资运输的需要和安全要求设计通道，进而确定通道的宽度，次要通道与主要通道相交并形成完整的运输网。其次，应根据储存物资的保管要求、仓库业务、作业流程和仓库性质，并结合当地气象及环境条件，具体确定库房的建筑类型和方位，以及库房内设备类型和方位。最后，还要考虑对排水系统、消防系统和水电供应线路及辅助设施等进行设计。

（4）仓库平面布置的要求。

①仓库平面布置要适应仓储作业过程的要求，有利于仓储作业的顺利进行，仓库平面布置的物品流向，应该是单一的流向；最短的搬运距离；最少的装卸环节；最大限度地利用

空间。

②仓库平面布置要有利于提高仓储经济效益,因地制宜,充分考虑地形、地质条件,利用现有资源和外部协作条件,根据设计规划和库存物品的性质能够更好地选择和配置设施设备,以便最大限度地发挥其效能。

③仓库平面布置要有利于保证安全和职工的健康。仓库建设时严格执行《建筑设计防火规范》的规定,留有一定的防火间距,并有防火、防盗安全设施,作业环境的安全卫生标准要符合国家的有关规定,有利于职工的身体健康。

3)仓库内部具体设计

(1)仓库内部设计应考虑的基本因素。

①仓库建筑类型。仓库的建筑类型,从出入库作业的合理化方面考虑,尽可能采用平房建筑,这样储存产品就不必上下移动。因为利用电梯将储存产品从一个楼层搬运到另一个楼层费时费力,而且电梯往往也是产品流转中的一个瓶颈。但是在城市内,尤其是在商业中心地区,土地有限或者昂贵,为了充分利用土地,采用多层建筑成为了最佳的选择。在采用多层仓库时,要特别重视对上下楼的通道设计。对于流通型仓库,则应该采用二层立交斜路方式,车辆可直接行驶到二层仓库,从而大大增加仓库的作业效率。

②仓库出入口和通道。仓库出入口的位置和数量是由仓库的开间长度、进深长度、库内货物堆码形式、建筑物主体结构、出入库次数、入库作业流程以及仓库职能等因素决定的。出入库口尺寸的大小是由载货汽车是否出入库内,所用叉车的种类、尺寸、台数、出入库次数,保管货物尺寸大小所决定的。库内的通道是保证库内作业顺畅的基本条件,通道应延伸至每一个货位,使每一个货位都可以直接进行作业。通道需要路面平整和平直,减少转弯和交叉。叉车作业时,其最小宽度因叉车类型的不同而不同,如平衡重式叉车作业通道一般为3.5~5.0m,前移式叉车作业通道一般为2.7~3.2m,插腿式叉车作业通道一般为2.1m(各种类型叉车作业通道介绍详见项目二叉车分类)。

③立柱间隔。库房内的立柱是出入库作业的障碍,会导致保管效率低下,因而立柱应尽可能减少。一般仓库的立柱间隔,应考虑出入库的作业效率,以汽车和托盘的尺寸为基准。通常以7m的间隔比较合适,它刚好适合两台大型货车(宽2.5m)或3台小型货车(宽1.7m)通过,不至于在库内堵住。采用托盘作业的,一般以适合6个标准托盘的间隔为准,宽度略大于7.2m(标准托盘为1.2m)。

④天花板的高度。由于实现了仓库的机械化、自动化,因此现在对仓库天花板的高度也提出了很高的要求。即使是用叉车的时候,准提升高度是3m,而使用多段式高门架的时候要达到6m。另外,从托盘装载货物的高度看,包括托盘的厚度在内,密度大且不稳定的货物,通常以1.2m为标准;密度小而稳定的货物,通常以1.6m为标准。以其倍数(层数)来看,1.2m/层×4层=4.8m,1.6m/层×3层=4.8m,因此,仓库的天花板高度最低应该是5~6m。

⑤地面。地面的构造主要是地面的耐压强度,地面的承载力必须根据承载货物的种类或堆码高度具体研究。通常,一般平房普通仓库$1m^2$地面承载力为2.5~3t,多层仓库层数加高,地面承受负荷能力减少,如一层是2.5~3t,二层是2~2.5t,三层是1.5~2t,四层、五层会越来越小。地面的负荷能力是由保管货物的质量、所使用的装卸机械的总质量、楼板骨架的跨度等所决定的。流通仓库的地面承载力,还要保证重形叉车作业的足够受力。

⑥墙壁。墙壁是库房的维护、支撑结构。其作用是使库内环境尽可能不受外界气候的

影响。库房墙壁按其所起的作用不同,可分为承重墙、骨架墙和间隔墙。其中,骨架墙是砌在梁柱间起填充作用和隔离作用的墙。

⑦库门。库门的尺寸应根据进出仓库的运输工具携带货物时的外形尺寸确定。对于较长的库房,每隔 20~30m 应在其两侧设置库门。如果与火车装卸线对应,则库门的间距为 14m。

⑧库窗。库窗主要用于库内采光和通风。为了便于开闭库窗的操作,仓库可设置自动采光装置。

⑨库顶。库顶的主要作用是防雨雪和保温。库顶建筑要符合防火安全要求,坚固、耐久。库顶的外形有平顶、脊顶和拱顶三种。

(2)仓库站台设计。

站台也称月台、码头,是线路与仓库的连接点,也是仓库进出货的必经之路。站台的作用是车辆停靠处、装卸货物处、暂存处。利用站台能方便地将货物装进车辆中或者从车辆中取出,实现物流网络中线与节点的衔接转运。

仓库站台尺寸直接由仓库的作业方式决定,站台长度取决于实际作业量。如果作业量较大,那么应该建造连续式站台,站台的长度一般与仓库的长度相同。反之,如果作业量不大,那么可以只在库门前方建造一段站台。仓库站台的宽度由作业方式决定,如果采用叉车作业,其站台宽度一般为 2~3.5m。站台的高度,以车辆底板高度为准,一般站台高度与底板高度一致,方便装卸作业。如采用传递装置装卸物品,站台可与仓库地面水平。常见的站台有以下两种形式。

①高站台。仓库地面即为站台面,则站台高度与车辆货箱底部高度在同一个水平面上,如图2-4所示,有利于作业车辆进行水平装卸作业,使装卸合理化。目前的新建仓库的站台一般建成高站台(又称为高平台)。

图 2-4　高站台作业

②低站台。站台、地面、仓库地面处于同一高度,以利于站台和仓库之间的搬运,利于叉车作业,以及移动式装卸运输机械设备组成临时运输作业线。但是,低站台与车辆之间的装卸作业不如高站台方便,为作业与安全起见,尽量克服车辆与月台之间的间距和高度差。

出入库站台的高度一般在 1.4~1.6m,其宽度要保证两人带货能相向通行和保证库门打开时不碰到车辆。站台作业的设备的宽度一般不小于 2.5m,也不要大于 0.8m。由于各种载货汽车车厢底板高度没有统一标准,对站台高度的要求不同,所以一般都把出入库月台沿其长度方向修成一定坡度,利用仓库月台高度沿其长度方向的变化来适应不同的车辆;也可以装备载货汽车升降平台或码头升降平台(图2-5、图2-6),车尾附升降平台(装置于车尾部的特殊平台,适于无月台设施的物流中心或零售点的装卸使用),可移动式楔块,手动简易"过桥"等来协调仓库月台与载货车装载平面的高差,方便装卸作业。可移动式楔块(图2-7)放置于载货汽车或拖车的车轮旁固定,可以避免装卸货物期间车轮意外滚动而造成危险。

(3)仓库出入口设计。

在仓库内部具体设计中,出入口的规划是非常重要的,其合理与否直接影响到货物入库和出库的效率。仓库出入口设计要遵循以下原则:仓库出入口位置应能使车辆快速安全地到达,并且不会产生交叉会车;仓库出入口的大小要兼顾到主要车辆的规格;出入口要与仓库主通道相连,方便货物的进出。

依据仓库出入口设计的原则,常见的设计类型有以下几种:

①集中型。仓库出入口集中型是指仓库进出货共用一个货台,这样可以提高空间和设备的利用率,但是这样容易造成管理困难、货物的混乱。集中型仓库出入口适用于进出货频率低或进出货时间错开的仓库,如图2-8所示。

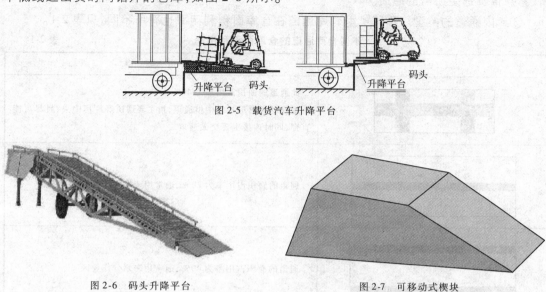

图2-5　载货汽车升降平台

图2-6　码头升降平台　　　　　　　　　图2-7　可移动式楔块

②分散型。与集中形出入口相反,分散型出入口要求进出货台各自独立,分散型出入口设计使进出货作业流畅,不会出现作业混乱,但是设备利用率低,如图2-9所示。

③中间型。中间型出入口设计使得进出货作业分开,避免了作业混乱,可以提高部分工具设备的利用率,但是仓库空间较大,进出货容易出现混乱的情况,如图2-10所示。

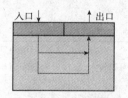 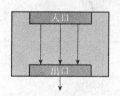 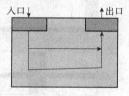

图2-8　集中型仓库出入口　　　图2-9　分散型仓库出入口　　　图2-10　中间型仓库出入口

(4)仓库内部通道设计。

仓库通道的设计直接影响着物流作业的效率。通道的设计应能提供存货的正确存取、装卸设备的进出以及必要的服务区。通道的设计主要受到搬运设备、装载单元、存货品的尺寸大小、进出口及装卸区的距离等因素的影响。

①仓库通道设计原则。仓库通道的设计是仓库空间分配的重要因素之一,应遵循以下原则:一是空间原则,即最小空间占用率,提高仓库仓容利用率;二是流程通畅原则,即保证仓库作业的合理性,作业之间不交叉,不相互干扰;三是直线原则,即仓库通道的设计应采用直线的原则,不出现弯道;四是顺序设计原则,即仓库通道的设计,应按照先确定出入口,再确定主通道,其次是存取通道,最后是人员通道、紧急通道等顺序进行,保障仓库作业的合理性。

②仓库通道的类型。库场通道主要包括库区外通道和库内通道:库区外通道主要影响车辆、人员进出、车辆回转、上下货物的路线等。而库内通道主要影响中心的作业能力和效

率,其主要包括主通道和存取通道,主通道连接仓库的进出门口和各作业区,沿着库房的长度方向;存取通道为主通道连接各作业区域的通道,通常垂直或平行于主通道,一般不与仓库墙壁临近。此外,还有供仓库管理人员进出特殊区域的人员通道和为公共设施,如防火设备、紧急情况逃生所需的通道。

③库内通道的类型。不同类型仓库通道在仓库面积利用率也有所不同,见表2-1。

不同仓库通道的仓库面积利用率　　　　　　表2-1

说明	通道类型
	此通道的面积占用率为40%; 最好的通道形式是中枢通道,指主要通道经厂房中央,且尽可能直穿,同时连接主要交叉通道
	通道的面积占用率为20%,通常用于堆垛存储方式
	通道的面积占用率为40%,通常用来划分作业区
	通道的面积占用率为19%,是正方形仓库常用的通道设计形式,主要用于托盘地面存放的形式
	通道的面积占用率为36%
	通道的面积占用率为51%,占用面积较大,直接影响仓库面积利用率

(5)仓库内部库位设计。

内部库位设计是指对库内物品存储设备(货垛或货架)、通道、辅助空间等要素的相对位置的规划与设计,其平面形式按库内主要通路的布置形式可以分为垂直式和倾斜式。

①垂直式布置。垂直式布置是指料架或料垛的排列与库墙和通道互相垂直。这种布置方式又分为横列式、纵列式和纵横式三种。横列式布置,是指料架或料垛的长度方向与库房的长度方向互相垂直(与库房的宽度方向平行),如图2-11所示。这种布置方式的主要优点是:主通道长且宽,副通道短,整齐美观,对商品的查点存取方便;通风和自然采光良好;便于机械化作业。其主要缺点是:主通道占用面积多,仓库面积利用率受到影响。纵列式布置是指料架或料垛的长度与库房的长度方向平行(与库房的宽度方向垂直),如图2-12所示。纵列式布置的优、缺点与横列式正好相反,其优点主要是仓库平面利用率比较高,缺点是存

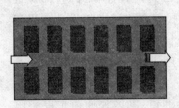

图2-11　横列式布置

取商品不方便,通风采光不良。纵横式布置是指在同一保管场所,横列式布置和纵列式布置兼而有之,是两种方式的结合,兼有上述两种方式的特点,如图 2-13 所示。

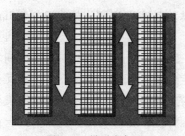

图 2-12 纵列式布置

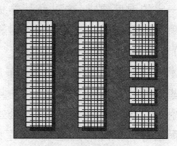

图 2-13 纵横式布置

②倾斜式布置。倾斜式布置是指料架或料垛与主通道之间不是互相垂直呈 90°,而是呈 45°或 30°的锐角。这种布置方式又分为料垛倾斜和通道倾斜两种情况。料垛倾斜式,是指料垛的布置与库墙和通道之间成一锐角,如图 2-14 所示。这种布置方式的最大优点是叉车配合托盘进行作业,能缩小叉车的回转角度,提高装卸搬运效率,而最大的缺点是会造成不少死角,仓库面积不能充分利用。通道倾斜式,是指料垛与库墙之间仍垂直,而通道与料垛和库墙之间呈锐角,如图 2-15 所示。这种布置方式的优点是避免了死角,能充分利用仓库面积,且便于货物搬运,提高了作业效率。

(6)仓库附属设施。

仓库还有一些辅助性设施,主要有通风设施、照明设施、取暖设施、提升设施(电梯等)、地秤(车辆衡、轨道衡)以及避雷设施等。这里主要介绍通风设施、照明设施以及取暖设施。

①通风设施。通风设施是使库内空气清洁,防止高温和不良气体影响的设施。根据通风方式的不同,可以分为自然通风和人工通风两种。自然通风靠库内外温湿度的差异来实现空气交换,自然通风可利用库房墙壁的空隙、库门和库窗来实现。人工通风要利用专门设置的通风装置,强迫库内库外进行空气交换。

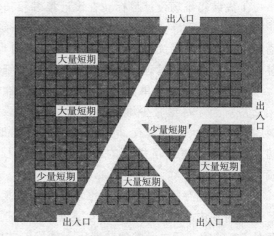

图 2-14 料垛倾斜式

②照明设施。为便于库房内作业以及夜间作业,仓库应设置照明设施。仓库的照明设施可以分为天然照明和人工照明两种。天然照明主要通过库门和库窗采光来实现库内照明的需要。我国有关建筑规程规定,仓库内的天然照明一般取 30~36 烛光/m²。人工照明是采用电气方式实现仓库的照明。为了提高作业的安全性和工作效率,仓库内人工照明应做到照度均匀,避免阴影和炫目的影响,一般采用直射光灯。

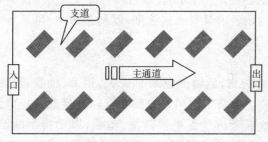

图 2-15 通道倾斜式

③取暖设施。根据商品储存要求和当地气温条件,仓库内可设置取暖设施。取暖设施分为汽暖和水暖两种。蒸汽取暖会导致库内空气过分干燥,这对商品养护不利;而热水取暖能满足一定的湿度要求,这对商品养护比较有利。

④雨篷。在货物进出仓库时,雨篷可防止雨雪侵淋。其宽度应宽出站台 2~4.5m。

(7)仓库辅助建筑。

仓库的辅助建筑是指办公室、车库、修理间、装卸工人休息间、装卸工具储存间等建筑物。这些建筑物一般设在生活区,并与存货区保持一定的安全间隔。其中,办公室可建在仓库大门附近。考虑到安全要求,办公室与库房和货场的距离应大于 20m。车库是使停驶车辆不受雨雪等气候影响的建筑,车库面积根据车型和停车数量来确定,每个车位一般可取 4m×9m。

4)仓储堆场设计

(1)集装箱堆场设计。

集装箱货场是堆存和保管集装箱的场所。根据集装箱堆存量的大小,货场可分为混合型和专用型两种。专用型货场是根据集装箱货运站的生产工艺分别设置重箱货场、空箱货场、维修与修竣箱货场。设置货场时,应满足发送箱、到达箱、中转箱、周转箱和维修箱等的生产工艺操作和不同的功能要求,并尽可能缩短运送距离,避免交叉作业,以便于准确、便捷地取放所需集装箱,有利于管理。

①集装箱堆场设计目标。在设计集装箱货场时,应该尽量达到以下三项目标。

服务准确可靠。由于集装箱存放货物无须拆箱,所以箱内货物的质量和数量完全靠货物证件以及其他相关单据,同时在分类堆存时也完全以证件及其单据进行分类,所以应在集装箱货场的存放和管理过程中尽量做到认真细致。

加快流转速度。单位堆放和流转速度、操作要求尽可能快,与堆存区要求的服务水平相适应。为了尽量减少堆场的占地面积,在设计集装箱堆场的过程中,选取存放堆垛方式时,应尽量增大单位堆存,同时尽量缩短保管时间,加快集装箱的流转速度,充分发挥集装箱的优越性。集装箱货场的存放和管理过程中尽量做到认真细致,力求达到服务的精确性。

有效的储存能力。集装箱堆场旺季储存能力与前面的因素有关,系统设计者应考虑满足一定时期内 95% 的库存需求。这里的一定时期可以是一个月、一年,依服务类型确定,最后的 5% 的库存需求通常要花费巨大的代价才能满足。在集装箱码头中,泊位利用率是服务的一个重要因素,所以及时抓住储运旺季,充分发挥集装箱货场的优势,最大限度地达到集装箱货场的储存能力是非常重要的。

②集装箱堆场设计原则。中转箱区应布置在便于集装箱能顺利地由一辆车直接换装到另一辆车的交通方便处;周转和维修箱区应布置在作业区外围,靠近维修间一侧;合理布置箱位;合理利用和选择装卸机械和起重设备;场区内要有一定坡度,以利于排水;堆场场地必须耐用,根据堆箱层数进行设计与处理。

(2)杂货货场设计。

杂货是指直接以货物包装形式进行流通的货物,货物的包装有袋装、箱装、桶装、箩装、捆装、裸装等,也包括采用成组方式流通的货物。杂货中的相当一部分可以直接在货场露天堆放,如钢材、油桶、陶瓷等。杂货在货场堆放要考虑是否需要苫盖、垫垛,以便排水除湿。杂货的自身物品特性使得杂货堆垛、装卸效率很低,而且需要较大的作业空间,同时杂货容易混淆,需要严格的区分。

根据货物不同的性质,杂货货场大多数杂货的货位布置形式均采用分区、分类布置,即对存储货物在"三一致"(性能一致、养护措施一致、消防方法一致)的前提下,把货场划分为若干保管区域。根据货物大类和性能等划分为若干类别,以便分类集中堆放。

(3)散货货场设计。

散货是指无包装、无标志的小颗粒直接以散装方式进行运输、装卸、仓储、保管和使用。在仓储中不受风雨影响的散货一般直接堆放在散货货场上,如沙、石、矿等。散货货场根据所堆放货物的种类不同,地面的结构也不完全相同,可以是沙土地面、混凝土地面等。由于存量巨大,要求地面有较高的强度。由于散货都具有大批量的特性,散货货场往往面积较大,为了便于疏通,采取明沟的方式排水,并且通过明沟划分较大的面积货位。散装货场都采用铲车或者输送带进行作业,所堆的垛形较为巨大。

4. 技能训练准备

(1)学生每6人自由结成一个小组,每个小组选一名组长;
(2)教师指导点评;
(3)学生观看录像或照片后完成,如果条件允许,可组织学生实地参观。

5. 技能训练步骤

(1)6人一组共同完成,列出企业仓库设计情况,并提出存在的问题及改进措施;
(2)讨论结果的发表分小组进行,每小组派代表陈述。

6. 技能训练注意事项

(1)一丝不苟,认真完成案例讨论;
(2)本着理论与实际相结合的原则,熟练运用相关理论知识。

7. 技能训练评价

学生完成后考评包括自我评价、小组评价、教师评价三部分。请完成技能训练后填写表2-2。

技能训练评价 表2-2

被考评个人				
考评地点				
考评内容				
考评标准		自我评价	小组评价	教师评价
	充分准备实训的情况			
	正确、完整查阅实训资料			
	积极参与讨论,良好完成实训			
	各项任务			
	团队合作精神			

8. 技能训练活动建议

(1)资料的查阅范围要广泛,内容要全面;
(2)多收集当地相关仓库内部设计资料进行讨论。

思考练习

1. 简答题

(1) 仓库的合理布置所要解决的中心问题是什么?

(2) 储位管理的原则是什么?管理的对象是什么?

(3) 仓库总平面一般可以划分为哪些区域?各区域的主要功能是什么?

2. 案例分析题

富 日 物 流

富日物流于2001年9月正式投入运营,注册资本为5000万元。富日物流拥有杭州市最大的城市快速消费品配送仓库。它在杭州市下沙路旁租用了 $2\times10^5 m^2$ 土地上建造了 $1.4\times10^5 m^2$ 现代化常温月台库房,并在九堡镇建造了规模更大的 $4\times10^5 m^2$ 物流园区。富日物流已经是众多快速流通民用消费品的华东区总仓库,其影响力和辐射半径还在日益扩大中。富日物流的商业模式就是基于配送的仓储服务。制造商或大批发商通过干线运输等方式大批量地把货品存放在富日物流的仓库里,然后根据终端店面的销售需求,用小车小批量配送到零售店或消费地。富日物流为客户提供仓储、配送、装卸、加工、代收款、信息咨询等物流服务。利润来源包括仓租费、物流配送费、流通加工服务费等。

富日物流的仓库全都是平面仓。部分采用托盘和叉车进行库内搬运,少量采用手工搬运。月台设计很有特色,适合于大型集装箱车、平板车、小型箱式配送车的快速装卸作业。与业务发展蒸蒸日上不同的是,富日物流的信息化一直处于比较原始的阶段,只有简单的单机订单管理系统,以手工处理单据为主。以富日物流目前的仓库发展趋势和管理能力,以及为客户提供更多的增值服务的要求,其物流信息化瓶颈严重制约了富日物流的业务发展。富日物流直到最近才开始开发符合其自身业务特点的物流信息化管理系统。

问题:

(1) 根据案例的描述,简述富日物流作为仓储企业的功能定位。

(2) 根据案例描述的物流服务及仓储设施设备,试说明富日物流最优的内部库位布置形式及堆垛方式。

项目二 仓储设施与设备

教学要点

(1) 了解仓库的分类以及仓库主要设施;

(2) 明确仓库设备配置的原则,掌握仓库主要设备及其应用;

(3) 具备仓库设备的使用管理能力。

教学方法

可采用讲授、案例教学和实际操作等方法。

教学内容

1. 情景设置

仓库是物流环节上比较重要的一部分,仓储设施设备又是仓库中重要的组成部分,是提高工作效率的重要保障。随着现代技术的发展,仓储作业逐渐由以人力为主过渡到以机械力为主。根据具体情况,参观当地有一定代表性的仓储企业,了解仓储设备的种类以及使用状况,对仓储设备状况提出建议,最后形成调查报告。

2. 技能训练目标

在现实环境中了解仓储设备的类型和选择,同时借助校内实训室仓储设备,掌握常见仓储设备的操作能力。

3. 相关理论知识

1）仓储设施

为了满足仓储管理的需要,仓库必须配置一定的硬件设施和设备。仓库设施主要是指用于仓储的仓库建筑物,它由仓库的主体建筑、辅助建筑和附属设施构成。

（1）仓库主体建筑。

仓库的主体建筑分库房、货棚和露天货场三种。

①库房。库房是仓库中用于存储货物的主要建筑,多采用封闭方式。

②货棚。货棚是一种简易的仓库,为半封闭式建筑。货棚存放对自然环境要求不高的货物。货棚根据其围墙建筑情况,可以分成敞棚（仅有支柱和棚顶构成）和半敞棚（有一面、二面和三面墙之分）。

③露天货场。露天货场主要用于堆存不怕雨淋、风吹的货物,采用油布覆盖时,则可堆存短期存放的、对环境要求不太高的货物。露天货场的地面材料可根据堆存货物对地面的承载要求,采用压实泥地、铺沙地、块石地和钢筋水泥地等方式铺设。

（2）仓库辅助建筑。

仓库辅助建筑是指办公室、车库、修理间、装卸工人休息间、装卸工具储存间等建筑物。这些建筑物一般设在生活区,并与存货区保持一定的安全间隔。

（3）仓库附属设施。

仓库除以上设施外,还有一些辅助性设施,主要有通风设施、照明设施、取暖设施、提升设施（电梯等）、地秤（车辆衡、轨道衡）以及避雷设施等。

2）自动化立体仓库

自动化立体仓库又称自动存取系统,如图 2-16 所示。世界上第一座自动化立体仓库建于 1962 年,经过近半个世纪的发展,自动化立体仓库已经发展到了相当高的水平,特别是现代化的物流管理思想与电子信息技术的结合,促使立体仓库成为了企业成功的标志之一。

（1）自动化立体仓库组成。

自动化立体仓库从建筑形式上看,可以分为整体式和分离式两种。整体式是库房货架合一的仓库结构形式,仓库建筑物与高层货架相互连接,形成一个不可分离的整体。分离式仓库是库架分离的仓库结构形式,货架单独安

图 2-16 自动化立体仓库

装在仓库建筑物内。无论哪种形式,高层货架均是主体。高层货架有各种类型。按照建筑材料的不同,可分为钢结构货架、钢筋混凝土结构货架等;按照货架的结构特点,可分为固定式货架和根据实际需要组装、拆卸组合式货架;按照货架的高度分,可分为小于5m的为低层货架、5~15m为中层货架、15m以上的为高层货架。

目前,国外自动化立体仓库的发展趋势之一是由整体式向分离式发展。因为整体式自动化立体仓库的建筑货架是固定的,一经建成很难更改,应变能力差,且投资高、施工周期长。

(2)自动化立体仓库的优点。

自动化立体仓库是一种多层存放货物的高架仓库系统,由计算机自动控制与管理系统、货架、堆垛机和出入库输送设备等组成,能按指令自动完成货物的存取,并能对在库货物进行自动管理。自动化立体仓库具有以下优点:

①提高了仓库利用率。用人工存取货物的仓库,货架高2m左右。用叉车的仓库可在3~4m,但所需通道要超过3m宽。用这种仓库储存机电零件,单位面积储存量一般为$0.3~0.5t/m^2$。而自动化立体高层货架仓库目前最高的已达到40多米,它的单位面积储存量比普通的仓库高得多。

一座货架15m高的高架仓库,储存机电零件和外协件,其单位面积储存量可达$2~15t/m^2$,是普通货架仓库的4~7倍。对于一座拥有6000货位的仓库,如果托盘尺寸为800mm×1200mm,则普通的货架仓库高5.5m,需占地$3609m^2$,而30m高的高架仓库,占地面积仅$399m^2$。

例如,意大利Benentton公司的立体仓库高达44m,拥有货位数30万个,可存储30万个托盘,承担了向全球60多个国家的5000多家Benentton店铺配送的任务。

②提高了仓库出入库频率。自动化仓库采用机械化、自动化作业,出入库频率高,并能方便地纳入整个企业的物流系统,成为其中一环,使企业物流更为合理,作业效率更高,有效地提高了仓库管理水平。例如,意大利Benentton公司的立体仓库的自动存取系统每天只需8名管理人员即可。

③提高了仓库的综合能力。在计算机全面管理仓库的环境中,不仅能有效地利用仓库储存能力,而且便于清点盘库,全面减少库存,节约流动资金。对用于生产流程中的半成品仓库,还能对半成品进行跟踪,成为企业物流的一个组成部分。

④有效实现先进先出原则。由于采用了货架储存,并结合计算机管理,可以很容易地实现先进先出,防止货物自然老化、变质和生锈。高架仓库也便于防止货物的丢失,减少货损。

⑤适应特殊库存和特殊作业的需要。采用自动化技术后,能较好地适应黑暗、有毒、低温等特殊场合的需要。例如,胶片厂储存胶片卷轴的自动化仓库,在完全黑暗的条件下即可通过计算机控制,自动实现胶片卷轴的入库和出库。

3)仓储设备

仓储设备是指能够满足储藏和保管物品需要的技术装置和机具,具体可分为装卸搬运设备和保管设备、计量设备、养护检验设备、通风照明设备、消防安全设备、劳动防护设备以及其他用途设备和工具等。

仓储设备是仓储与物流技术水平高低的主要标志,现代仓储设备体现了现代仓储与物流技术的发展。我国近年来的仓储设备现代化、自动化程度较高,设备的社会化程度越来越高,设备结构越来越复杂,并且从研究、设计到生产直至报废的各环节之间相互依赖、相互制约。此外,仓储设备出现了"四化"趋势,即连续化、大型化、高速化、电子化,提高了生产率。仓储设备能源密集型的设备居多,能源消耗大。同时,现代设备投资和使用费用十分昂贵,是资金密集型的,因而提高管理的经济效益对物流企业来说非常重要。仓储设备是构成仓储系统的重要组成因素,担负着仓储作业的各项任务,影响着仓储活动的每一个环节,在仓储活动中处于十分重要的地位。离开仓储设备,仓储系统就无法运行,服务水平及运行效率就有可能明显降低。

(1) 仓库设备配置的原则。

仓库是物流的重要组成部分。仓库的设备种类很多,为使其发挥最佳效用,必须进行合理的选择配置,应选择和配置最经济、合理、适用的技术设备。除此之外,要求每一类设备工作可靠,无论在什么作业条件下,都要具有良好的运行稳定性。

①适用性原则。仓储企业在选择设备时,要充分考虑到仓储作业的实际需要,所选设备要符合货物的特性和储存量的大小,能够在不同的作业条件下灵活方便地操作。另外,仓储设备并不是功能越多越好,因为在实际作业中,并不需要太多的功能,如果设备不能被充分利用,则造成资源和资金的浪费。同样,功能太少也会导致仓储企业的低效率,因此要根据实际情况,正确选择设备功能。

②先进性原则。这里的先进性主要是指设备技术的先进性,体现在自动化程度、环境保护、操作条件等方面。但是先进性必须服务于适用性。

③最小成本原则。这主要指的是设备的使用费用低,整个寿命周期的成本低。有时,先进性和低成本会发生冲突。这就需要企业在充分考虑适用性的基础上,进行权衡,作出合理的选择。

④可靠性和安全性原则。这日益成为选择设备、衡量设备好坏的主要因素。可靠性是指设备按要求完成规定功能的能力,是设备功能在时间上的稳定性和保持性。但是可靠性不是越高越好,必须考虑到成本问题。安全性要求设备在使用过程中保证人身及货物的安全,并且尽可能地不危害到环境(符合环保要求、噪声少、污染小)。

⑤系统化原则。仓储设备的配套是保证前后作业的衔接、协调以及仓库工作连续稳定进行的重要条件。因此,在进行设备配置时,还要对整个仓库系统进行流程分析,充分考虑各个作业之间的衔接,使配置的设备相互适应,减少作业等待时间,提高作业效率。在新建仓库时,应将仓储设备的配置与仓库布局同时考虑,使仓库设备与场地条件、周边辅助设施相匹配,只有这样才能实现仓储作业的整体最优。

(2) 仓储设备的种类。

仓储设备门类全,型号、规格多,品种复杂。一般以设备所完成的物流作业为标准,把设备分为:

①包装设备。包装设备是指完成全部或部分包装过程的机器设备。包装设备是使产品包装实现机械化、自动化的根本保证同,主要包括填充设备、罐装设备、封口设备、裹包设备、贴标设备、清洗设备、干燥设备、杀菌设备等。

②仓储设备。仓储设备主要包括货架、堆垛机、室内搬运车、输送设备、分拣设备、提升机、搬运机器人以及计算机管理和监控系统。这些设备可以组成自动化、半自动化、机械化的商业仓库,用来堆放、存取和分拣承运物品。

③集装单元器具。主要有集装箱、托盘、周转箱和其他集装单元器具。货物经过集装器具的集装或组合包装后,具有较高的灵活性,随时都处于准备运行的状态,有利于实现储存、

装卸搬运、运输和包装的一体化,达到物流作业的机械化和标准化。

④装卸搬运设备。装卸搬运设备是指用来搬移、升降、装卸和短距离输送物料的设备,是物流机械设备的重要组成部分。从用途和结构特征来看,装卸搬运设备主要包括起重设备、连续运输设备、装卸搬运车辆、专用装卸搬运设备等。

⑤流通加工设备。流通加工设备加工设备主要包括金属加工设备、搅拌混合设备、木材加工设备及流通加工设备。

⑥运输设备。运输在物流中的独特地位对运输设备提出了更高的要求,要求运输设备具有高速化、智能化、通用化、大型化和安全可靠的特性,以提高运输的作业效率,降低运输成本,并使运输设备达到最优化利用。根据运输方式不同,运输设备可分为载货汽车、铁道货车、货船、空运设备和管道设备等。对于第三方物流公司而言,一般只拥有一定数量的载货汽车,而其他的运输设备就直接利用社会的公用运输设备。

(3)仓库主要设备及其应用。

随着科学化现代化仓库的建立,仓储设备也在日益更新,向经济、适用、安全可靠、合理、稳定等方向发展。仓储设备在完成仓库功能中起着非常重要的作用。下面仅介绍几种常用的仓库设备的结构及特点、用途。

①货架。货架的种类较多,分类的方法也不尽相同。按货架是固定式的或是移动式的,可以分为固定型货架和移动型货架。固定型货架可细分为搁板式货架、托盘式货架、贯通式货架、重力式货架、压入式货架、阁楼式货架、钢结构平台、悬臂式货架、流动式货架、抽屉式货架、牛腿式货架等。移动型货架可细分为移动式货架和旋转式货架。其中,移动式货架又可细分为轻中型移动式货架(又称密集架,分为手动和电动)、重型托盘式移动货架;旋转式货架又可细分为水平旋转式、垂直旋转式货架两种。按货架系统与仓库建筑结构的连接与否可以分为库架合一式货架和分离结构式货架。前者货架系统和建筑物屋顶等构成一个不可分割的整体,由货架立柱直接支撑屋顶荷载,在两侧的柱子上安装建筑物的围护(墙体)结构。后者系统和建筑物为两个独立的系统,互相之间无直接连接。按单元货架每层载质量,大致可分为轻型货架、中型货架及重型货架。轻型货架每层载质量不大于200kg,单元货架跨度通常不大于2m,深度不大于1m(多为0.6m以内),高度一般在3m以内,常见的为角钢式立柱货架结构,外观轻巧、漂亮,主要适用于存放轻、小物品,因资金投入少,广泛用于电子、轻工、文教等行业。中型货架每层载质量为200~500kg,单元货架跨度通常不大于2.6m,深度不大于1m,高度一般在3m以内。如果单元货架跨度在2m以内,每层载质量在500kg以内,通常选无梁式中型搁板式货架较为适宜;如果单元货架跨度在2m以上,则一般只能选有梁式中型搁板式货架。无梁式中型货架与有梁式中型货架相比,层间距可调余地更大,更稳固、漂亮,与环境的协调性更好,更适于一些洁净度要求较高的仓库;有梁式中型搁板式货架则工业化特点强一些,较适用于存放金属结构产品。中型搁板式货架应用广泛,适用于各行各业。重型货架,每层载质量在500kg以上,单元货架跨度一般在3m以内,深度在1.2m以内,高度不限,且通常与重型托盘式货架相结合、并存,下面几层为搁板式,人工存取作业,高度在2m以上的部分通常为托盘式货架,使用叉车进行存取作业,主要用于一些既需要整托存取,又要零存零取的情况。按货架的高度分,高度5m以下的为低位货架;高度5~12m的为高位货架;高度12m以上为超高位货架。以下介绍几种常见货架。

a. 托盘式货架。俗称横梁式货架,或称货位式货架,如图2-17所示,通常为重型货架,在国内的各种仓储货架系统中最为常见。首先需进行集装单元化工作,即将货物包装及其质量等特性进行组盘,确定托盘的类型、规格、尺寸以及单托载质量和堆高(单托货物质量一般在 2000kg 以内),然后由此确定单元货架的跨度、深度、层间距,根据仓库屋架下沿的有效高度和叉车的最大叉高决定货架的高度。单元货架跨度一般在 4m 以内,深度在 1.5m 以内,低、高位仓库货架高度一般在 12m 以内,超高位仓库货架高度一般在 30m 以内(此类仓库基本均为自动化仓库,货架总高由若干段 12m 以内立柱构成)。此类仓库中,低、高位仓库大多用前移式电瓶叉车、平衡重电瓶叉车、三向叉车进行存取作业,货架较矮时也可用电动堆高机,超高位仓库用堆垛机进行存取作业。此种货架系统空间利用率高,存取灵活方便,辅以计算机管理或控制,基本能达到现代化物流系统的要求,广泛应用于制造业、第三方物流和配送中心等领域,既适用于多品种小批量物品,又适用于少品种大批量物品。此类货架在高位仓库和超高位仓库中应用最多(自动化仓库中货架大多用此类货架)。

b. 贯通式货架。贯通式货架又称通廊式货架、驶入式货架,如图 2-18 所示。此系统货架排布密集,空间利用率极高,几乎是托盘式货架的两倍,但货物必须是少品种、大批量型,货物先进后出。首先须进行集装单元化工作,确定托盘的规格、载质量及堆高,由此确定单元货架的跨度、深度、层间距,根据仓库屋架下沿的有效高度确定货架的高度,靠墙区域的货架总深度最好控制在 6 个托盘深度以内,中间区域可两边进出的货架总深度最好控制在 12 个托盘深度以内,以提高叉车存取的效率和可靠性(此类货架系统中,叉车

图 2-17 托盘式货架

为持续"高举高打"作业方式,叉车易晃动而撞到货架)。此类仓储系统稳定性较弱,货架不宜过高,通常应控制在 10m 以内,且为了加强整个货架系统的稳定性,除规格、选形要大一些外,还须加设拉固装置。单托货物不宜过大、过重,通常质量控制在 1500kg 以内,托盘跨度不宜大于 1.5m,常配叉车为前移式电瓶叉车或平衡重电瓶叉车,多用于乳品、饮料等食品行业,冷库中也较为多见。

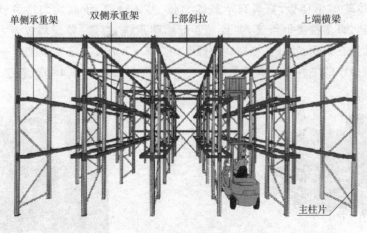

图 2-18 贯通式货架

c. 重力式货架。重力式货架由托盘式货架演变而成,采用辊子式轨道或底轮式托盘,轨道呈一定坡度,利用货物的自重,实现货物的先进先出,一边进,另一边出,适用于大批量、同类货物的先进先出存储作业,空间利用率很高,尤其适用于有一定质保期、不宜长期积压的货物。货架总深度(即导轨长度)不宜过大,否则不可利用的上下"死角"会较大,影响空间利用,且坡道加长,下滑的可控性会较差,下滑的冲力较大,易引起下滑不畅、阻住,托盘货物的倾翻。为使下滑流畅,若坡道较长,应在中间加设阻尼装置。为使托盘货物下滑至最底端时不致因冲击力过大而倾翻,应在坡道最低处设缓冲装置,因此设计、制造、安装难度较大,成本较高。此类货架不宜过高,一般在 6m 以内,单托货物质量一般在 1000kg 以内,否则其可靠性和可操作性会降低。此类货架系统目前在国内应用不是很多,如图 2-19 所示。

d. 压入式货架。压入式货架也由托盘式货架演变而成,采用轨道和托盘小车相结合的原理,轨道呈一定的坡度,利用货物的自重,实现托盘货物的先进后出,同一边进同一边出,适用于大批量少品种的货物存储,空间利用率很高,存取也较灵活方便。货架总深度不宜过深,一般在 5 个托盘深度以内,否则由于托盘小车相互嵌入的缘故而会使空间牺牲较大。单托货物质量一般在 1500kg 以内,货架高度一般在 6m 以内。此类系统对货架的制造精度要求较高,托盘小车与导轨间的配合尤为重要,如制造、安装精度不高,极易导致货架系统的运行不畅。此类货架造价较高,在国内已有一定的应用,如图 2-20 所示。

图 2-19 重力式货架

e. 阁楼式货架。阁楼式货架系统是在已有的工作场地或货架上建一个中间阁楼,以增加存储空间,可做二、三层阁楼,宜存取一些轻泡及中小件货物,如图 2-21 所示,适用于多品种大批量或多品种小批量货物,人工存取货物。货物通常由叉车、液压升降台或货梯送至二楼、三楼,再由轻型小车或液压托盘车送至某一位置。此类系统通常利用中型搁板式货架或重型搁板式货架作为主体和楼面板的支撑(根据单元货架的总载质量来决定选用何种货架),楼面板通常选用冷轧型钢楼板、花纹钢楼板或钢格栅楼板。近几年,多使用冷轧型钢楼板,它具有承载能力强、整体性好、承载均匀性好、精度高、表面平整、易锁定等优势,有多种类型可选,并且易匹配照明系统,存取、管理均较为方便。单元货架每层的载质量通常在 500kg 以内,楼层间距通常为 2.2~2.7m,顶层货架高度一般为 2m 左右,充分考虑了人机操作的便利性。此类系统在汽车零部件领域、汽车 4S 店、轻工、电子等行业有较多应用。

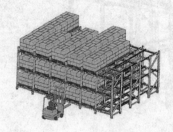

图 2-20 压入式货架

图 2-21 阁楼式货架

f. 钢结构平台。钢结构平台通常是在现有的车间(仓库)场地上再建一个二层或三层的全组装式钢结构平台,将使用空间由一层变成二层、三层,使空间得到充分利用,如图2-22所示。货物由叉车或升降台的货梯送上二楼、三楼,再由小车或液压拖板车运至指定位置。此种平台与钢筋混凝土平台相比,施工快,造价适中,易装易拆,且可容易地使用,结构新颖漂亮。此种平台立柱间距通常在4~6m,一楼高3m左右,二、三楼高2.5m左右。立柱通常采用方管或圆管制成,主、副梁通常用H型钢制成,楼面板通常采用冷轧型钢楼板、花纹钢楼板、钢格栅等,楼面载质通常在1000kg/m²以内。此类平台可使仓储和管理得到最近距离的结合,楼上或楼下可作库房办公室。此类系统多用于第三方物流、机械制造等行业。

g. 悬臂式货架。悬臂式货架主要用于存放长形物料,如型材、管材、板材、线缆等,立柱多采用H型钢或冷轧型钢,悬臂采用方管、冷轧型钢或H型钢,悬臂与立柱间采用插接式或螺栓连接式,底座与立柱间采用螺栓连接式,底座采用冷轧型钢或H型钢。货物存取由叉车、行车或人工进行。货架高度通常在2.5m以内(如由叉车存取货则可高达6m),悬臂长度在1.5m以内,每臂载质量通常在500kg以内,此类货架多用于机械制造行业和建材超市等,如图2-23所示。

图2-22 钢结构平台

图2-23 悬臂式货架

h. 流动式货架。流动式货架通常由中型横梁式货架演变而成,货架每层前后横梁之间设置滚轮式铝合金或钣金流力条,呈一定坡度(30°左右)放置,如图2-24所示。货物通常为纸包装或将货物放于塑料周转箱内,利用其自重实现货物的流动和先进先出,货物由小车进行运送,人工存取,存取方便,单元货架每层载质量通常在1000kg/m²以内,货架高度在2.5m以内,适用于装配线两侧的工序转换、配送中心的拣选作业等场所,可配以电子标签实现货物的信息化管理。

i. 抽屉式货架。抽屉式货架由重型托盘式货架演变而成,通常用于存放模具等重物,如图2-25所示。由于现场无合适的叉车可用,因此需要组合装配螺栓连接式货架结构,货架高度一般在2.5m以下。除顶层外的几层均可设计制作成抽屉式结构,安全可靠,可轻松抽出2000kg/层的货物,辅之以行车或葫芦吊,轻松实现货物的存取作业。此类货架主要用于存放模具等特殊场所。

图 2-24　流动式货架

图 2-25　抽屉式货架

j. 牛腿式货架。牛腿式货架主要用于自动化仓库中,如图 2-26 所示。此类货架系统所使用的托盘承载能力强、刚性好,如托盘承载很小,可取消横梁,或货格较小而不用横梁,直接用塑料箱等置于牛腿之上,由堆垛机对货物进行自动存取作业,主要用于储存轻小而贵重物品的自动化仓储系统中,烟草、电子、机械制造等行业。

图 2-26　牛腿式货架

k. 移动式货架。轻中型移动式货架(也称密集架)由轻中型搁板式货架演变而成,密集式结构,仅需设一个通道(1m 宽左右),密封性好,美观实用,安全可靠,是空间利用率最高的一种货架,分手动和电动两种类型。导轨可嵌入地面或安装于地面之上,货架底座沿导轨运行,货架安装于底座之上,通过链轮传动系统使每排货架轻松、平稳地移动,分为手动和电动,货物由人工进行存取。为使货架系统运行中不致倾倒,通常设有防倾倒装置。轻中型移动式货架主要用于档案馆、图书馆、银行、企业资料室、电子轻工等行业,如图 2-27 所示。

重型移动式货架由重型托盘式货架演变而成,裸露式结构,仅需设 1~2 个通道,空间利用率极高。结构与轻中型移动式货架类似,区别在于重型移动式货架一定是电动式的,货物由叉车进行整托存取,通道通常为 3m 左右,主要用于一些仓库空间不是很大、要求最大限度地利用空间的场所,适用于机械制造等行业。

l. 旋转式货架。旋转式货架分水平旋转和垂直旋转两种,均是较为特殊的货架,自动化程度要求较高,适用于轻小而昂贵、安全性要求较高的货物,如图 2-28 所示。单个货架系统规模较小,单体自动控制,独立性强,可等同于某种动力设备来看待。此类货架造价较高,主要用于存放贵重物品如刀具等。

图 2-27　移动式货架

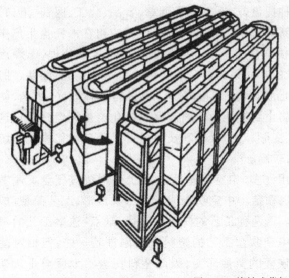

图 2-28 旋转式货架

行业、使用场合、存放物品、环境、温度、洁净度等诸多因素的不同,决定了货架系统的差异性,在此仅列举较常用的一些货架系统类型。这些货架系统的共性是多为组合装配式轻钢结构,表面多为静电喷塑处理。随着物流装备行业的飞速发展,相信货架系统的技术含量、精度会愈来愈高,结构更趋优化,品种更全面,适应性越来越强,它将为我国物流行业的发展承担重要的角色。

货架是用于储存货物的设备,货架可以充分利用仓库空间,提高仓库利用率和存储能力,而且对货物保护较好,货物存取方便,货物损坏率低。但是货架设置以后不能随意改变,灵活性较差;不适合较重货物的存储;货架系统要求有较高的仓库管理水平,且货架投资较大。因此,在选择货架时要充分考虑仓库的性质、货物的存放要求、储存的安全性、经济性等因素,确定最佳的方案,避免选择不适合的货架。

②托盘。托盘是从两层面板中间夹以纵梁(或柱脚)或单层面板下设纵梁(垫板或柱脚)组成的一种平闭结构。其各部分的名称术语如图 2-29 所示。

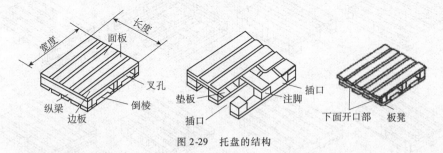

图 2-29 托盘的结构

托盘是物流作业中必不可少的装载工具。它的装载面可集合一定数量的货物,便于货物的装卸、运输和仓储。由于货物的品种繁多、性质不一、规格尺寸多样、形态各异,与之相对应的托盘种类也多种多样。按托盘的材料不同,托盘可分为木托盘、钢托盘、铝托盘、纸托盘、塑料托盘、胶合托盘和复合材料托盘。按结构不同,可分为平托盘、柱式托盘、箱式托盘和轮式托盘等。

a. 按照托盘的材质分类,有木托盘、塑料托盘、金属托盘、纸托盘及复合材料托盘等。

木托盘是目前使用数量最多的一种托盘,广泛应用于烟草、食品、化工、医药、港口、码头的仓储物流和配送物流。近年来一种新的加工工艺——拼接工艺应用在木托盘生产中。该工艺是用松木或铁、冷杉作为原材料,根据使用地的温湿度进行干燥定形处理,干燥后的木材再一次进行认真的分选,对达到要求的木材采用进口的专用设备进行刨光、断头、抽边、砂光等精加工处理,采用进口射钉(具有止脱功能)连接成形。再进行整体砂光、倒角、防滑处理,加工好的木托盘再进行封蜡处理,防止到异地由于温湿度的变化产生托盘开裂。这种工艺可保证木托盘结构牢固,负载、承重、变形、对角误差等技术条件满足自动化物流系统的运行要求,并且木托盘的使用寿命也相对较高。

塑料托盘。目前国内企业主要采用注塑、中空吹塑两种方式生产塑料托盘。注塑成形法生产工序少、生产效率较高、产品质量稳定。中空吹塑成形法一次成形、工艺简便、成本较低,但制品壁厚不均匀,尺寸稳定性差。这两种工艺的托盘各有优、缺点:注塑工艺的塑料托盘刚度好一些,但使用寿命相对要短;中空吹塑工艺的塑料托盘刚性差一些,但相对使用寿命长。由于塑料托盘在使用时有不可恢复的弯曲形变,因此塑料托盘不太适用于货架。但是最新的工艺在塑料托盘中加入金属嵌入件,基本解决了这个问题。

金属托盘。金属托盘的刚性很好,因此应用范围很广泛,基本可以适用于各个领域,尤其是应用在货架上。自重比较大是金属托盘的缺点,但可以通过改善结构设计来克服这一缺点。

纸托盘。纸托盘由于自重较轻多用于航空运输中。其缺点是防潮性能稍差,经过特别处理的纸托盘,比如浸蜡后性能有所改善。

复合材料托盘。目前用于托盘制造的比较成熟的材料是塑木材料。复合材料托盘具有良好的防潮、防腐性能,适用于绝大多数行业。其缺点是自重较大,连接件强度有待完善。

b. 按照托盘的结构分类,有平托盘、柱式托盘、箱式托盘、轮式托盘和专用托盘等。

平托盘没有上层结构,用途广泛,品种较多。按叉车货叉的插入口可分为两向进叉托盘和四向进叉托盘。按使用面可分为单面托盘和双面托盘。各种平托盘的特征如图 2-30 所示。

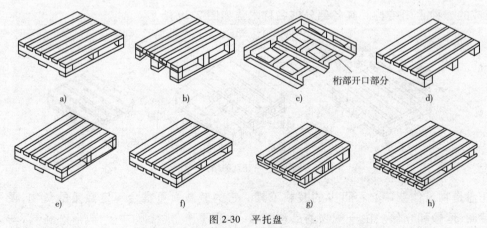

图 2-30 平托盘

a)两向进叉托盘;b)四向进叉托盘;c)纵梁开口四向进叉托盘;d)单面两向进叉托盘;e)双面两向进叉托盘;
f)双面使用托盘;g)单翼型托盘;h)复翼型托盘

柱式托盘是在平托盘的四个角安装四根立柱后形成的,立柱可以是固定的,也可以拆卸的,这种托盘也属于平托盘。柱式托盘多用于包装件、桶装货物、棒料和管材等的集装,还可以作为可移动的货架、货位。该托盘因立柱的顶部装有定位装置,所以堆码容易,堆码的质量也能得到保证。当多层堆码时,因上部托盘的荷载通过立柱传递,下层托盘货物可不受上层托盘货物的挤压。柱式托盘的种类有固定柱式托盘、拆装式柱式托盘、可套叠柱式托盘和折叠式柱式托盘,如图2-31所示。

箱式托盘是在平托盘基础上发展起来的,多用于装载一些不易包装或形状不规则的散件或散状货物,也可以装载蔬菜、瓜果等农副产品,金属箱式托盘还用于热加工车间集装热料。这种托盘的下部可叉装,上部可吊装,可使用托盘搬运车、叉车、起重机等作业;可进行码垛,码垛时可相互堆叠四层;空箱可折叠。箱壁可以是平板或网状构造物,可以有盖或无盖,有盖的箱式托盘常用于装载贵重物品,如图2-32所示。

轮式托盘为平托盘、柱式托盘或箱式托盘的底部装上脚轮而成,既便于机械化搬运,又有利于短距离的人力移动。适用于企业工序间的物料搬运,也可在工厂或配送中心装上货物运到商店,直接作为商品货架的一部分,如图2-33所示。

图 2-32 箱式托盘

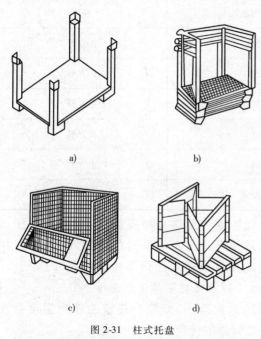

图 2-31 柱式托盘
a)固定柱式托盘;b)~d)可套叠柱式托盘

图 2-33 轮式托盘

专用托盘是一种集装特定货物(或工件)的储运工具。它和通用托盘的区别在于它具有适合特定货物(或工件)的支承结构。图2-34所示为用于长件物品的储运托盘。

c. 托盘的尺寸。托盘与搬运的产品、集装箱、货架、运输车辆的货台以及搬运设施等有直接关系,因此托盘的规格尺寸是考虑其他物流设备规格尺寸的基础。特别是要建立有效的托盘共用系统,必须使用统一规格的托盘。托盘标准化是托盘作业一贯化的前提,见表2-3。

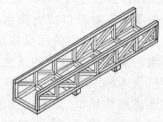

图 2-34 长件货物的储运托盘

国际标准(ISO)原规定的4种托盘规格(单位:mm×mm)　　　　表2-3

规格尺寸	普遍使用地区	备注
1200×1000	欧洲	长方形
1200×800	欧洲	长方形
1140×1140	澳大利亚	正方形
40in×48in	美国	长方形

目前,我国国标套用ISO规定的4种并列的标准。

2003年,国际标准化组织已通过新的托盘标准,除保留原有4种规格以外,又增加了两种,其中一种就是1100mm×1100mm的规格,见表2-4。

国际标准(ISO)规定的新的托盘规格(单位:mm×mm)　　　　表2-4

规格尺寸	普遍使用地区	备注
1200×1000	欧洲	长方形
1200×800	欧洲	长方形
1140×1140	澳大利亚	正方形
40in×48in	美国	长方形
1100×1100	亚洲	正方形
1067×1067	澳大利亚	正方形

考虑到托盘在将来使用的通用性,应该尽可能地选用这几种规格的托盘,以便于日后托盘的交换与使用。当然,各行业由于长期以来形成了自己固有的包装尺寸,会对托盘的规格尺寸有一些不同的要求,但是从长远的角度看还是应该选择国标尺寸。

d. 托盘的选择。根据使用环境、用途、托盘尺寸以及托盘结构进行选择。

温度。不同材料的托盘有其性能正常发挥的温度范围,如塑料托盘的使用温度就在-25～+40℃,因此要根据不同使用温度选择合适材质的托盘。

潮湿度。由于某些材料的托盘有较强的吸湿性,如木托盘,就不能用于潮湿的环境,否则将直接影响使用寿命。

环境的清洁度。要考虑使用环境对托盘的污染程度,污染程度高的环境就要选择耐污染、易清洁的托盘,如塑料托盘、塑木复合托盘等。

许多国家对进口货物使用的包装材料要求进行熏蒸杀虫处理,这就相当于增加了出口成本,用于出口的托盘应尽量选择一次性的塑料托盘或者简易的免熏蒸复合材料的托盘。用于货架堆放的托盘应选择刚性强、不易变形的托盘,如钢制的托盘和木质较硬的硬杂木的木质托盘。如果托盘装载货物以后不再移动,只是起到防潮防水的作用,则可选择结构简单、成本较低的托盘,如简易的塑料托盘,但是应该注意托盘的净载量。如果是用于运输、搬运、装卸的托盘,则要选择强度高、载质量大的托盘。此类托盘由于要反复使用,并且要配合叉车使用,因此对托盘的强度要求较高。

目前，国家标准中的托盘规格共有四种，分别是 1200mm×1000mm、1200mm×800mm、1140mm×1140mm 和 40in×48in。为了使托盘在将来的使用中有通用性，应该尽可能地选用这几种规格的托盘，便于日后托盘的交换与使用。

根据托盘装载货物以后是否要堆垛，还应考虑是选择单面的托盘还是选择双面的托盘。单面的托盘由于只有一个承载面，容易造成下层货物的损坏，不适用于堆垛，因此需要堆码的情况，应选择双面的托盘。如果托盘是用在立体库内的货架上，还要考虑托盘的结构是否适合码放在货架上。由于通常只能在两个方向从货架上插取货物，故用于货架上的托盘应该尽可能地选用四面进叉的托盘，这样便于叉车叉取货物，提高工作效率。

③叉车。叉车是车站、码头、仓库和货场广泛用来承担装卸、搬运、堆码作业的特种搬运车辆。叉车在企业的物流系统中扮演着非常重要的角色，是物料搬运设备中的主力军。特别是随着中国经济的快速发展，大部分企业的物料搬运已经脱离了原始的人工搬运，取而代之的是以叉车为主的机械化搬运。它不仅可以将货物叉起进行水平运输，还可以叉取货物进行垂直堆码，具有适用性强、机动灵活、效率高等优点。因此，在过去的几年中，我国叉车市场的需求量每年都以两位数的速度增长。

叉车通常可以分为三大类：内燃叉车、电动叉车和仓储叉车。

内燃叉车又分为普通内燃叉车、重型叉车、集装箱叉车和侧面叉车。

普通内燃叉车一般采用柴油、汽油、液化石油气或天然气发动机作为动力，荷载能力为 1.2~8.0t，作业通道宽度一般为 3.5~5.0m。考虑到尾气排放和噪声问题，通常用在室外、车间或其他对尾气排放和噪声没有特殊要求的场所。由于燃料补充方便，因此可实现长时间的连续作业，而且能胜任在恶劣的环境下（如雨天）工作，如图 2-35 所示。

重型叉车采用柴油发动机作为动力，承载能力为 10.0~52.0t，一般用于货物较重的码头、钢铁等行业的户外作业。

集装箱叉车采用柴油发动机作为动力，承载能力为 8.0~45.0t，一般分为空箱堆高机、重箱堆高机和集装箱正面吊，可应用于集装箱搬运，如集装箱堆场或港口码头作业，如图 2-36、图 2-37 所示。

图 2-35　普通内燃叉车

图 2-36　集装箱叉车

侧面叉车采用柴油发动机作为动力，承载能力为 3.0~6.0t。在不转弯的情况下，具有直接从侧面叉取货物的能力，因此主要用来叉取长条形的货物，如木条、钢筋等，如图 2-38 所示。

电动叉车以电动机为动力,蓄电池为能源。承载能力为 1.0~4.8t,作业通道宽度一般为 3.5~5.0m。由于没有污染、噪声小,因此广泛应用于对环境要求较高的工况,如医药、食品等行业。由于每个电池一般在工作约 8h 后需要充电,因此对于多班制的工况需要配备备用电池。

仓储叉车主要是为仓库内货物搬运而设计的叉车。除了少数仓储叉车(如手动托盘叉车)是采用人力驱动的,其他都是以电动机驱动的,因其车体紧凑、移动灵活、自重轻和环保性能好等特点而在仓储业得到普遍应用。在多班作业时,电机驱动的仓储叉车需要有备用电池,常见的有以下几种。

图 2-37 集装箱正面吊　　　　　　图 2-38 侧面叉车

电动托盘搬运叉车的承载能力为 1.6~3.0t,作业通道宽度一般为 2.3~2.8m,货叉提升高度一般在 210mm,主要用于仓库内的水平搬运及货物装卸。一般有步行式和站驾式两种操作方式,可根据效率要求选择,如图 2-39 所示。

图 2-39 电动托盘车

电动托盘堆垛叉车承载能力为 1.0~1.6t,作业通道宽度一般为 2.3~2.8m,在结构上比电动托盘搬运叉车多了门架,货叉提升高度一般在 4.8m 内,主要用于仓库内的货物堆垛及装卸,如图 2-40 所示。

前移式叉车的承载能力为 1.0~2.5t,门架可以整体前移或缩回,缩回时作业通道宽度一般为 2.7~3.2m,提升高度最高可达 11m 左右,常用于仓库内中等高度的堆垛、取货作业,如图 2-41 所示。

电动拣选叉车在某些工况下(如超市的配送中心),不需要整托盘出货,而是按照订单拣选多品种的货物组成一个托盘,此环节称为拣选。按照拣选货物的高度,电动拣选叉车可分为低位拣选叉车(2.5m 内)和中高位拣选叉车(最高可达 10m)。承载能力 2.0~2.5t(低位)、1.0~1.2t(中高位,带驾驶室提升)。

图 2-40　电动托盘堆垛叉车

图 2-41　前移式叉车

低位驾驶三向堆垛叉车通常配备一个三向堆垛头,叉车不需要转向,货叉旋转就可以实现两侧的货物堆垛和取货,通道宽度为 1.5~2.0m,提升高度可达 12m。叉车的驾驶室始终在地面不能提升,考虑到操作视野的限制,主要用于提升高度低于 6m 的工况,如图 2-42 所示。

图 2-42　低位驾驶三向堆垛叉车

高位驾驶三向堆垛叉车与低位驾驶三向堆垛叉车类似,高位驾驶三向堆垛叉车也配有一个三向堆垛头,通道宽度为 1.5~2.0m,提升高度可达 14.5m。其驾驶室可以提升,驾驶员可以清楚地观察到任何高度的货物,也可以进行拣选作业。高位驾驶三向堆垛叉车在效率和各种性能上都优于低位驾驶三向堆垛叉车,因此该车型已经逐步替代低位驾驶三向堆垛叉车,如图 2-43 所示。

电动牵引车。牵引车采用电动机驱动,利用其牵引能力(3~25t),后面拉动几个装载货物的小车。电动牵引车经常用于车间内或车间之间大批货物的运输,如汽车制造业仓库向装配线的运输、机场的行李运输,如图 2-44 所示。

叉车在选择时,应考虑以下几方面因素:

托盘。大部分叉车都是以托盘为操作单位,因此托盘的尺寸与形式影响叉车的形式和规格。操作不同深度与宽度的托盘,所需要的巷道空间也不同,如果托盘及所载货物的重心超过了叉车的设计荷载中心,载重能力将下降。目前使用的欧洲标准 800mm×1200mm 和 1000mm×1200mm 的四向叉取式托盘适用于各种车辆。

地面。地面的光滑度和平整程度影响叉车的使用,尤其是使用高提升的室内叉车。地面状况通常有三种情况,影响最大的是锯齿状起伏的地面,应尽量避免。如果地面为波浪状起伏,在一定的距离外有一定的高度差是允许的。光滑平整的混凝土地面是理想的状态。

图 2-43 高位驾驶三向堆垛叉车

电梯和集装箱的高度。如果叉车需要进电梯或在集装箱内部作业,则要考虑电梯、集装箱的入口高度。这种情况下需要选择带较大自由扬程门架的叉车。

日作业量。仓库的进出货场的频繁程度、叉车每天的作业量关系到叉车电瓶容量或叉车数量的选择。

综上所述,每种叉车都有其典型的运用工况,了解这些是选型的前提,要结合其具体的工况,选择最适合企业需要的车型和配置,叉车在选择时应遵循以下原则:

a. 依据作业功能选择叉车。叉车的基本作业功能分为水平搬运、堆垛/取货、装货/卸货、拣选。根据企业所要达到的作业功能可以从上面介绍的车型中初步确定。另外,特殊的作业功能会影响到叉车的具体配置,如搬运的是纸卷、铁水等,需要叉车安装属具来完成特殊功能。

图 2-44 电动牵引车

b. 叉车选择要适应作业要求。叉车的作业要求包括托盘或货物规格、提升高度、作业通道宽度、爬坡度等一般要求,同时还需要考虑作业效率(不同的车型其效率不同)、作业习惯(如习惯坐驾还是站驾)等方面的要求。

c. 不同的作业环境选用不同叉车。如果企业需要搬运的货物或仓库环境对噪声或尾气排放等环保方面有要求,在选择车型和配置时应有所考虑。如果是在冷库中或是在有防爆要求的环境中,叉车的配置也应该是冷库型或防爆型的。仔细考察叉车作业时需要经过的地点,设想可能的问题,如出入库时门高对叉车是否有影响;进出电梯时,电梯高度和承载对叉车的影响;在楼上作业时,楼面承载是否达到相应要求等。

值得注意的是，在同时有几种车型同时都能满足要求时，还需要注意以下四个方面：不同的车型，工作效率不同，则需要的叉车数量、司机数量也不同，会导致一系列成本发生变化；如果叉车在仓库内作业，不同车型所需的通道宽度不同，提升能力也有差异，由此会带来仓库布局的变化，如货物存储量的变化；车型及其数量的变化，会对车队管理等诸多方面产生影响；不同车型的市场保有量不同，其售后保障能力也不同。

因此要对以上几个方面的影响综合评估后，选择最合理的方案。

④巷道堆垛机。巷道堆垛机的全称为巷道式堆垛起重机，是自动化立体仓库的关键设备之一，负责将托盘货物送到货架中储存和从货架中取出，如图2-45所示。正是由于这种特性，有时也将自动化立体仓库称为自动存储系统。巷道堆垛机是随着立体仓库的出现而发展起来的专用起重机，其作用是在高层货架的巷道内来回穿梭运行，将位于巷道口的货物存于货格；或者相反，取出货格内的货物运送到巷道口。巷道堆垛机按起质量可分为轻型堆垛机、中型堆垛机和重型堆垛机：起质量小于100kg的堆垛机称为轻型堆垛机；起质量大于100kg且小于1500kg的堆垛机称为中型堆垛机；起质量大于1500kg的堆垛机称为重型堆垛机。

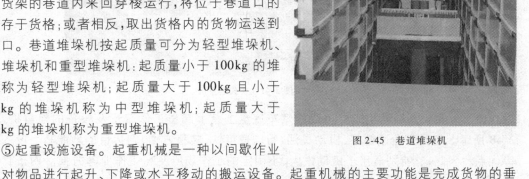

图2-45 巷道堆垛机

⑤起重设施设备。起重机械是一种以间歇作业方式对物品进行起升、下降或水平移动的搬运设备。起重机械的主要功能是完成货物的垂直作业，同时兼有一定水平运输作业。工作对象主要是笨重大件物品。

简单的起重机械一般有手拉葫芦、手板葫芦、升降机等。简单的起重机械只能做升降运动或一个直线方向移动，起升货物质量不大，作业速度及效率较低。常用的起重机械有以下几种：

a. 龙门起重机。龙门起重机是由两个沿地面铺设的轨道上运行的支腿及横跨在支腿上部的主梁组成，起重机构在主梁上沿小车轨道横向运行，如图2-46所示。龙门起重机是广泛使用的一种起重设备，多用在货场和跨越铁路专用线上，近年来也发展到库房使用。

图2-46 龙门起重机

b. 桥式起重机。桥式起重机工作原理与门式起重机相同,但桥式起重机的支腿短,轨道架设在建筑物的立柱上,主梁沿轨道行走,小车在主梁上横向运行,构成一个矩形的工作范围,就可以充分利用桥架下面的空间吊运物料,不受地面设备的阻碍,多用于库房内,如图2-47所示。

图 2-47 桥式起重机

汽车起重机是在通用或专用载货汽车底盘上装上起重工作装置及设备的起重机,如图2-48所示。它具有通过性好、机动灵活、行驶速度快、转移方便、到达目的地能马上投入工作等优点。因此,它特别适用于流动性大、不固定的工作场所及高空作业等方面。由于它是在汽车底盘上改装而成的,所以制造容易且较经济。

图 2-48 汽车起重机

在物料搬运中配备起重机的原则,主要依据以下参数进行起重机的类型及型号的选择:所需起重物品的质量、形态、外形尺寸等;工作场地的条件(长、宽、高、室内或室外等);工作级别(工作频繁程度、负荷情况)的要求;每小时生产率要求。

根据上述要求,首先选择起重机的类型,再决定选用这一类型起重机中的某个型号。

⑥输送设备。物流输送系统设备品种繁多,根据分类的方式不同,有以下分类。

按输送物料不同可分为:

a. 箱式输送设备:指用于输送按国家标准《硬质直方体运输包装尺寸系列》(GB/T 4892—2008)规定的包装箱,并适用于各企业根据生产实际情况所采用的非标包装箱及各种袋装、箱装、桶装等物体。箱式输送设备一般用于质量不大于 50kg、尺寸不大于 800cm × 600cm 的成件货物。

b. 托盘输送设备:指用于输送按国家标准《联运通用平托盘主要尺寸及公差》(GB/T 2934—2007)规定的平托盘,并适用于欧洲各国通用的联运托盘。

c. 其他类输送设备:指非用于输送包装箱及托盘的其他类型输送设备及输送设备之中使用的一些功能单元。

按输送设备的结构特性可分为:

a. 皮带输送机:指采用连续而具有挠性的输送带不停地运转来输送物料的物流输送设备,输送距离长,输送能力大。输送线路可以水平、倾斜、垂直地布置,结构简单、操作简单、安全可靠、容易实现自动化控制,是应用最广泛的输送机械,如图 2-49 所示。

图 2-49 皮带输送机

b. 辊子输送机:指通过辊子转动来输送平直底成件货物,以箱类、桶类、托盘居多,如图 2-50 所示。其输送距离长,输送速度大,输送线路可以水平、倾斜布置,通过分流、合流、转向等方式,可以灵活地改变输送方向。辊子输送机结构简单,使用和维护方便,容易实行自动化控制。辊子输送机根据结构形式不同,可分为无动力辊子输送机和动力辊子输送机。动力辊子输送机根据传动形式不同,可分为单链、双链、底带摩擦式、O 形、V 带和同步带式。动力辊子输送机根据辊筒结构形式的不同,可分为传动式和积放式两种。

c. 链条输送机:指通过链条传动来输送物体的物流输送设备。一般用来输送托盘,链条多采用直板链,水平布置,承载能力大,结构简单,如图 2-51 所示。

d. 链板输送机:以闭合、循环运行的链条作为牵引构件,用对接或搭接的平形板、波浪形板以及槽形或箱形等构件作为承载构件的物流输送设备,如图 2-52 所示,一般用来输送散料和成件货物,特别是灼热的物料和锐利棱边的物料。其输送能力大,使用范围广,输送路线可以水平、倾斜布置。

图 2-50　辊子输送机

图 2-51　链条输送机

图 2-52　链板输送机

e. 链网输送机:以闭合的、循环运行的链条或链网结构作为牵引构件,用塑料链网模块或钢质网带等构件作为承载构件的物流输送设备,一般用于食品等行业。

f. 垂直输送机:用于物体的连续或往复式的垂直输送。

⑦自动分拣设备。自动分拣机是按照预先设定的计算机指令对物品进行分拣,并将分拣出的物品送达指定位置的机械。随着激光扫描及计算机控制技术的发展,自动分拣机在物流中的使用日益普遍。在自动分拣系统中被拣货物经由各种方式,如人工搬运、机械搬运、自动化搬运等,入分检系统,经合流后汇集到一条输送机上。物品接受激光扫描器对其条码的扫描,或通过其他自动识别的方式,如光学文字读取装置、声音识别输入装置等,将分拣信息输入计算机中央处理器中。计算机通过将所获得的物品信息与预先设定的信息进行比较,将不同的被拣物品送到特定的分拣道口位置上,完成物品的分检工作。分拣道口可暂时存放未被取走的物品。当分拣道口满载时,由光电控制,阻止分拣物品不再进入分拣道口。

自动分拣设备一般由控制装置、分类装置、输送装置、分拣道口四部分组成。

控制装置主要是用来识别、接受和处理分拣信号的。当分拣信号通过条码扫描、键盘输入、语音识别、高度检测及形状识别等方式输入分拣控制系统中时,控制系统会根据这些分拣信号作出判断,决定某一商品该进入哪一个分拣道口。一般情况下,分拣要求按照商品品种、商品送达地点或货主的类别进行商品自动分类。

分类装置主要是根据控制装置发出的分拣信号的,把具有相同分拣信号的商品归入同一分拣道口。分类装置常见的有推出式、浮出式、倾斜式和分支式几种。不同的装置对不同分拣货物的包装材料、包装质量、包装物底面的平滑程度等有不同的要求。

输送装置主要是使待分拣商品通过控制装置、分类装置,并入输送装置的两侧,一般要连接若干分拣道口,使分好类的商品滑下主输送机,以便进行后续作业。输送装置的主要组成部分是传送带或输送机。

分拣道口是指分拣商品脱离主输送机进入集货区域的通道,一般由钢带、皮带、辊筒等组成滑道,使商品从主输送装置滑向集货站台,工作人员将该道口的所有商品集中,入库储存或是组配装车进行配送作业。

自动分拣机的类型有以下几种:

a. 挡板式分拣机。挡板式分拣机是利用一个挡板(挡杆)挡住在输送机上向前移动的商品,将商品引导到一侧的滑道排出。挡板的另一种形式是挡板一端作为支点,可做旋转,挡板动作时,挡住商品向前移动,利用输送机对商品的摩擦力推动,使商品沿着挡板表面移动,从主输送机上排出至滑道,如图 2-53 所示。

挡板一般安装在输送机的两侧,和输送机上的平面不相接触,即使在操作时也只接触商品而不触及输送机的输送表面,因此它对大多数形式的输送机都适用。常见的挡板形式有直线形、曲线形。

b. 浮出式分拣机。浮出式分拣机是把商品从主输送机上托起,从而将商品引导出主输送机的一种结构形式,如图 2-54 所示。常见的有以下两种形式:

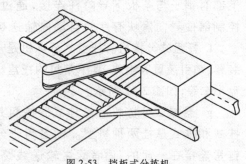

图 2-53 挡板式分拣机

胶带浮出式分拣机。这种分拣结构用于辊筒式主输送机上,将有动力驱动的两条或多条胶带或单个链条横向安装在主输送辊筒之间的下方。当分拣机结构接受指令启动时,胶带或链条向上提升,接触商品底面把商品托起,并将其向主输送机一侧移出。

辊筒浮出式分拣机。这种分拣机用于辊筒式或链条式的主输送机上,将一个或数个有动力的斜向辊筒安装在主输送机表面下方。当分拣机结构接受指令启动时,斜向辊筒向上浮起,接触商品底部,将商品斜向移出主输送机。

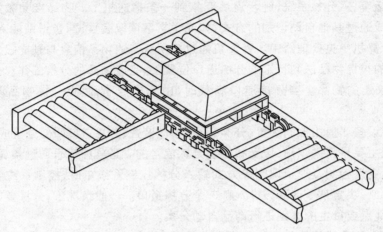

图 2-54 浮出式分拣机

c. 倾斜式分拣机。倾斜式分拣机是将商品装载在输送机的条板上,当商品行走到需要分拣的位置时,条板的一端自动升起,使条板倾斜,从而将商品移离主输送机。这是一种特殊型的条板输送机,商品占有的条板数是随着不同商品长度而定的,经占用的条板数如同一个单元,同时倾斜。因此,这种分拣机对商品的长度在一定范围内不受限制。

d. 翻盘式分拣机。翻盘式分拣机是由一系列的盘子组成,盘子为铰接式结构,可向左或向右倾斜。装载商品的盘子行走到一定位置时,盘子倾斜,将商品翻到旁边的滑道中。为减轻商品倾斜时的冲击力,有的分拣机能控制商品以抛物线状来倾倒,这种分拣机对分拣商品的形状和大小可以不限,但以不超出盘子为限,如图 2-55 所示。

e. 滑块式分拣机。滑块式分拣机是一种特殊形式的条板输送机,如图 2-56 所示。输送机的表面用金属条板或管子构成,如竹席状,而在每一个条板或管子上有一枚用硬币材料制成的导向滑块,能沿条板做横向滑动,平时滑块停止在输送机的侧边,滑块的下部有销子与条板下导向杆连接,通过计算机控制,当被分拣的货物到达指定道口时,控制器使导向滑块有序的自动向输送机的对面一侧滑动,把货物推入分拣道口。

f. 托盘式分拣机。托盘式分拣机是一种应用十分广泛的机型,它主要由托盘小车、驱动装置、牵引装置等组成,其中常见的托盘小车形式有平托盘小车、U 形托盘小车、交叉带式托盘小车等,如图 2-57 所示。

g. 悬挂式分拣机。悬挂式分拣机是用牵引链作牵引件的分拣设备,可分为固定悬挂式和推式悬挂两种机型。前者用于分拣、输送货物,它只有主输送线路、吊具和牵引链是连接在一起的;后者除主输送线路外,还具备储存支线,并有分拣、储存、输送货物等多种功能。

h. 滚柱式分拣机。滚柱式分拣机是用于对货物输送、储存与分路的分拣设备,按处理货物流程需要,可以布置成水平形式,也可以和提升机联合使用构成立体仓库。滚柱机的每组滚柱均各自具有独立的动力,可以根据货物的存放和分路要求,由计算机控制各组滚柱的转动或停止。

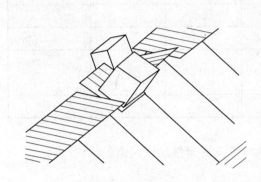

图 2-55 翻盘式分拣机

图 2-56 滑块式分拣机

4)仓库设备管理

根据仓库规模的大小,设备数量的多少以及设备的集中与分散、固定与流动等使用情况,除少数固定的设备统一使用外,其余的都是分散使用。因此,设备的管理方式通常是在统一管理的基础上,实行分级管理,专人负责、专门管理部门负责的方式,以确保设备完好率,保证仓储业务的正常进行。此外,对于仓库中的设备,必须建立管理、使用、维修、保养制度。这是仓储管理工作中的一个重要环节,尤其是一些大型仓库机械设备较多,更应加强管理。

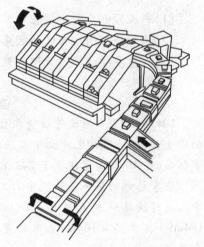

图 2-57 托盘式分拣机

4. 技能训练准备

(1)知识准备:货架与堆垛机;

(2)作业准备:各种货架与仓储堆垛机械;

(3)地点:实训中心。

5. 技能训练步骤

(1)学生根据各实训中心实际条件指出横梁式货架、驶入式货架、重力式货架以及流利式货架等;

(2)按照教师要求操作仓储堆垛机械到指定地点,操作堆垛机上下架等。

6. 技能训练注意事项

(1)注意安全,货物不得跌落,不得碰撞货架;

(2)要求准确、快速。

7. 技能训练评价

操作准确,时间最短者为优。

完成技能训练填写技能训练评价表,见表2-5。

技能训练评价表 表 2-5

被考评个人				
考评地点				
考评内容				
考评标准		自我评价	小组评价	教师评价
	充分准备实训的情况			
	正确、完整查阅实训资料			
	积极参与讨论,良好完成实训各项任务			
	团队合作精神			

8. 技能训练建议

搜集各种仓储设备的资料,就各种仓储设备的特点及适用性加以讨论。

思考练习

1. 简答题

(1) 仓库设备主要包括哪些?

(2) 选择货架时应考虑的因素有哪些?

(3) 托盘主要分为哪几种?其中,平托盘又可以分为哪几种类型?

2. 案例分析题

宜家缔造家具供应链王国

1943 年,17 岁的坎普拉德在自家花园棚子里开了家小铺——宜家,从一支笔、一瓶墨水的小生意做起,现在已建立了家居用品零售业王国。目前,宜家的产品面向世界 100 多个国家销售,在 40 个国家建立了 243 家宜家超市。

宜家总部的第一个物流中心是于 1964 年建立的,目前宜家在瑞典总部的 3 个物流配送中心通过铁路线相互连接。DC008 是宜家 2000 年建成的物流中心,它的库容约为 $8 \times 10^4 m^2$。其中,$5 \times 10^4 m^2$ 采用的是全自动化的仓库(AS/RS),其余 $3 \times 10^4 m^2$ 是普通货架仓库。

宜家在全球的采购和销售过程中都采用集装箱运输。在集装箱的装卸过程中,如果使用托盘作业,每只集装箱的装卸时间只需要 30~40min;不使用托盘的话,则需 3~4h,托盘的使用无疑大大降低了综合物流成本。托盘的运用是物流中心高效运作的基础,物流中心使用的托盘规格也非常多,管理上也非常细致。

欧洲的托盘标准体系有 10 个不同的规格,编号为 $E_0 \sim E_9$,但使用最普遍的是 800mm × 1200mm 这一规格。根据货物的不同规格,可以选择相应尺寸的托盘。所以,宜家在供应分布在欧盟 38 个不同国家的商店时都使用标准托盘运输。

宜家仓库货位架的结构和尺寸是按照不同的托盘规格来设计的。除了欧洲标准体系中的 10 种规格之外,宜家还规划了自己的托盘标准($I_1 \sim I_9$)。它是依据欧洲的托盘标准,再结合宜家自身情况而制订的,在尺寸上有一些微调。

DC008 的自动化立体库,货架高 26m,有 11 台堆垛机,22 个巷道,存储着 8000~9000 种货物,整个仓库可以存放 5.7×10^4 个标准托盘。整个系统由 SWISSLOG 提供设备和系统集成,整个自动化立体库是无人操作的,值班人员只负责解决各种突发事件。实际上由于堆垛机运行稳定,基本上不需要特殊的维护。据介绍,到目前为止,堆垛机只出现过一次故障,而且技术人员在一天之内就解决了问题。

DC008仓库分为内外两个部分,由于不同种类货物的周转速度不同,且要使用叉车进行装卸作业,需要尽可能地减少货物的运输距离,所以在仓库进门处设计一个工作室。相关技术人员在工作室通过系统对仓库的各项作业进行周期性分析,实时调整货物的存储位置。

物流中心的一侧是一个接一个的装卸单元,配备完整的装卸门封、雨篷、滑升门。集装箱车可与之平滑衔接,可以进入集装箱作业的叉车将集装箱里的货物卸载至暂存区,再由电瓶堆高叉车将从集装箱里卸出的货物,按照货位信息分送到后面十多米高的货架上。部分需要进入自动化仓库存储的货物则按照系统发出的指令,由输送线传送到堆垛机作业区。

DC008仓库内共有65台电动叉车来回穿梭作业,而且都有备用电瓶。通常一般电瓶的工作时间为7~8h。在电力耗尽时,采用直接更换电瓶的方法,这在很大程度上提高了叉车的工作效率。

宜家仓库的叉车数量多,而且叉车的运行速度很快,穿梭往返,十分壮观。为了确保安全,宜家会对每一个叉车司机进行3天的专门训练,在对叉车作业的安全性要求方面宜家公司的要求已经远远超出了瑞典国家的标准。

物流中心的存储效率也很高。在一般情况下,每台堆垛机从仓库调取一件货物的时间最多需要两分钟,而最短仅需十秒钟。这里自然也有合理调配流程体现出的高效率,宜家对物流配送服务中心有三条最基本的要求:一是要保证覆盖区域内家具商店有充足的货量;二是要保证宜家公司不断地扩张发展的需求;三是要保证物流的效率和最低成本的运作。

问题:
(1)托盘标准化有何意义?
(2)结合案例,谈谈企业如何进行仓储设备管理。

任务二　仓储作业

内容简介

仓储作业是指以存储、保管活动为中心,从仓库接收商品入库开始,到按需要把商品全部完好地发送出去的全过程。本部分介绍了仓储作业的流程、仓储作业中的入库作业、储位管理、订单处理、拣选作业、出货作业、流通加工与包装、送货与退换货处理和盘点作业等相关内容。

教学目标

1. 知识目标

（1）了解仓储作业的含义及特点；
（2）掌握仓储作业的流程；
（3）掌握入库作业的流程；
（4）了解储位管理和储位分配的原则；
（5）掌握订单处理的流程；
（6）掌握拣选作业的含义及常用的拣选方式；
（7）掌握出货作业的流程；
（8）掌握仓储中流通加工的内容及包装技术；
（9）掌握盘点的流程。

2. 技能目标

（1）能进行仓储中的入库操作；
（2）能对仓库中的储位进行划分；
（3）能进行仓储中的订单处理；
（4）能进行仓储中订单的拣选；
（5）能进行仓储中的出货操作；
（6）能进行仓储中的盘点作业。

案例导入

某制造企业仓储作业流程

某制造企业于1994年在某沿海城市成立,是一家中日合资企业,主要采用日本技术,生产适合超市使用的制冷设备,员工共600人,现在年销售额6亿元,每年以30%的速度递增。该公司自成立之日起,就与一些大客户保持密切联系,像上海华联、沃尔玛、家乐福等超市每开一家分店都会从该公司订购大量的产品。每周一该公司采购员通过公司的计算机生产管理系统打印零部件需求订单,然后将订单传递给供应商,供应商按订单安排生产、发货。外地供应商通过铁路、公路、航空将零部件发到当地中转站,再由公司派车提货;本地供应商将零部件直接送到公司的仓库。零部件仓库保管人员负责验收零部件、上架、录入计算机仓库管理系统。仓库人员根据生产计划，一般提前两天按计算机计算的领料单准备好零部件，提前半天送到生产线。在每周二至周五期间，采购人员处理因生产计划调整，而追加订货或调整交货期与供应商沟通与协调。

成品从生产线下线后，在包装区域内包装，贴上标签，进入成品库。成品库保管人员验收、入库，并录入计算机管理系统。发货人员根据计划科转来的客户订单，安排发货车辆，按订单的数量、交货日期准时发货。

成品包装人员共10人，人均月工资为1000元。成品库存约为2000万元，成品库面积6000多平方米，保管员5人，月工资1200元。取暖、空调、照明等费用每年约25万元。成品运输费用每年1100万元。该公司为了保证生产继续进行，储存了约14000种零部件。零部件库房面积约6600㎡，库房的高度是8m，货架区货架是3层，有效高度是2.5m，人工上架。散货区使用液压手动叉车摆放和移动托盘，只能放单层托盘，有效高度为1.5m。零部件库存金额约4500万元，保管员16人，每天处理2000个零部件，人均月工资1200元。取暖、空调、照明等费用每年约30万元。在零部件仓库拣货时，保管员推着平板车或拉着手动液压叉车，把零部件从货架上搬下来，取出所需数量，再把余下的零部件放回架子上。

仓库保管作业过程是仓储管理的重要内容，包括从接收验收货物、入库安排、装卸搬运、保管保养、盘点作业、订单处理、备货作业、出库等一系列工作。正常合理的仓库保管工作为企业生产、销售提供了重要的保障。

引导思路

（1）由上述案例可见，仓储作业过程对企业的重要性有哪些？
（2）在上述案例中，该企业的仓储作业过程包括哪些流程，有哪些需要改进的地方？

项目一　仓储作业概述

教学要点

（1）了解仓储作业的含义及作用；
（2）掌握仓储作业的环节；
（3）了解仓储作业的特点。

教学方法

可采用讲授、案例教学和分组讨论等方法。

教学内容

1. 情景设置

物流企业中主要的仓储作业包括订单处理作业、入库作业、盘点作业、拣选作业、出库作业、送货与退换货作业、流通加工与包装作业七个环节。教师带领学生参观当地有一定代表性的仓储型物流企业，了解该企业主要的业务范围，并进一步了解该企业具体的仓储作业环节，并形成调查报告。

2. 技能训练目标

能够理解并掌握在仓储作业中包含哪些作业环节,了解每一个作业环节的含义及目的。

3. 相关理论知识

1)仓储作业的含义

仓储作业是指从商品入库到商品发送出库的整个仓储作业全过程,主要包括入库流程、在库管理和出库流程等内容。

2)仓储作业的作用

(1)仓储是社会生产顺利进行的必要过程。

现代社会生产的一个重要的特征就是专业化和规模化生产,劳动生产率极高,产量巨大。绝大多数产品都不能被及时消费,需要经过仓储的手段进行储存。这样一方面能避免生产过程被堵塞,保证生产过程能够继续进行,另一方面,生产所使用的原料、材料等需要有合理的储备,才能保证及时供应,满足生产的需要。

仓储本身是由生产效率的提高造成的,但同时仓储的发展又促进生产效率的提高。良好的仓储条件确保生产规模的进一步扩大,促进专业化水平、劳动生产率的进一步提高。

(2)调整生产和消费的时间差别,维持市场稳定。

人们的需求所具有的持续性与产品季节性、批量性生产的集中供给之间存在供需时差的矛盾。通过仓储将集中生产的产品进行储存,持续地向消费者提供,以不断保证满足消费需求。

(3)劳动产品价值保存的作用。

生产出产品在消费之前必须保持其实用价值,否则将会被废弃。这项任务就需要由仓储来承担,在仓储过程中对产品进行保护、养护、管理,甚至处理、加工,防止其损坏而丧失使用价值。

同时,仓储是产品从生产到消费的最后一道作业环节,可以根据市场对产品消费的偏好,对产品进行最后加工改造和流通加工,提高产品的附加值,以促进产品的销售,甚至增加收益。

(4)流通过程的衔接。

产品从生产到消费,不断经过分散、集中、分散的过程,还可能需要经过不同运输工具的转换运输。为了有效率地利用各种运输工具,降低运输过程中的作业难度,实现经济运输,物品需要通过仓储进行候装、配载、包装、成组、分批、疏散等。为了满足销售的需要,商品在仓储中进行整合、分类、拆除包装、配送等处理和存放。

(5)市场信息的传感器。

任何产品的生产都必须满足社会的需要,而生产者都需要把握市场需求的动向。社会仓储产品的变化是了解市场需求的极为重要的途径。仓储量减少,周转量加大,表明社会需求旺盛,反之则为需求不足。现代企业生产特别重视仓储环节的信息反馈,将仓储量的变化作为决定生产的依据。现代物流管理特别重视仓储信息的收集和反映。

(6)开展物流管理的重要环节。

仓储是物流的重要环节,物品在物流过程中相当一部分时间内处在仓储之中,在仓储中进行运输整合,在仓储中进行配送准备,在仓储中进行流通加工,也在仓储中进行市场供给调节。仓储的成本是物流成本最重要的组成部分。开展物流管理必须特别重视对仓储的管理,只有有效的仓储管理,才能实现物流管理的目的。

（7）提供信用保证。

在大批量货物的实物交易中，购买方必须查看、检验货物，确定货物的存在和货物的品质，方可成交。购买方可以到仓库查验货物。此外，由仓库保管人出具的货物仓单是实物交易的凭证，可以作为对购买方提供的保证。仓单本身就可以作为融资工具，可以直接使用仓单进行质押。

（8）现货交易的场所。

存货人转让自己在仓库存放的商品时，购买人可以到仓库查验商品，取样化验。双方可以在仓库进行转让交割。国内众多的批发交易市场，既是有商品仓储功能的交易场所，又是有商品交易功能的仓储场所。众多具有便利交易条件的仓储都提供交易活动服务，甚至部分形成有影响的交易市场。近年来，我国大量发展的仓储式商店，就是仓储交易功能高度发展、仓储与商业密切结合的结果。

3）仓储作业环节

仓储作业过程可归纳为订单处理作业、入库作业、盘点作业、拣选作业、出库作业和送货与退换货作业、流通加工与包装七个环节。

（1）订单处理作业。

仓库的业务归根结底来源于客户的订单，它始于客户的询价、业务部门的报价，然后接收客户订单，业务部门了解库存状况、装卸能力、流通加工能力、包装能力和配送能力等，以满足客户需求。对于具有销售功能的仓库，核对客户的信用状况、未付款信息也是重要的内容之一。对于服务于连锁企业的物流中心，其业务部门也叫做客户服务部。每日处理订单和与客户经常沟通是客户服务的主要功能。

（2）入库作业。

仓库发出采购订单或订单后，库房管理员即可根据采购单上预定入库日期进行作业安排。在商品入库当日，进行入库商品资料查核、商品检验。当质量或数量与订单不符时，应进行准确的记录，及时向采购部门反馈信息。库房管理员按库房规定的方式安排卸货、托盘码放和货品入位。对于同一张订单分次到货，或不能同时到达的商品要进行认真的记录，并将部分收货记录资料保存到规定的到货期限。

（3）盘点作业。

仓储盘点是仓库定期对仓库在库货品实际数量与账面数量进行核查。通过盘点，掌握仓库真实的货品数量，为财务核算、存货控制提供依据。

（4）拣选作业。

根据客户订单的品种及数量进行商品的拣选，拣选可以按路线拣选，也可以按单一订单拣选。拣选工作包括拣取作业、补充作业的货品移动安排和人员调度。

（5）出货作业。

出货作业是完成商品拣选及流通加工作业之后，送货之前的准备工作。出货作业包括准备送货文件、为客户打印出货单据、准备发票、制订出货调度计划、决定货品在车上的摆放方式、打印装车单等工作。

（6）配送作业。

配送作业包括送货路线规划、车辆调度、司机安排、与客户及时联系、商品在途的信息跟踪、意外情况处理及文件处理等工作。

（7）流通加工与包装。

流通加工是仓储物品增值的重要手段,是为了提高物流速度和物品的利用率,在物品进入流通领域后,按客户的要求进行的加工活动,即在物品从生产者向消费者流动的过程中,为了促进销售、维护商品质量和提高物流效率,对物品进行一定程度的加工。

包装是在物流过程中保护产品,方便储运,促进销售,按一定技术方法采用容器、材料及辅助物等将物品包封并予以适当的包装和标志的工作总称。简言之,包装是包装物及包装操作的总称。

4) 仓储作业的特点

由于仓储活动本身所具有的特殊性,所以仓储技术作业的过程与物质生产部门的生产工艺过程相比较,也具有自己的特点,主要表现在以下几个方面。

(1) 非连续性。

仓储作业的整个过程,从商品入库到商品出库不是连续进行的,而是间断进行的。这是因为各个作业环节往往是不能密切衔接的。例如,整车接运的物资,卸车后往往不能马上验收,而是要一段待验时间;入库保管的物资有一段保管时间;物资分拣包装完毕,需要一段待运时间等。这与一般工业企业的流水线作业不同。

(2) 作业量的不均横性。

仓储作业每天发生的作业量是有很大区别的,各月之间的作业量也有很大的不同。这种日、月作业量的不均衡,主要是由于仓库进料和发料时间上的不均衡和批量大小不等所造成的。有时,整车装车和卸车数量很大,装卸车任务量很重,作业量大;而有时无整车装卸,任务就较轻。因此,仓储作业时紧时松、时忙时闲。

(3) 仓储作业对象的复杂性。

一般生产企业产品生产的劳动对象较为单一,如制造机床的主要劳动对象是各种钢材,而物资仓储作业的对象是功能、性质和使用价值等各不相同的千万种物资。不同的物资要求不同的作业手段、方法和技术,情况比较复杂。

(4) 仓储作业范围的广泛性。

仓储的各个作业环节,大部分是在仓库范围内进行的,但也有一部分作业是在库外进行的,如物资的装卸、运输等,其作业范围相当广泛。

仓储作业的上述特点对仓储设施的规划、配备与运用,仓储作业人员定编、劳动组织与考核以及作业计划、作业方式的选择等,均产生重要影响,给合理组织仓库作业带来很大的困难和不便。因此,在具体进行仓储设施的规划、配备与运用时,应综合各方面的相关因素慎重考虑。

4. 技能训练准备

(1) 学生每 5 人为一个小组,每个小组选一名组长;

(2) 教师现场指导;

(3) 训练时间安排:1 学时。

5. 技能训练步骤

(1) 以班级为单位,教师带领学生参观物流企业;

(2) 以组为单位进行讨论,分析得出该物流企业包含哪些仓储作业环节;

(3) 每组派一位代表陈述分析过程和结果。

6. 技能训练注意事项

(1) 参观要在老师和企业人员的带领下进行,不得随意走动,注意个人安全;

(2) 认真听取企业人员的介绍;

（3）要根据所参观物流企业的实际情况,并结合相关知识进行认真分析总结。

7. 技能训练评价

请完成技能训练后填写技能训练评价表,见附录2。

8. 技能训练活动建议

建议课下多参观一些仓储型物流企业,或者多搜集一些仓储型物流企业的相关资料,了解这些企业仓储作业环节的设置。

思考练习

1. 简答题

（1）仓储作业的作用有哪些?

（2）仓储作业包括哪些作业环节?

（3）仓储作业的特点有哪些?

2. 案例分析题

青年路储运经营公司仓储作业流程

青年路储运经营公司隶属于北京市机电设备总公司,占地面积 11 万 ㎡,内有标准库房 17 栋(保温库 6 栋),库高 10m,专门储运大型机电产品。单个库房面积从 1080 ㎡ 到 2480 ㎡ 不等,地面防潮处理较好,库内配备简单的立体货架 4 或 5 层,高约 3m,并配有 5t、10t 桥式吊车,库房实行机械通风。场内有铁路专用线及其相关设备,并且有专业的消防队伍。

目前,青年路仓库作为集散型仓库,主要储存家用电器、食品、医药、装饰材料等商品,库房堆高 6~7m。青年路仓库负责部分商品的储存、配送、运输作业,部分商品由厂家自己负责储存、运输与配送,其主要作业流程包括入库验收、抽样检测、进库码垛、保管、出库等环节。

仓储作业过程主要由入库作业、保管作业及出库作业组成。按其作业顺序可详细分为:接车、卸车、理货、检验、入库、储存、保管保养、装卸搬运、加工、包装和发运等作业环节。各个作业环节之间并不是孤立的,它们既相互联系,又相互制约。某一环节作业的开始要依赖于上一个环节作业的完成,上一环节作业完成的效果也直接影响到后一环节的作业。由于在仓储作业过程中,各个作业环节之间存在着内在的联系,并且需要耗费大量的人力、物力及财力,因此必须对作业流程进行细致的分析和合理有效的组织。

问题:

（1）物流企业中的仓储作业主要包括哪些内容?

（2）如何根据企业的实际情况进行仓储作业流程的规划设计?

项目二　入　库　作　业

教学要点

（1）货物入库作业的概念;

（2）货物的接运;

（3）货物的验收;

（4）货物的入库。

教学方法

可采用讲授、案例教学和分组讨论等方法。

教学内容

1. 情景设置

某仓储企业某日有 1 000 箱矿泉水入库储存,根据入库作业的相关知识进行该入库作业的流程设计,确定货物入库需要哪些程序以及哪些人力、物力、单据确定接货方式、检验比例、验收方法等。

2. 技能训练目标

能够根据物流企业的入库作业流程进行具体的入库作业流程设计。

3. 相关理论知识

1) 货物入库作业简介

货物的入库作业是仓储作业过程的第一个作业环节。货物入库管理是指仓库从接运货物开始,经过数量核对、外观检验,到验收合格物品办理入库手续,最终办理登账、立卡、建档等手续为止的整个作业过程所实施的管理。货物的入库作业管理进行的是否合理有序,直接关系到后续工作能否顺利进行。

货物的入库作业主要包括货物的接运、货物的验收和货物的入库三个作业环节。货物的入库作业内容与流程如图 3-1 所示。

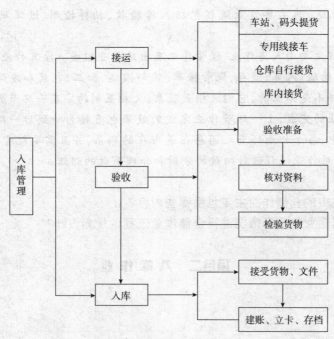

图 3-1　入库作业基本流程图

2) 货物的接运

(1) 概述。

由于货物到达仓库的形式不一,除了少部分由供货单位直接运到仓库交货外,大部分要经过铁路、公路、航运、空运等多种运输方式。凡经过交通运输部门转运的货物，均需要经过货物接运后，才能进行入库验收。因此，货物的接运是货物入库业务流程的第一道作业环节，也是货物仓库直接与外部发生的经济联系。

货物接运的主要任务是及时、准确地向交通运输部门提取入库货物，要求手续清楚、责任明确，为仓库验收工作创造有利条件。因为接运工作是仓库业务活动的开始，也是货物入库和保管的前提，所以接运工作的好坏直接影响货物的验收和入库后的保管保养。因此，在接运由交通运输部门转运的货物时，必须认真检查，分清责任，取得必要证件，避免将一些在运输过程中或运输前就已经损坏的货物带入仓库，造成验收中责任难分和在保管工作中的困难和损失。

（2）货物接运前的准备。

货物入库前要做好接运准备工作，接运人员要熟悉交通运输部门及有关供货单位的制度和要求。根据不同的接运方式，处理接运中的各种问题。根据仓储合同或者入库单、入库计划，掌握入库货物的品种、数量、到货地点、到货日期等具体情况，及时进行库场准备，以便货物能按时入库，保证入库过程的顺利进行。

①组织人力。按照货物到达的时间、地点、数量等，预先做好到货接运、装卸搬运、检验、堆码等人力的组织安排。

②准备物力。根据入库货物的种类、包装、数量等情况以及接运方式，确定搬运、检验、计量等方法，配备好所用车辆、检验器材、度量衡器和装卸、搬运、堆码苫垫的工具，以及必要的防护用品用具等。

③熟悉入库货物。货物入库前，相关作业人员要熟悉货物资料，掌握入库货物的品种、规格、数量、理化特性、包装状态、单件体积和质量、到库时间、货物存期、保管要求等，以便妥善进行库场安排、货位准备以及装卸设备和作业人员的准备。

④掌握仓库使用情况。了解在货物入库前、货物入库期间、保管期间仓库的库容、设备、人员的使用和变动情况，以便合理安排接运工作。

⑤制订仓储计划。仓库业务部门根据货物状况、仓库状况、设备使用状况，制订仓储计划，并将任务下达到各相应的作业单位。

⑥安排货物。根据入库货物的性能、数量、类别，按仓库分区分类保管的原则，核算货位大小；根据货位使用原则，指派货位，进行必要的腾仓、清除残留物、清扫、消毒等货位准备工作；根据货物特性确定堆垛方法、苫垫方案，准备苫垫材料、作业用具等，并检查照明、通风等设备。

⑦验收准备。仓库理货人员根据货物情况和仓库管理制度，确定验收方法，准备验收所需的点数、称量、测试、开箱等工具及入库记录、残损记录、理货检验单、货卡等各种表单。

（3）货物接运的主要方式。

①车站、码头提货。提取货物时，应首先根据运单以及相关资料，认真核对货物的品名、规格、数量、收货单位等，并仔细检查货物的外包装，查看包装、封印是否完好，有无水渍、油迹、受潮、污损、锈蚀、缺件、破损等异常情况。如若发现有上述问题或货物与运单记载不相符合时，应当场会同承运部门进行共同检查。对短缺损坏的物品情况进行责任认定，凡确认属于承运方责任的，需承运方开具证明并作出相应的记录，由运输员签字。

货物到库后，接运人员应与保管员密切配合，将运单及提取回的货物向保管人员当面点交清楚，尽量做到提货、运输、验收、入库堆码一条龙作业，从而缩短入库验收的时间，并办理内部交接手续。

②专用线接车。这是一种铁路部门将转运的物品直接送到仓库内部专用线的接运方式。当货物到达后,保管员或验收员直接与送货人办理接收工作,当面验收并办理交接手续。如有差错,必须立即作出记录,经送货人签字认定后,向有关方面提出索赔或其他的处理办法。

③仓库自行接货。这是指仓库管理方直接到供货单位进行提货的方式。进行仓库自行接货程序时,应将接货与验收工作结合起来同时进行。仓库管理方应根据提货通知,了解所提货物的性能、规格、数量等详细情况,并准备好提货所需的机械、工具、人员。配备验收人员在供方当场检验物品质量、清点数量,并做好验收记录,接收与验收合并一次完成。

④库内接货。存货单位或供货单位将货物直接运送到仓库储存时,应由保管员或验收人员直接与送货人员办理交接手续,当面验收并做好记录。若有差错,应填写记录,由送货人员签字证明,据此向有关部门提出索赔。

在完成货物接运工作的同时,每一步骤应有详细的记录。接运记录应详细列出接运货物到达、接运、交接等各个环节的具体情况。采用完整的信息记录主要目的如下:用以检查接运工作各个环节的效率,防止遗漏和积压;作为接运工作的基础统计;分清责任,追踪有关资料,促进验收、索赔、交涉等工作的顺利进行;有利于清理在途货物。

接运工作完成后,所有的接运资料均应分类输入电脑以备查询之用。

(4) 货物接运的差错处理。

在接运过程中,有时会发现和发生差错,如错发、混装、漏装、丢失、损坏、受潮和污损等。这些差错有的是发货单位造成的,有的是承运单位造成的,也有的是在接运短途运输装卸中自己造成的。除了由于人们不可抗拒的自然灾害或货物本身性质引起的外,所有差错的损失应向责任者提出索赔。差错事故记录有以下两种:

①货运记录。货运记录是表明承运单位负有责任事故,收货单位据此索赔的基本文件。货物在运输过程中发生以下差错,均应填写货运记录:

  a. 货物名称、件数与运单记录不符;
  b. 货物被盗、丢失或损坏;
  c. 货物污损、受潮、生锈、霉变或其他货物差错等。

记录必须在收货人卸车或提货前,通过认真检查后发现问题,经承运单位复查确认后,由承运单位填写交收货单位。

②普通记录。普通记录是承运部门开具的一般性证明文件,不具备索赔效力,仅作为收货单位向有关部门交涉处理的依据。遇到下列情况,并发生货损、货差时,需填写普通记录:

  a. 铁路专用线自装自卸的货物;
  b. 棚车的铅封印纹不清、不符或没有按规定施封;
  c. 施封的车门、车窗关闭不严,或者门窗有损坏;
  d. 篷布苫盖不严实漏雨,或其他异状;
  e. 责任判明为供货单位的其他差错事故等。

以上情况的发生,责任一般在发货单位。收货单位可持普通记录向发货单位交涉处理,必要时向发货单位提出索赔。

3) 货物的验收

(1) 概述。

货物的验收是仓储管理工作的重要一环,所有货物在入库之前都需要进行验收,只有在验收合格后,方能正式入库。当然,目前伴随着现代物流管理理念的日益普及,越来越多的企业把商品验收前置,即企业通过开展供应商管理,对物品质量进行跟踪考评,以督促供应商对本企业供应货物时,强化质量管理,保证所供物品全部合格。本企业收到物料后,并不进行物料的质量检验,直接将物料入库,以减少物料在需方的入库停滞时间。但在我国大部分企业并没有开展供应商管理,因此商品的验收工作仍然是企业物料仓储业务的重要内容。由于商品验收工作是一项技术要求高、组织严密的工作,关系到整个仓储业务能否顺利进行,所以必须做到及时、准确、严格、经济。

货物的验收工作,实际上包括品质的检验和数量的点双重任务。验收工作的进行,有两种不同的情形:一种情形是先行点收数量,后通知负责检验单位办理检验工作;另一种情形是先由检验部门检验品质,认为完全合格后,通知仓储部门,办理收货手续,填写收货单。

(2) 货物验收作业的作用与意义。

所有到库的货物,必须在入库前进行验收,只有在验收合格后,才能正式入库。货物验收的作用及意义体现在以下几个部分:

①验收是做好货物保管保养的前提。货物的验收工作是做好货物保管保养和使用的前提。货物经过长途运输、多次装卸搬运后,包装容易损坏、污损,没有包装的货物更容易发生变化。这些情况都将影响到货物的保管。所以,只有在货物入库时,将货物实际状况搞清楚,数量上是否与供货单位附来的凭证相一致,才能分区分类进行堆码存放,从而针对货物的实际情况,采取相应的措施对货物进行保管保养。

②验收记录是仓库提出退货、换货和索赔的法律依据。货物验收过程中,若发现货物数量不足,或规格不符,或质量不合格时,仓库检验人员作出详细的验收记录,由业务主管部门向供货单位提出退货、换货或向承运责任方提出索赔等要求。倘若货物入库时,没有进行严格的验收,或没有相应的验收记录,而在保管过程中,甚至在发货时才发现问题,就会出现责任不明,带来不必要的经济损失。所以,货物只有经过严格的检验,在分清了货物入库前供货单位及各个流转运输环节的责任后,才能将符合合同的规定、符合企业生产需要的货物入库。

③有利于明确进料品质状况,避免对生产造成影响。若到库的货物是工厂进行生产加工的原料,则在货物进库之前就进行验收是非常必要的。因为原材料的品质直接关系到最终产品的品质,而入库前的验货有助于工厂对所进物料情况的掌握,从而避免在生产过程中造成不利的影响。

④验收单是支付货款的重要依据。当接收到供应商供应的货物后,应及时按照采购合同规定付给对方相应的货款。在众多付款文件中,验收单是付给对方货款的重要依据,因为验收单上注明了接收合格货物的具体品名、规格、数量、金额等相关信息。

⑤有利于监督采购计划的执行。企业根据自己各项工作的需求而进行物品的采购,采购完成的物品要进行进一步的组织加工或销售。验收单是对采购计划执行的准绳,管理者可以将验收单与采购计划进行对比,从而时刻掌握整个企业的运行状况。

⑥货物验收是避免货物积压、减少经济损失的重要手段。保管不合格品是一种无效的劳动。对一批不合格的货物,如果不经过检查验收就按合格品入库,必然会造成货物积压;对于记重货物,如果不进行检斤验数,就按有关单据的供货数量付款,当实际数量不足时,就会造成经济损失。

⑦验收有利于维护货主利益。对于进口货物,国别、产地和厂家等情况较为复杂,必须依据进口货物验收工作的程序与制度,严格做好验收工作。否则,数量与质量方面的问题就

不能得到及时发现。若超过索赔期,即使发现问题也难以交涉,这就会给货主造成重大的经济损失。

(3) 货物验收的基本要求。

验收工作是一项技术要求高、组织严密的工作,关系到整个仓储业务能否顺利进行,所以必须做到及时、准确、严格、经济。

①及时。到库货物必须在规定的时间内完成验收工作,只有验收及时,才能保证货物尽快入库,满足企业的各项需求。

②准确。验收工作的进行必须做到准确无误,否则会给整个企业的生产经营过程带来影响,并导致保管工作的混乱无序。

③严格。验收工作进行的好坏直接关系到企业的利益,因此,验收人员必须尽职尽责,严格把好验收关。

④经济。验收工作过程中不仅需要验收人员进行验收,而且需要搬运人员使用机械设备对物品进行搬运。因此,整个验收过程需要多个工种进行密切配合,合理组织人员、设备,以节省作业的费用。

(4) 货物验收的标准。

货物要能达到公司的各项预定验收标准,才准许入库。在验收货物时,需要根据下列几项标准进行检验:

①采购合约或订购单所规定的条件;

②以谈判时对方提供的合格样品为标准;

③国家相关产品的品质标准;

④采购合约中的规格或图解。

(5) 确定检验比例。

确定验收比例,是商品检验的前提。抽验比例适当,既可以加快商品流动的速度,又可降低检验成本。检验分为全数检验和抽样检验。

①全数检验。对被检商品逐个(件)进行检验,又称百分之百检验。它可以提供较多的商品质量信息,适用于批量小、质量特性少且质量不稳定或较贵重的商品检验。

②抽样检验。按照事先已确定的抽样方案,从被检商品中随机抽取少量样品,组成样本,再对样品逐一测试,并将结果与标准或合同技术要求进行比较,最后由样本质量状况统计推断受检商品整体质量合格与否。它检验的商品数量相对较少,节约检验费用,有利于及时交货,但提供的商品质量信息少,有可能误判,也不适用于质量差异程度大的商品。

(6) 货物入库验收的方法。

货物验收的主要作业内容如下:

①质量验收。质量验收的目的是查明入库商品的质量状况,发现问题,以便分清责任,确保到库商品符合订货要求。质量验收通过感官检验和仪器检验等方法实现。

感官鉴别法。又称为感官分析、感官检查或感官评价。它是用人的感觉器官作为检验器具,对物料的外形、色、香、味、手感、音色等感官质量特性,在一定的条件下作出判断或评价的检验方法。这种方法简单易行、快速灵活、成本较低。

理化检验法。理化检验法是在实验室的一定环境条件下,利用各种仪器、器具和试剂作手段,运用物理、化学及生物学的方法来测试物料质量的方法。它主要用于检验物料成分、结构、物理性质、化学性质、安全性、卫生性以及对环境的污染和破坏性等。

试用检验法。对那些急需上生产线而来不及检验或质量不稳定的物料,可以采用试用检验法。通过中小批量的实际使用,来确认该批物料的质量。

对比检验法。对那些没有可参照的检验标准的物料,可对比以前使用过的物料,参照判断物料是否合格。

②数量验收。数量验收是根据客户提供的入库单上记载的货物名称、规格型号、数量等进行核对,以确保实际入库数量准确无误。数量检验是保证物料数量准确不可缺少的重要步骤。按商品性质和包装情况,数量检验分为三种形式,即计件、计斤、检尺求积。检验方法包括:点数法、过磅法、测量法、理论计算法。

计件。计件是按件数供货或以件数为计量单位的物料,对数量验收时的清点件数。一般情况下,计件商品应全部逐一点清;包装内有小件包装,应抽取部分包装进行拆包点验;进口商品按合同约定或惯例办理。

检斤。检斤是按质量供货或以质量为计量单位的物料,对数量验收时的称重。金属材料、某些化工产品多半是检斤验收。按理论换算质量供应的商品,先要通过检斤,如金属材料中的板材、型材等,然后按规定的换算方法换算成质量验收。对于进口商品,原则上应全部检斤,若订货合同规定按理论换算质量交货,则应该按合同规定办理。所有检斤的物料,都应填写磅码单。需要注意的是,理论计算的物料的外部尺寸一定不能出现缩水,须符合国家标准或双方约定。

检尺求积。检尺求积是对以体积为计量单位的物料,如木材、竹材、沙石等,先检尺后求体积所做的数量验收。凡是经过检尺求积检验的物料,都应该填写磅码单。

在作业结束以后,保管员将作业过程中的详细信息记载下来生成入库单,再由统计员输入计算机以便查询。

(7)验收中发现问题的处理。

在物品验收过程中,会发现各种各样的问题,但经常碰到的是数量上的短缺,质量上的缺陷,包装上的残损及业务资料、凭证的不符等。

①件数不符。在接货大数点收中,如发生件数与通知单所列不符,经复点确认后,应随即在送货单各联上批注清楚,先按实数签收,同时由收货人与承运人共同签章。经验收核对确认,由保管人员将查明的不符物品的品名、规格、数量通知运输承运人、发货人和存货人。

②数量不符。对记重验收的货品,数量上出现误差时,凡其误差量在规定范围内的,仓库可按实际验收时的数量验收入库,并填写入库单(验收单)。如果超过规定的误差范围,经核对查实后,按实际数量填写磅码单和验收记录,交发货人和存货人交涉处理。在该批货品未作出处理结果前,应将该批货品单独堆放,妥善保管。待结案后,方可办理入库手续。

③包装异状或不符合要求。在收货中发现货品包装有异状或不符合要求时,特别是对不能保护货物安全的包装,收货人员应通知送货人,并同送货人员一起开箱、拆包检查,查明确有残损或内装具体数目短少情况,由送货人出具入库货品异状记录,或在送货单上注明。同时,应通知保管人员另行堆放。待送货单位开箱验明无短缺的情况下,分清责任、整理加固或换装后,再行办理入库堆垛。

④货品异状。在接货时,发现入库货品外观质量有异状,要分清情况,区别处理。对由铁路专用线或汽车运输送来的货物,在接受货品时,发现水渍、玷污损坏等情况,由仓库收货

人员直接与承运人交涉,应由运输承运人编制商务记录或出具证明书。如果该批货品在托运之时,发货人另有附言,损坏责任不属承运人者,亦应由承运人作出普通记录,并由承运人签章。

4)货物入库交接和登记

入库货物经过仓库的点数、查验之后,由仓库保管员根据验收结果,在货物入库单上签收,之后可以安排卸货、入库堆码,表示仓库接受货物。要在入库单上注明该批货物的货位编号,仓库收货员还应在送货人提供的送货回单上签名盖章,并留存相应单证。如果验收过程中发现差错、破损等不良情况,必须在送货单上详细注明差错的数量、破损状态等,并由当事人签字,以便与供货方、承运方分清责任。在卸货、搬运、堆垛作业完毕后,与送货人办理交接手续,建立仓库台账。

(1)交接手续。

交接手续是指仓库对收到的货物向送货人进行确认,表示已接收货物,目的是分清责任。完整的交接手续包括以下几个方面:

①接收货物。核对送货单(表3-1)与货物,剔出不良货物或编制残损单,应在备注栏或验收情况栏简明写上验收情况。

②接收文件。关于货物的说明资料、货运记录、普通记录、随货在运输单证上注明的相应文件,如图纸、准运证等。

③签署单证。仓库与送货人共同在送货单、交接单(表3-2)上签署和批注,并留存相应单证联。同时,相应的入库单、查验理货单、残损单和事故报告由送货人签署。

送 货 单　　　　　　　　　　　　表3-1

NO._____

单位:　　　　　　日期:　　年　月　日

品名	规格	单位	数量	单价	金额	备注

收货单位:(盖章)　　　　制单:　　　　送货单位:(盖章)

经手人:

到 接 货 交 接 单　　　　　　　　　表3-2

收货人	发站	发货人	货物名称	标志标记	单位	件数	质量	货物存放处	车号	运单号	提料单号

备注:

提货人:　　　　　　　经办人:　　　　　　　接收人:

(2)登账。

货物检查中,仓库根据查验情况制作入库单,详细记录入库货物的实际情况,对短少、破损等情况作说明。货物入库后,仓库应将货物的名称、规格、数量、累计数或结存数、存货人或提货人、批次、金额等详细信息作记录,并根据实际的查验情况制作入库单(表3-3)。

入 库 单　　　　　　　　　　表3-3

NO.＿＿＿＿＿＿＿

送货单位：　　　　　入库日期：　　年　　月　　日　　入货仓库：

物资编号	品名	规格	单位	数量	检验	实收数量	备注

会计：　　　　　　仓库收货人：　　　　　　制单：

本单一式三联,第一联:送货人联;第二联:财务联;第三联:仓库存查。

(3)立卡。

货物入库或上架后,将货物名称、规格、数量或出入状态等内容填在料卡上,称为立卡。料卡又称为货卡或货垛牌(见表3-4),由专人专责,直接挂在物品垛位上或货架下方。

进 销 存 卡　　　　　　　　　　表3-4

货物名称：　　　　规格：　　　　单位：　　　　单价：

年		送货提货单位	入库	出库	库存	经手人
月	日					

(4)建档。

仓库应对所接收的货物或者委托人建立存货档案/客户档案,以便于货物管理和保持客户联系,也为将来可能发生的争议保留凭证。同时,有助于总结和积累仓库保管经验,研究仓库管理规律。

存货档案应一货一档设置,将该货物入库、保管、交付的相应单证、报表、记录、作业安排、资料等原件或附件、复制件存档。存货档案应统一编号、妥善保管、长期保存。

存货档案的内容包括:

①货物的各种技术资料、合格证、装箱单、质量标准、送货单、发货清单等;

②货物的运输单据、普通记录、货运记录、残损记录、装载图等;

③入库通知单、验收记录、货物记录、残损记录、装载图等;

④保管期间的检查、保养作业、通风除湿、翻仓、事故等直接操作记录,存货期间的湿度、温度、特殊天气的记录等;

⑤出库凭证、交接签单、送出货单、检查报告等;

⑥回收的仓单、货垛牌、仓储合同、存货计划、收费存根等;

⑦其他有关该货物仓储保管的特别文件和记录。

4. 技能训练准备

(1) 学生每 10 人为一个小组,每个小组选一名组长;

(2) 教师现场指导;

(3) 训练时间安排:1 学时。

5. 技能训练步骤

(1) 以组为单位,分析货物入库需要哪些程序;

(2) 以组为单位,分析确定货物入库需要哪些人力、物力、单据等;

(3) 以组为单位,分析确定接货方式、检验比例、验收方法等;

(4) 形成工作报告,并派一位代表陈述结果。

6. 技能训练注意事项

(1) 以组为单位,一丝不苟、认真进行分析设计;

(2) 分析过程中要做到认真、细致;

(3) 工作报告的书写要有条理、尽量详细。

7. 技能训练评价

请完成技能训练后填写技能训练评价表,见表3-5。

技 能 训 练 评 价　　　　　　　　　　表3-5

专业	物流管理	班级		组号	
考评地点	实验室				
考评内容	入库作业流程的设计				
考评标准	内　　容			分值(分)	评分(分)
	入库所需人力、物力的选择是否全面,可行			20	
	入库所需单据是否全面、设计是否合理			20	
	货物接运方式、检验比例、验收方法的选择是否合理			20	
	入库作业流程设计是否正确、可行			30	
	工作报告书写认真、详细、清晰			10	
	总　　评			100	

8. 技能训练活动建议

建议多搜集仓储企业入库作业的操作流程进行分析讲解。

思考练习

简答题

(1) 简述货物入库作业的基本流程。

(2) 简述在货物接运前应该做好哪些准备工作。

(3) 货物接运的主要方式有哪几种?

(4) 简述货运记录和普通记录这两种差错事故记录分别在什么情况下使用。

项目三 储位管理作业

教学要点

（1）储位管理的概念及目的；
（2）储位管理的对象及范围；
（3）储位管理的原则；
（4）储位分配的原则；
（5）常见的存储策略；
（6）储位编码及货位编号。

教学方法

可采用讲授、案例教学和分组讨论等方法。

教学内容

1. 情景设置

储位管理就是利用储位来使货品处于"被控制状态"，而且通过明确的储位指派，反映、记录货品在储位上的变动情况，实现货品的"位置—数量—状态"的全程状态跟踪。合理的储位管理可以调节生产或市场需求，同时提高物流企业的作业效率。参观一家当地的仓储企业，了解该企业的储位管理情况，包括该企业储位管理的对象、采用的存储策略以及储位编码和货位编码方法。

2. 技能训练目标

掌握仓储企业常用的存储策略以及储位编码和货位编码的方法，能够识别不同的储位和具体的货位。在了解了仓储企业储位编码和货位编码的原则后，能够识别并且指出对应的储位和货位。

3. 相关理论知识

1）储位管理的概念及目的

在仓库中进行整理、整顿的工作，将使寻找商品的时间缩短，并可缩短行走的距离，而使效率提升。因为一般仓库的拣选作业，真正在拣取时所花费的时间很短，但花费在寻找商品、行走的时间特别多。若能有效地运用整理、整顿，并将货架编号、商品编号、商品名称简明地标示，再利用灯光、颜色进行区分，不但可以提高拣选效率，同时也可以降低拣错率。但对于商品的变动及储位的变更，一定要确实更改记录，以掌握最正确的信息。

储位管理就是利用储位来使货品处于"被控制状态"，而且通过明确的储位指派，反映、记录货品在储位上的变动情况，实现货品的"位置—数量—状态"的全程状态跟踪。

物流中心因功能的不同对储存作业的要求也有所不同，储位管理的目的可以分为以下两类：一是调节生产或市场需求；二是提高作业效率。

（1）调节生产或市场需求的功能。

部分附属于生产制造商的物流中心常位于工厂邻近，除具备商品的配送功能之外，还具备一般仓库调节生产过剩或生产不足的功能,因此需求大量的存储区域,以供使用。

对于附属于零售商集团或批发商的物流中心,为了采购时能取得较优惠的折扣,常常采取经济批量订货策略,所以存储区必须满足订货批量大小的要求。

(2)提高作业效率功能。

要使这些"存"与"取"快速而有效地在各储存保管区定位,需要储位管理。

储位管理的目的就是辅助其他作业的顺利进行,方便其他作业"存"与"取"的动作,提供其他作业进行的判断依据,提高作业效率。

储位管理最主要的辅助作业对象就是拣选作业。此外,储位管理的另外一个目的是掌握库存状态,为库存控制提供基本的数据。

2)储位管理的对象及范围

(1)储位管理的对象。

储位管理的对象,分为保管商品和非保管商品两部分。

①保管商品。保管商品是指在仓库的储存区域中的保管商品,由于它对作业、装卸搬运、拣选等方面有特殊要求,使得其在保管时会有很多种保管形态出现,如托盘、箱、散货或其他方式。这些虽然在保管单位上有很大差异,但都必须用储位管理的方式加以管理。

②非保管商品。包括以下类别:

包装材料。包装材料就是一些标签、包装纸等包装材料。由于现代商业企业促销、特卖及赠品等活动的增加,使得仓库的贴标、重新包装、组合包装等流通加工比例增加,对于包装材料的需求就愈大,就必须对这些材料加以管理。如果管理不善,欠缺情况发生,就会影响到整个作业的进行。

辅助材料。辅助材料就是一些托盘、箱、容器等搬运器具。目前,由于流通器具的标准化,使得仓库对这些辅助材料的需求愈来愈大,依赖也愈来愈重。为了不影响商品的搬运,就必须对这些辅助材料进行管理,制订专门的管理办法。

回收材料。回收材料就是经补货或拣选作业拆箱后剩下的空纸箱。虽然这些空纸箱都可回收利用,但是这些纸箱形状不同、大小不一,若不保管起来,很容易造成混乱而影响其他作业,因而必须划分一些特定储位来对这些回收材料进行管理。

(2)储位管理的范围。

在仓库的所有作业中,所用到的保管区域均是储位管理的范围,根据作业方式不同分为预备储区、保管储区、动管储区。现分别介绍如下:

①预备储区。预备储区是商品进出仓库时的暂存区,预备进入下一保管区域,虽然商品在此区域停留的时间不长,但是也不能在管理上疏忽大意,给下一作业程序带来麻烦。

在预备储区,不但要对商品进行必要的保管,还要将商品打上标志、分类,再根据要求归类,摆放整齐。为了在下一作业程序中节省时间,标志与看板的颜色要一致。

对于进货暂存区,在商品进入暂存区前先分类,暂存区域也先行用标志区分,并且配合看板上的记录,商品依据分类或入库上架顺序,分配到预先规划好的暂存区储存。

对于出货暂存区所要配送的商品,每一车或每一区域路线的配送商品必须摆放整齐并加以分隔,摆放在事先标示好的储位上,再配合看板上的标示,并按照出货单的顺序进行装车。

②保管储区。这是仓库中最大也是最主要的保管区域,商品在此的保管时间最长,商品在此区域以比较大的存储单位进行保管,所以是整个仓库的管理重点。为了最大限度地增

大储存容量,要考虑合理运用储存空间,提高使用效率。为了对商品的摆放方式、位置及存量进行有效的控制,应考虑储位的分配方式、储存策略等是否合适,并选择合适的储放和搬运设备,以提高作业效率。

③动管储区。这是在拣选作业时所使用的区域,此区域的商品大多在短时期即将被拣取出货,其商品在储位上流动频率很高,所以称为动管储区。由于这个区域的功能在提供拣选的需求,为了让拣选时间及距离缩短,降低拣错率,就必须在拣取时能很方便、迅速地找到商品所在位置,因此对于储存的标示与位置指示就非常重要。而要让拣选顺利进行及拣错率降低,就得依赖一些拣选设备来完成,如电脑辅助拣选系统 CAPS、自动拣选系统等。动管储区的管理方法就是这些位置指示及拣选设备的应用。

对于现在仓库大多是少量多样高频率出货的现状,一般仓库的基本作业方式已经不能满足现实需要,动管储区这一管理方式的出现,恰恰符合了这一需求,其效率的评估与提高在仓库作业中已被作为重要的一部分。

动管储区的主要任务是对储区货物的整理、整顿和对拣选单的处理。

3) 储位管理的原则

储位管理与其他管理一样,其管理方法必须遵循一定的原则,其基本原则有以下三个:

(1) 储位标志明确。

先将储存区域详细划分,并加以编号,让每一种预备存储的商品都有位置可以存放。此位置必须是很明确的,而且是经过储位编码的,不可以是边界含糊不清的位置,如走道、楼上、角落、或某商品旁等。需要指出的是仓库的过道不能当成储位来使用,虽然这在短时间内会得到一些方便,但会影响商品的进出,违背了储位管理的基本原则。

(2) 商品定位有效。

依据商品保管方式的不同,应该为每种商品确定合适的储存单位、储存策略、分配规则,以及其他储存商品要考虑的因素,把货品有效地配置在先前所规划的储位上。例如,冷藏的商品应该放冷藏库,流通速度快的商品应该放置在靠近出口处,香皂不应该和食品放在一起等。

(3) 变动更新及时。

当商品被有效地配置在规划好的储位上之后,接下来的工作就是储位的维护,也就是说商品不管是因拣选取出,或是被淘汰,或是受其他作业的影响,使得其位置或数量发生了改变时,就必须及时把变动情形加以记录,使记录与实物数量能够完全吻合,如此才能进行管理。由于此项变动登录工作非常烦琐,仓库管理人员在繁忙的工作中会产生惰性,使得这个原则是进行储位管理中最困难的部分,也是目前各仓库储位管理作业成败的关键所在。

4) 储位分配的原则

仓库储位的选择,一方面是为了提高仓库平面和空间利用率,另一方面是为了提高货物保管质量,方便进出库作业,从而降低货物的仓储作业成本。

(1) 根据货物的种类、特点选择储位。

储位选择首先应该考虑货物的种类及特点,并按照区、列、层、格的划分,对货物进行管理,实时掌握每一货格的状况。储位尺寸与货物包装尺寸匹配,储位的容量与货物的数量接近。

(2) 根据先进先出的原则选择储位。

"先进先出"是仓储保管的重要原则,能避免货物超期变质。在储位安排时,要避免后进货物围堵先进的货物。入库安排时,就要考虑出库。

(3) 根据出入库频率选择储位。

选择储位时,对于出入库频率高的货物,考虑使用方便作业的货位,如靠近主通道的货位;对于有持续入库或者持续出库的货物,应安排在靠近出口的货位,方便出入;流动性差的货物,可以离入口较远。同样道理,将存期短的货物安排在出入口附近。根据这一原则,可以按照出入库频率高低,将货物进行分类。

(4) 根据相同客户货物邻近原则选择储位。

为了便于统一、集中管理,更方便于按客户订单分拣、备货,可以将同一客户的货物放在一个区域。

(5) 根据相同货品邻近的原则选择储位。

将同一品种货物放置于同一区域,相邻货位。这样仓库作业人员对于货品保管位置都能熟记于心,有利于储放货物,查找货物,盘点作业,方便出库。

(6) 根据避免污染原则选择储位。

选择储位时,要考虑相近货物的情况,防止与相近货物相忌而互相影响,从而影响货物的品质。例如,茶叶、香皂、烟这样易影响其他产品品质的货物,在储存时应注意。

(7) 根据方便操作的原则选择储位。

选择储位也要考虑到便于装卸搬运,有利于安全和卫生,如体积笨重的货物,应离装卸搬运作业区最近,以减少搬运作业量或者可以直接用装卸设备进行堆垛作业。使用货架时,重货放在货架下层,需要人力搬运的重货存放在腰部高度的货位。

(8) 根据作业分布均匀的原则选择储位。

选择储位时,应尽可能避免仓库内或者同条作业线路上多项作业同时进行,避免相互妨碍。

5) 常见的存储策略

(1) 固定储位。

每一项货物都有固定的货位,使用时要严格区分,决不能混用、串用。因此,需规划每一项货品的储位容量不得小于其可能的最大在库量。

① 选用固定储位的原因在于:

a. 储区安排有考虑物品尺寸及质量(不适合随机储放);

b. 储存条件对物品储存非常重要,如有些物品必须控制存储温度;

c. 易燃品必须限制储放于一定高度,以满足保险标准及防火法规;

d. 依商品物性,由管理或其他政策指出某些物品必须分开储放,如茶和肥皂、化学原料和药品;

e. 保护重要物品;

f. 储区能被记忆,容易提取。

② 固定储位的优点如下:

a. 由于每项货物都有固定的货位,拣选人员容易熟悉货物储存货位,方便拣选管理;

b. 货品的储位可按周转率大小或出货频率来安排,以缩短出入库搬运距离;

c. 可针对各种货品的特性作储位的安排调整,将不同货品特性间的相互影响减至最小。

③ 固定储位的缺点如下:储量必须根据每项货物的最大在库量设计,因此,平时使用效率较低。

总的来说,固定储位存放方式容易管理,所用的总搬运时间较少,但却需要较多的存储空间。所以,此策略常适用于厂房空间较大和多种少量商品的储放。

(2)随机储位。

货物任意存放在有空的货位,不加分类。每一种货品被指定存放的位置都是随机产生的,而且可经常改变。也就是说,任何货品均可存放于任何可以利用的位置。此随机原则一般是由储存人员按习惯来储放,且通常按货品的入库时间顺序储放于靠近出入口的储位。

①随机储位的优点:由于储位可共用,因此只要按所有库存货品的最大库存量进行设计即可,储存空间的使用效率高。

②随机储位的缺点:

a. 随机货位有利于提高仓容利用率,但是仓库内显得混乱,货品的出入库管理及盘点工作的进行难度较大;

b. 周转率高的货品可能被储放在离出入口较远的位置,增加了出入库的搬运距离;

c. 具有相互影响特性的货品可能相邻储放,造成物品的伤害或发生危险。

对于周转极快的专业流通仓库,货物的保管时间极短,大都采用这种方式。随机货位储存,在计算机配合管理下,能实现充分利用仓容,且方便查找。

一个良好的储位系统中,采用随机存放能使料架空间得到最有利的应用,因此储位数目得以减少。结果显示,随机储位方式与固定储位方式相比,可节省35%的移动存储时间且增加35%的存储空间,但不利于货品的拣选作业。因此,随机储位方式比较适用于厂房空间有限、尽量利用存储空间及种类少或体积较大的商品。

(3)分类储位。

所有存储货品按照一定的特性加以分类,每一种货品都有固定存放的位置,而同属一类的不同货品又按一定的法则来指派储位。分类储放通常按产品相关性、流动性、产品尺寸及质量、产品特性来分类。

①分类储放的优点如下:

a. 便于畅销品的存取,具有固定储位的各项优点;

b. 各分类的储存区域可根据货品特性再设计,有助于货品的储存管理。

②分类储放的缺点如下:储位必须按各项货品最大的库存量设计,因此储区空间平均的使用效率低。

分类储位较固定储位具有弹性,但也有固定储位方式所具有的缺点,因此比较适合于产品相关性大者,经常被同时订购、周转率差别大者以及产品尺寸相差大者。

(4)分类随机储位。

每一类货物都有固定存放的储区,但在同一区内的货位采用随机使用的方式。

①分类随机储放具有分类储位方式的部分优点,并且可节省储位数量,提高储区利用率。

②分类随机储放的缺点是货品出入库及盘点工作进行的困难度较高。

分类随机储位方式兼具分类储位与随机储位的特点,其所需要的储存空间介于两者之间。目前,大多数储存仓库都使用这种方式。

(5)共用储位。

在确切知道各种货品的进出仓库时间时,不同的货品可共用相同的储位,此种储存策略称为共用储位方式。共用储位方式虽然在管理上较为复杂,但所需的存储空间及搬运时间却更加经济。

6）储位编码及货品编号

（1）储位编码。

储位编码是指对仓库中用于储存货物的具体位置进行编码。常用的储位编码方式有以下几种：

①区段方式。将保管物品的区域划分为几个区段，再对每个区段进行编码的方式。此种方式一般适用于容易单位化的货品以及大量或保管周期短的货品。

②品相类别方式。把一些相关性货品进行集合以后，区分成几个品相类，再对每个品相群进行编码。此种方式一般适用于比较容易按商品群别保管及品牌差距大的货品，如服饰、五金方面的货品。

③地址式。利用保管区域内现成的参考单位，如建筑物第几栋、区段、排、列、层、格等，依照其相关顺序进行编码。

④坐标式。利用空间概念来编排储位的方式，适用于流通率很小、需要长时间存放的货品。

各种编码方式的适用性见表3-6。

各种编码方式的适用性表　　　表3-6

编码方式	适用货物类别	定位程度	管理程度
区段式	大量	广泛	简单
	A类		
	保管周期短		
	适合单元化物品		
品相类别式	品牌差距大		
	容易按商品群别进行保管		
地址式	高单价		
	C类		
坐标式	固定存放保管	仔细	复杂
	适用于生命周期较长的物品		

（2）货品编号。

将货品按其分类内容，加以有次序之编排，用简明的文字、符号或数字来代替货品的名称、类别及其他有关资料的一种方式。

①货品编号的功用：

a. 增加货品资料的正确性；

b. 提高货品活动的工作效率；

c. 可以利用电脑整理分析；

d. 可以节省人力，减少开支，降低成本；

e. 便于拣选及送货；

f. 记录正确时可为储存或拣取货品提供方便；

g. 有了统一编号之后，可防止订购同样的商品，从而可以削减存货；

h. 可考虑选择作业的优先性，并达到货品先进先出的目的。

②货品编号的原则。

a. 简单性：应将货品化繁为简，便于货品活动之处理；
b. 完整性：使每一种货品的编号能清楚明白的代表货品内容；
c. 单一性：使每个编号代表一种货品；
d. 一贯性：号码位数要统一且具有一贯性；
e. 伸缩性：为未来货品的扩展及产品规格的增加预留号码编列；
f. 组织性：应有组织，以便存档或使用账上资料；
g. 充足性：其所采用的文字、记号或数字，必须有足够之数量及栏位；
h. 易记性：应选择易于记忆的文字、符号或数字；
i. 分类展开性：货品复杂，其物类编号大，分类后还可以加以细分；
j. 适应机械性：能适应事务性机器或电脑进行处理。

③货品编号的方法。

a. 按数字顺序编号法。此种方法由1开始一直往下编，常用于账号或发票编号，属于延展式编码方式。

例如：

编号	货品名称
1	可口可乐（大瓶）
2	可口可乐（中瓶）
3	可口可乐（罐装）
4	黑松汽水（大瓶）

b. 数字分段法。此种方法将数字分段，每一段代表一类货品的共同特性。

例如：

编号	货品名称	
1	10片装刮须刀片	
2	25片装刮须刀片	1~5预留给刮须
3	50片装刮须刀片	刀片编号用
4	……	
5	……	
6	10片装安全刮须刀片	
7	20片装安全刮须刀片	6~12预留给安全
8	……	刮须刀片用
…		

c. 分组编号法。此种编号方法把货品的特性分成四个数字组，即类型、形状、材质/成分、大小。即：

编号：	××	××	××/××	××
	类型	形状	材质/成分	大小
例如：				
编号：	06	4	061	092
意义：	饮料	易拉罐	乌龙茶	350mL

d. 按实际意义编号法。在编号时，用部分或全部编号代表货品的质量、尺寸、距离、产能或其他特性。其优点是由编号即能了解货品的内容。

例如：

TT670　　　　15B　　　　TT 表示管状（Tube Type）

　　　　　　　　　　　　670 15 表示 670mm×15mm，为尺寸大小

　　　　　　　　　　　　B 代表产品是黑色（Black）

　　　　　　　　　　　　1 代表第 1 生产线

　　e. 暗示编号法。用数字与文字的组合来编号，编号本身暗示货品的内容，这种编号方式的优点是容易记忆。

　　例如：

　　　　　　　　　　编号：　　BY010　　RB01
　　　　　　　　　　BY　　　　表示　　　自行车（Bicycle）
　　　　　　　　　　010　　　 表示　　　10 号
　　　　　　　　　　R　　　　 表示　　　红色（Red）
　　　　　　　　　　01　　　　表示　　　制造商名字

　　f. 后位数编号法。用编号最后的数字，对同类货品作进一步的细分。

　　　　　　　　　　编号　　　　货品
　　　　　　　　　　520　　　　饮料
　　　　　　　　　　530　　　　食品
　　　　　　　　　　531　　　　休闲食品
　　　　　　　　　　531.1　　　箱装休闲食品
　　　　　　　　　　531.2　　　洋芋片
　　　　　　　　　　531.3　　　鱿鱼丝

　　g. 混合编号法。即联合使用英文字母与阿拉伯数字来做货品编号，而多以英文字母代表货品的类别和名称，其后再用十进制数或其他编码方式编阿拉伯数字号码。

4. 技能训练准备

（1）学生每 5 人为一个小组，每个小组选一名组长；

（2）教师现场指导；

（3）训练时间安排：2 学时。

5. 技能训练步骤

（1）以班级为单位，到仓储企业或校内实训中心；

（2）每位同学抽取任务单，见表 3-7 和表 3-8；

任务单 1　　　　　　　　　　　　　　　　　　　　　　　　　表 3-7

任务单编号：01

作业地点：实训中心
货位：收货区、货物暂存区、存货区
作业内容：指出存货区
作业人员签名：
作业日期：　　　年　　月　　日

任 务 单 1　　　　　　　　　　　　　　　　　　　　表 3-8

任务单编号:02

作业地点:实训中心 货位:1区第一排第三层右数第三个位置的货位编号 作业内容:指出指定货位的货位编号,并解释各号码的含义   作业人员签名: 作业日期:　　　年　　　月　　　日

(3)完成任务单。

6. 技能训练注意事项

(1)参观时要遵守纪律;

(2)认真观察、仔细听取企业人员和老师的讲解;

(3)参观后结合所学知识认真分析思考形成工作报告。

7. 技能训练评价

请完成技能训练后填写表3-9。

技 能 训 练 评 价　　　　　　　　　　表 3-9

专业	物流管理	班级		组号	
考评地点	实验室				
考评内容	储位和货位的识别				
考评标准	内　　　容		分值(分)		评分(分)
	任务单的完成是否快速、正确		40		
	工作报告书写认真、详细、清晰		40		
	听从教师的安排、遵守企业的相关规定		20		
	总　评		100		

8. 技能训练活动建议

建议组织学生到不同类型的物流企业进行参观、调研,加深学生对储位管理中的存储策略以及储位编码和货位编码方法的认识和掌握程度。

思考练习

1. 简答题

(1)储位编码是对仓库中用于储存货物的具体位置进行编码,常用的储位编码方式有哪些?

(2)简述储位管理的对象有哪些。

(3)简述储位分配的原则有哪些。

(4)简述常见的储存策略有哪些。

(5)简述常用的货品编号的方法有哪些。

2. 案例分析题

某企业是一家生产工装裤的工厂,它只生产少数几种产品,产品的主要差别在于裤子的尺寸。

在设计仓库布局时,该企业按照工装裤的尺寸大小进行分别存放。先按照工装裤的腰围大小,从最小尺寸到最大尺寸分为若干类。分类分项后,按顺序存放。为了减少订单分拣人员的分拣时间,除了采用上述方法外,还将那些客户最常选购的一般尺寸,就近存放在较为方便的货位,而将特小和特大、客户不常选购的尺码存放在较远和高层的货位。

通过货物在仓库中的合理布局,提高了物流工作的效率,实现了物流的合理化。

问题:

(1)在上述案例中,该企业采取了什么手段进行储位管理?

(2)由上述案例可见,储位管理有哪些意义?

项目四 库存管理与商品保养

教学要点

(1)利用网络,收集物流企业养护的资料;

(2)由小组讨论,商品堆码的方式有哪些;

(3)实地考察,了解商品苫垫的方式有哪些。

教学方法

可采用讲授、情境教学、案例教学和分组讨论等方法。

教学内容

1. 情景设置

某仓库有以下物品需要进行入库,见表3-10。

货物堆码数量一览表　　　　　　　　　　　表3-10

序号	品名	规格	包装	外包装尺寸(mm×mm×mm)	数量
1	舒肤佳香皂	200g/块	144块/箱	508×233×316	50箱
2	黑人牙膏	120g/支	100支/箱	530×257×262	50箱
3	超能洗衣粉	225g/袋	20袋/箱	500×255×268	50箱
4	立白洗涤剂	500mL/瓶	24瓶/箱	565×255×265	50箱
5	伊利纯牛奶	250mL/瓶	24瓶/箱	460×270×155	150箱
6	笔记本	200页	100本/箱	500×255×268	50箱

续上表

序号	品名	规格	包装	外包装尺寸(mm×mm×mm)	数量
7	口杯	300mL/瓶	20个/箱	500×255×268	70箱
8	统一绿茶	224mL/瓶	20瓶/箱	500×255×268	100箱
9	康师傅方便面	120g/包	200包/箱	460×270×155	200箱
10	绿箭口香糖	50g/支	100支/箱	450×270×155	70箱

任务：对入库商品进行正确、合理堆码；确定货物存放的合理高度和货物的垛形；进行合理的苫垫与养护。

2. 技能训练目标

通过本学习任务的学习，你应当能：

（1）根据货物的性质、价值、流动速度、重要程度选择合理的堆码方式；

（2）在堆码开始前做好各项准备工作，设计堆码作业的整体流程；

（3）选择合理的垛形，并对货物堆垛面积进行正确计算；

（4）能够根据货物的性质对货物进行合理保养。

3. 相关理论知识

1）商品堆码的基本原则

商品堆码是指根据物品的包装、外形、性质、特点、质量和数量，结合季节和气候情况，以及储存时间的长短，将物品按一定的规律码成各种形状的货垛。堆码的主要目的是便于对物品进行维护、查点等管理和提高仓容利用率。商品堆码的基本原则如下。

（1）分类存放。

分类存放是仓库储存规划的基本要求，是保证物品质量的重要手段，因此也是堆码需要遵循的基本原则。

（2）选择适当的搬运活性。

为了减少作业时间、次数，提高仓库物流速度，应根据物品作业的要求，合理选择物品的搬运活性。对搬运活性高的入库存放物品，也应注意摆放整齐，以免堵塞通道、浪费仓容。

（3）面向通道、不围不堵。

面向通道包括两方面意思：一是货垛以及存放的物品的正面，尽可能面向通道，以便察看，物品的正面是指标注主标志的一面；二是所有物品的货垛、货位都有一面与通道相连，处在通道旁，以便能对物品进行直接作业。只有在所有货位都与通道相通时，才能保证不围不堵。

2）商品堆码的基本要求

（1）合理。

合理是指性质、品种、规格、等级、批次不同的物品和不同客户的物品，应分开堆放。货垛形式适应物品的性质，有利于物品的保管，能充分利用仓容和空间；货垛间距符合作业要求以及防火安全要求；大不压小，重不压轻，缓不压急，不会围堵物品，特别是后进物品不堵先进物品，确保"先进先出"。

（2）牢固。

牢固是指堆放稳定结实，货垛稳定牢固，不偏不斜。货垛形式要保证不压坏底层物品或外包装，不超过地坪承载能力；货垛较高时，上部适当向内收小；易滚动的物品，使用木模或三角木固定,必要时使用绳索、绳网对货垛进行绑扎固定。

（3）定量。

定量是指每一货垛的物品数量保持一致。货垛应该采用固定的长度和宽度,且为整数,如50袋成行,每层货量相同或成固定比例递减,以便做到过目知数。此外,每垛的货垛牌或料卡应填写完整,标记清楚,排放在明显位置。

（4）整齐。

整齐是指货垛堆放整齐,垛形、垛高、垛距标准化和统一化,货垛上每件物品都排放整齐、垛边横竖成列,垛不压线;物品外包装的标记和标志一律朝垛外。

（5）节约。

节约则是指尽可能堆高,避免少量物品占用一个货位,以节约仓容,提高仓库利用率;妥善组织安排,做到一次作业到位,避免重复搬倒,节约劳动消耗;合理使用苫垫材料,避免浪费。

（6）方便。

方便是指选用的垛形、尺度、堆垛方法应方便堆垛、搬运装卸作业,从而提高作业效率;垛形方便理数、查验物品,方便通风、苫盖等保管作业。

3）垛距

货垛的垛距主要指货垛的"五距",即垛距、墙距、柱距、顶距和灯距。

垛距:货垛与货垛之间的必要距离。垛距起到通风、散热、方便存取、方便消防等作用。库房一般为0.5~1m,货场不少于1.5m。

墙距:为了防止库房墙壁和货场围墙上的潮气对商品的影响,也为了方便消防工作、建筑安全、收发作业,货垛必须留有墙距。库房外墙距0.3~0.5m,内墙距0.1~0.2m,货垛0.8~3m。

柱距:为了防潮气影响、保建筑安全,必须留有柱距,一般为0.1~0.3m。

顶距:为了满足装卸搬运、通风散热、消防、收发、查点等的需要,必须留有顶距。顶距指的是货垛堆放的最大高度与库房、货棚屋顶间的距离。多层库房:底层与中层0.2~0.5m,顶层0.5m以上。平房库:0.2~0.5m。

灯距:为了防止照明灯发出的热量引起靠近商品燃烧而发生火灾,货垛必须留有灯距。灯距严格规定不少于0.5m。

4）垛形

垛形是指货垛的外部轮廓形状。按垛底的平面形状可以分为矩形、正方形、三角形、圆形、环行等。矩形垛、正方形垛易于堆码,便于盘点计数,库容整齐,但随着堆码高度的增加,货垛的稳定性就会下降。三角形垛和圆形垛的稳定性好,便于苫盖,但是又不便于盘点计数,也不利于仓库空间的利用。

垛形的确定根据物品的特性、保管的需要,能实现作业方便、迅速和充分利用仓容。仓库常见的垛形如下:

（1）平台垛。

平台垛是先在底层以同一个方向平铺摆放一层货物,然后垂直继续向上堆积,每层货物的件数、方向相同,垛顶呈平面,垛形呈长方体。平台垛具有整齐、便于清点、占地面积小、方便堆垛操作的优点。但该垛形不具有很强的稳定性,特别是硬包装、小包装的货物有货垛端头倒塌的危险,所以在必要时(如太高、长期堆存、端头位于主要通道等)要在两端采取一定的加固措施。对于堆放很高的轻质货物,往往在堆码到一定高度后,向内收半件货物后再向上堆码,从而使堆垛更加稳固。

(2)起脊垛。

先按平台垛的方法码垛到一定的高度,以卡缝的方式将每层逐渐缩小,最后顶部形成屋脊形。起脊垛是堆场场地堆货的主要垛形,货垛表面的防雨遮盖从中间起向下倾斜,方便排泄雨水,防止水湿货物。有些仓库由于陈旧或建筑简陋有漏水现象,仓内的怕水货物也应采用起脊垛堆垛并遮盖。

起脊垛是平台垛为了适应遮盖、排水的需要的变形,具有平台垛操作方便、占地面积小的优点,适用平台垛的货物同样可以适用起脊垛堆垛。

(3)行列垛。

行列垛将每批货物按行或列的方式进行排房,每行或每列一层或数层高,垛形呈长条形。行列垛适用于批量小的货物的码垛,如零担货物。为了避免混货,每批货物单独码放。长条形的货垛使每个货垛的端头都延伸到通道边,作业方便且不受其他阻挡。但每垛货量较小,垛与垛之间都需留空,垛基小而不能堆高,因此占用较大的库场面积,库场利用率较低。

(4)立体梯形垛。

立体梯形垛是在最底层以同一方向排放货物的基础上,向上逐层同方向减数压缝堆码,垛顶呈平面,整个货垛呈下大上小的立体梯形。立体梯形垛适用于包装松软的袋装货物和上层面非平面而无法垂直叠码的货物的堆码,如横放的卷形、桶装、捆包货物。立体梯形垛极为稳固,可以堆放得较高,以充分提高仓容利用率。对于在露天堆放的货物,采用立体梯形垛,为了排水需要,可以起脊变形。

(5)井形垛。

井形垛用于长形的钢管、钢材及木方的堆码。它是在以一个方向铺放一层货物后,以垂直方向进行第二层的码放,货物横竖隔层交错逐层堆放。垛顶呈平面。井形垛垛形稳固,但每垛边上的货物可能滚落,需要捆绑或者收进。井形垛不方便作业,需要不断改变作业方向。

5)物品堆码存放的基本方法

根据物品的特性、包装方式和形状、保管的需要、确保物品质量、方便作业和充分利用仓容,以及仓库的条件确定存放方式。

(1)散堆法。

散堆法适用于露天存放的没有包装的大宗物品,如煤炭、矿石、黄沙等,也可适用于库内的少量存放的谷物、碎料等散装物品。

散堆法是直接用堆扬机或者铲车在确定的货位后端起,直接将物品堆高,当达到预定的货垛高度时,逐步后退堆货,后端先形成立体梯形,最后成垛,呈立体梯形。由于散货具有的流动、散落性,堆货时不能堆到太近垛位四边,以免散落使物品超出预定的货位。散堆法决不能采用先堆高后平垛的方法堆垛,以免堆超高时压坏场地地面。

(2)堆垛法。

对于有包装(如箱、桶、袋、箩筐、捆、扎等包装)的物品,包括裸装的计件物品,采取堆垛的方式储存。堆垛方法储存能充分利用仓容,做到仓库内整齐,方便作业和保管。物品的堆码方式主要取决于物品本身的性质、形状、体积、包装等。一般情况下,多采取平放(卧放),

使重心最低,最大接触面向下,从而易于堆码,稳定牢固。但也有些物品不宜平放堆码,必须竖直立放。

①需竖直立放的物品,如橡胶管、成卷橡胶板、人造革、油脂、涂料等。

②纵横交错式堆码。每层物品都改变方向向上堆放,适用于管材、捆装、长箱装物品等。该方法较为稳定,但操作不便,见图3-2。

③仰伏相间式堆码。对上下两面有大小差别或凹凸的物品,如槽钢、钢轨、箩筐等,将物品仰放一层,再反一面伏放一层,仰伏相向相扣。该方法极为稳定,但操作不便,见图3-3。

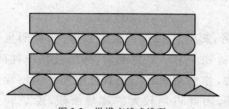

图3-2 纵横交错式堆码

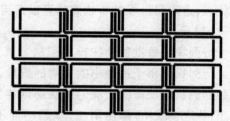

图3-3 仰伏相间式堆码

④压缝式堆码。将底层并排摆放,上层放在下层的两件物品之间。如果每层物品都不改变方向,则形成梯形;如果每层都改变方向,则类似于纵横交错式,见图3-4。

⑤通风式堆码。物品在堆码时,每件相邻的物品之间都留有空隙,以便通风。层与层之间采用压缝式或者纵横交叉式。通风式堆码可以用于所有箱装、桶装以及裸装物品堆码,以起到通风防潮、散湿散热的作用,见图3-5。

⑥栽柱式堆码。码放物品前在货垛两侧栽上木桩或者钢棒,然后将物品平码在桩柱之间,几层后用铁丝将相对两边的柱拴联,再往上摆放物品。此法适用于棒材、管材等长条状物品,见图3-6。

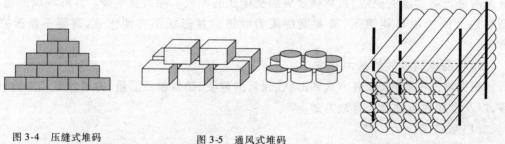

图3-4 压缝式堆码　　　图3-5 通风式堆码　　　图3-6 栽柱式堆码

⑦衬垫式堆码。码垛时,隔层或隔几层铺放衬垫物,衬垫物平整牢靠后,再往上码。此法适用于不规则且较重的物品,如无包装电机、水泵等。

6)库存商品质量变化

商品养护的目的就是认识商品在储存期间发生质量劣化的内外因素和变化规律,研究采取相应的控制技术,以维护其使用价值不变,避免受到损失,保障企业经济效益的实现。"预防为主,防治结合"是商品养护的基本方针。商品在库存过程中的质量变化归纳起来有物理机械变化、化学变化、生理生化变化等。

(1)物理机械变化。

物理变化是只改变物质本身的外表形态,不改变其本质,没有新物质的生成,并且有可能反复进行的质量变化现象。商品的机械变化是指商品在外力的作用下,发生形态变化。物理机械变化的结果会造成数量的损失和质量的降低,甚至使商品失去使用价值。商品常发生的物理机械变化有商品的挥发、熔化、溶化、渗漏、串味、冻结、沉淀、破碎与变形等。

（2）化学变化。

商品的化学变化与物理变化有本质的区别。它的产生,不仅改变了商品的外表形态,也改变了商品的本质,并且有新物质生成,且不能恢复原状的变化现象。商品化学变化过程,即商品的质变过程,严重时会使商品失去使用价值。商品的化学变化形式主要有氧化、分解、水解、化合、聚合、锈蚀等形式。

（3）生理生化变化及其他生物引起的变化。

生理生化变化是指有生命活动的有机体商品,在生长发育过程中,为了维持它的生命,本身所进行的一系列生理变化。这些变化主要有呼吸、发芽、胚胎发育、后熟。其他生物引起的变化有霉腐、虫蛀等。

7）影响库存商品质量变化的内、外因素

商品在储存期间发生的质量变化,是由一定因素引起的。为了确保商品的安全,了解商品质量变化的规律,必须找出其变化原因。通常,引起商品变化的因素有内因和外因两种,内因是变化的根据,外因是变化的条件。

（1）商品质量变化的内因,主要有以下几方面：

第一,商品的物理性质。商品的物理性质主要包括商品的吸湿性、导热性、耐热性、透气性等。吸湿性是指商品吸收和放出水分的特性,很多商品质量变化都与其含水的多少以及吸水性的大小有直接关系。导热性是指商品耐温度变化而不致被破坏或显著降低强度的性质。透气性是指商品能被水蒸气透过的性质。商品能被水透过的性质叫透水性。

第二,商品的机械性质。商品的机械性质是指商品的形态、结构在外力作用下的反应。商品的这种性质与其质量关系极为密切,是体现适用性、坚固耐久性和外观的重要内容。它包括商品的弹性、可塑性、强度等,商品的机械性质对商品的外形及结构变化有很大的影响。

第三,商品的化学性质。商品的化学性质是指商品的形态、结构以及商品在光、热、氧、酸、碱、温度、湿度等作用下,发生改变商品本质的性质。与商品储存密切相关的商品的化学性质包括：商品的化学稳定性、毒性、腐蚀性、燃烧性、爆炸性等。

（2）商品质量变化的外因,主要包括以下几方面：

第一,空气中的氧气。空气中约含有21%左右的氧气。氧气是非常活跃的,能和许多商品发生作用,对商品质量变化影响很大。因此,在商品养护中,对受氧气影响比较大的商品,要采取各种方法隔绝氧气对商品的影响。

第二,日光。日光中含有热量、紫外线、红外线等,它对商品起着正反两方面的作用：一方面,日光能够加速受潮商品的水分蒸发,杀死杀伤微生物和商品害虫,在一定条件下,有利于商品的养护；另一方面,某些商品在光的直射下,又发生破坏作用,如挥发、褪色、老化等。因此,要根据各种不同商品的特性,注意避免或减少日光的照射。

第三,微生物和仓库害虫。微生物和害虫的存在是商品霉腐、虫蛀的前提条件。微生物可使商品产生腐臭味和色斑霉点,影响商品的外观,同时使商品受到破坏、变质,丧失其使用或食用价值；害虫在仓库里,会蛀食动植物性商品和包装,有些仓虫还能危害塑料、化纤等化工合成商品。此外,白蚁和老鼠还会蛀蚀仓库建筑物和纤维质商品。

第四,温度。温度是影响商品质量变化的重要因素,温度能直接影响物质微粒的运动速度。一般商品在常温或常温以下,都比较稳定。高温能够促进商品的挥发、渗漏、熔化等物理变化及各种化学变化;而低温又容易引起某些商品的冻结、沉淀等变化;温度忽高忽低,会影响到商品质量的稳定性。此外,温度适宜时会给微生物和仓库害虫的生长繁殖创造有利条件,加速商品腐败变质和虫蛀。因此,控制和调节仓储的温度是商品养护的重要工作之一。

第五,空气的湿度。空气湿度的改变,能引起商品的含水量、化学成分、外形或体态结构发生变化。湿度降低,将使商品因放出水分而降低含水量,减轻质量。所以,在商品养护中,必须掌握各种商品适宜的湿度要求,尽量创造商品适宜的空气湿度。

第六,卫生条件及有害气体。卫生条件不良,不仅会使灰尘、油垢、垃圾等污染商品,造成某些外观疵点和感染异味,而且还会为微生物、仓库害虫创造了活动场所。因此,在储存过程中,一定要搞好储存环境的卫生,保持商品本身的卫生,防止商品之间的感染。大气中的有害气体,主要来自燃料燃放时放出的烟尘以及工业生产过程中的粉尘、废气。商品储存在有害气体浓度大的空气中,其质量变化明显,特别是金属商品,必须远离二氧化硫发源地。

8)商品保养的基本要求

对于普通商品的养护工作而言,维持它们质量、数量、包装的完好,重要的不是技术措施的保证,而是管理水平。制订必要的管理制度和操作规程,并严格执行是各项管理工作的基础。"以防为主,以治为辅,防治结合"是商品保管工作的方针。具体应做好以下几方面的工作:

(1)严格验收入库商品。

要防止商品在储存期间发生各种不应有的变化,首先在商品入库时要严格验收,弄清商品及其包装的质量状况。对吸湿性商品,要检测其是否超过安全水平,对其他有异常情况的商品要弄清原因,针对具体情况进行处理和采取救治措施,做到防微杜渐。

(2)合理安排储存场所。

由于不同商品性能的不同,对保管条件的要求也不同,分区分类、合理安排储存场所是商品养护工作的一个重要环节。如怕潮湿或易霉变、易生锈的商品,应存放在较干燥的库房里;怕热易溶化、发黏、挥发、变质后易发生燃烧的商品,应存放在温度较低的阴凉场所;一些怕热、怕冻且需要较大湿度的商品,应存放在冬暖夏凉的楼下库房或地窖里。此外,性能相互抵触或易串味的商品不能在同一库房混存,以免相互产生不良影响。尤其是对于化学危险商品,要严格按照有关部门的规定,分区分类安排储存地点。

(3)妥善进行堆码苫垫。

阳光、雨雪、地面潮气对商品质量的影响很大,要切实做好货垛遮苫隔潮工作,如利用石块、枕木、垫板、油毡或采用其他防潮措施。存放在货场的商品,货区周围要有排水沟,以防积水流入垛下;货垛周围要遮盖严密,以防雨淋日晒。

(4)控制好仓库温度、湿度。

仓库的温度和湿度,对商品质量变化的影响极大,也是影响各类商品质量变化的重要因素。各种商品由于其本身特性,对温度、湿度一般都有一定的适应范围,有安全湿度和安全温度的要求。超过这个范围,商品质量就会发生不同程度的变化。因此,应根据库存商品的性能要求，适时采取密封、通风、吸潮和其他控制调节温湿度的办法，力求把仓库温度、湿度保持在适应商品储存的范围内，以维护商品质量安全。

（5）认真进行商品在库检查。

做好商品在库检查，对维护商品安全具有重要的作用。库存商品质量发生变化，如不能及时发现并采取措施进行救治，就会造成或扩大损失。因此，对库存商品的质量情况，应进行定期或不定期的检查。检查时应特别注意商品温度、水分、气味、包装物的外观、货垛状况是否有异常。

（6）搞好仓库清洁卫生。

储存环境不清洁，易引起微生物、虫类寄生繁殖，危害商品。因此，对仓库内外环境应经常清扫，彻底铲除仓库周围的杂草、垃圾等杂物，必要时使用药剂杀灭微生物和潜伏的害虫。对容易遭受虫蛀、鼠咬的商品，要根据商品性能和虫、鼠生活习性及危害途径，及时采取有效的防治措施。

9）仓库温度、湿度的调节与控制

仓库温度、湿度的变化，对储存商品的安全有着密切的关系，要保持商品质量稳定，控制与调节仓库温度、湿度，就成为当前条件下商品养护的一个重要措施。控制与调节仓库环境的方法很多，密封、通风与吸潮相结合的方法，是控制与调节库内温度、湿度的行之有效的方法。

（1）仓库的密封。

仓库密封就是把整库、整垛或整件商品尽可能地密封起来，减少外界不良气候条件对其的影响，以达到商品安全储存的目的。密封能保持库内温湿度处于相对稳定的状态，达到防潮、防热、防干裂、防冻、防溶化的目的，还可收到防霉、防火、防锈蚀、防老化等各方面的效果。

（2）通风。

空气是从压力大的地方向压力小的地方流动，气压差越大，空气流动就越快。通风就是利用库内外空气温度不同而形成的气压差，使库内外空气形成对流，以达到调节库内温湿度的目的。当库内外温度差距越大时，空气流动就越快。若库外有风，借风的压力更能加速库内外空气的对流，但风力也不能过大（风力超过 5 级灰尘较多）。正确地进行通风，不仅可以调节与改善库内的温湿度，还能及时地散发商品及包装的多余水分。按通风的目的不同，可分为利用通风降温、增温和利用通风散潮两种。

通风降温、升温是指对空气湿度要求不高，而对温度要求比较严格的一些怕热商品，如玻璃瓶或铁桶装的易挥发的化工原料、化学试剂和医药等液体商品，在气温高的季节，只要库外温度低于库内时，就可以通风。对于一些怕冻商品，在冬季，只要库外温度高于库内也可以进行通风，以提高库内温度。

通风散湿是指对易霉腐、溶化、锈蚀等的库存商品的通风。利用通风散潮来降低库内的相对湿度，首先应该对比库内外绝对湿度的高低，再考虑气温与相对湿度的高低。在分析研究比较复杂的库内外温湿度变化情况下，决定是否通风：

①当库外空气的相对湿度和绝对湿度都低于库内时，可以通风；

②当库外温度和绝对湿度都低于库内，而相对湿度稍高时，也可以通风；

③当库内外温度接近，库外相对湿度比库内低，或库内外的相对湿度接近而库外温度较库内低时，都可以通风，因为在这两种情况下库外的绝对湿度都比库内低。

通风方法有自然通风和机械通风。自然通风就是利用库房门窗、通风洞等,使库内外空气进行自然交换。当库外无风时,气流的自然交换主要靠库内外温差而产生的气压差进行,需要开启上部和下部的通风口、门窗,进行空气的自然交换;当库外有风时,库内外空气的交换主要靠风的压力,此时应关闭库房迎风面上部出气口,开启背风面上部出气口。机械通风就是在库房上部装设排风扇,在库房下部装置进风扇,利用机械进行通风,以加速库房内外的空气交换,有的还在进风处安装空气过滤设备,以提高空气的洁净程度和降低空气的湿度或温度。

(3)吸潮。

吸潮是与密封配合,用以降低库内空气湿度的一种有效方法。在梅雨季节或阴雨天,库内湿度过大,又无适当通风时机的情况下,在密封库里常采用吸潮的办法,以降低库内的湿度。常采用吸潮剂或去湿机吸潮。

吸潮剂的种类很多,常用的有生石灰、氯化钙、硅胶。除了以上几种吸潮剂外,还可以因地制宜、就地取材,如使用木炭、炉灰和干谷壳等进行吸潮。

近年仓库普遍使用空气去湿机吸潮,利用机械吸潮的方法来降低空气的相对湿度。

10)日常检查和养护

在仓库的作业过程中要不断进行一些日常检查和养护工作。日常检查和养护工作是发现问题的重要方式。防潮、防腐、防火、防虫是衡量仓储质量的重要指标,而这四种工作通过日常检查可以及时发现问题,并及时整改。日常检查的内容见表3-11~表3-13。

仓库周检表　　　　　　　　　　表3-11

仓库名:　　　　仓库主管人:　　　　检查人:　　　　日期:　　年　　月　　日

种类	检查对象	检查内容	检查结果	原因分析	维护措施	执行负责人	计划完成时间	效果检查意见
成品	卫生	是否清洁无尘						
		是否无污染						
	温湿度控制	温度、湿度是否控制						
	害虫防治	老鼠防治是否有效						
		白蚁防治是否有效						
		其他虫害防治是否有效						
	堆码	"五距"是否适合						
		高度是否适宜						
		是否整齐、稳固、符合标准						
		外包装是否变形破裂						
	残损	内包装是否破裂渗透						
		是否霉烂						
		是否变质						
		是否虫咬						

续上表

种类	检查对象	检查内容	检查结果	原因分析	维护措施	执行负责人	计划完成时间	效果检查意见
工具设备	小推车	完好性						
		是否按规定使用停放						
	清洁工具	是否按规定使用保养、摆放						
	消防工具	是否使用有效						
		是否按规定保养及摆放						
	温湿度计	是否有效						
		是否按规定保养、摆放						
库房	地板	是否完好						
		是否干净、无积水						
	墙壁	是否密封、完好						
		是否干净、无积尘						
	天花板	是否完好、无裂漏						
		是否干净						
	门	是否密封完好						
		是否有两个以上的门作业						
		门口遮篷是否完好、有效						
	窗	是否密封、完好						
		是否开关有效						
	通风系统	密封或防虫网是否完好、有效						
		是否干净无积尘						
	照明系统	灯具是否安全、有效						
		线路是否安全、完好						
		保险系统是否有效						
		照明亮度是否足够						
	区域划分	储存区是否标志明显						
		半成品区、残损区、成品区是否明显隔离						
		红标签产品是否跟其他区域有效隔离						

续上表

种类	检查对象	检查内容	检查结果	原因分析	维护措施	执行负责人	计划完成时间	效果检查意见
库区环境	四周地面	是否清洁、无积水						
		草木生长情况						
	水沟	是否遮盖完好						
		排水通风是否有效						
		是否清洁无积水						
	围墙	防盗设施是否完好有效						
	区域划分	生活区等其他区域是否跟库区隔离						

仓库每日自我检查表　　　　表3-12

内　　容	周一	周二	周三	周四	周五	周六	周日
1.地面是否清扫干净无尘土							
2.所有门窗在不用时是否都关好							
3.成品堆码是否整齐、无倒置							
4.无倒塌、无变形							
5."五距"是否合理							
6.货物上是否无灰尘							
7.昨日收发货记录是否及时、准确;账、单、货是否相符;记录的更改是否正确							
8.照明器材是否安全、有效							
9.搬运及卫生工具是否定点存放							
10.有无白蚁、老鼠痕迹							
11.湿度、温度是否超过GMP的允许范围							
12.要求在昨日完成的整改项目是否按期完成							
13.货物上下车前是否按要求检查载货汽车							
检查人签名:							

主管:　　　　　复核意见及签名:　　　　　　　　　　　　　　日期:

仓库温湿度记录　　　　表3-13

仓库:

日期	湿　　度		湿　　度		记录人	备注
	上午	下午	上午	下午		

说明:

(1)当温度低于0℃时,应及时做好保暖工作,高于38℃应及时做好降温工作,并立即报告上级主管;

(2)当湿度大于85时,应及时做好吸湿防潮工作,并立即报告上级主管。

4. 技能训练准备

(1)学生每5人为一个小组,每个小组选一名组长;

(2)入库商品;

(3)教师现场指导;

(4)训练时间安排:2学时。

5. 技能训练步骤

请以小组为单位进行托盘堆垛捆扎货物操作训练。

实训目标:掌握托盘货物码垛方法;

实训内容:托盘装盘码垛方法训练;

实训器材:800mm×1000mm、1000mm×1200mm木制托盘或塑料托盘,若干个各种尺寸的纸箱;

实训要求:应用重叠式、纵横交错式、旋转交错式码垛方法训练;

实训组织:2人一组,四种方法轮训;

实训时间:限10min完成。

注意:

(1)以每位学生为单位,在托盘上堆码货物;

(2)分别按照重叠式、纵横交错式、旋转交错式、正反交错式码垛方法训练;

(3)其他同学提出这位同学操作过程中的问题;

(4)每组派一位代表陈述不同堆码方式的优、缺点和适用情境。

6. 技能训练注意事项

(1)一丝不苟,堆码严肃认真;

(2)其他同学认真提出问题。

7. 技能训练评价

完成技能训练教师打分。注意:

没有按照操作流程操作,出现人身伤害或设备严重事故,本任务考核0分。

8. 技能训练活动建议

建议组织学生到不同类型物流的企业进行参观、调研。

思考练习

1. 简答题

(1)不同的堆码方式适用于哪些物品?

(2)怎样确定衬垫物的材料和数量?

2. 案例分析题

药品的养护

在药品仓库中,养护人员负责指导保管人员对药品进行合理储存,定期检查在库药品储存条件及库存药品质量,针对药品的储存特性采取科学有效的养护方法,定期汇总、分析和上报药品养护质量信息,负责验收养护储存仪器设备的管理工作,建立药品养护档案。

(1)色标管理。

为了有效控制药品储存质量,应对药品按其质量状态分区管理。为杜绝库存药品的存放差错,必须对在库药品实行色标管理。

药品质量状态的色标区分标准为:

合格药品——绿色;不合格药品——红色;质量状态不明确药品——黄色。

按照库房管理的实际需要,库房管理区域色标划分的统一标准是:待验药品库(或区)、退货药品库(或区)为黄色;合格药品库(或区)、中药饮片零货称取库(或区)、待发药品库(或区)为绿色;不合格药品库(或区)为红色。三色标牌以底色为准,文字可以白色或黑色表示,防止出现色标混乱。

(2)搬运和堆垛要求。

应严格遵守药品外包装图式标志的要求,规范操作。怕压药品应控制堆放高度,防止造成包装箱挤压变形。药品应按品种、批号相对集中堆放,并分开堆码,不同品种或同品种不同批号药品不得混垛,防止发生错发混发事故。

(3)药品堆垛距离。

药品货垛与仓间地面、墙壁、顶棚、散热器之间应有相应的间距或隔离措施,设置足够宽度的货物通道,防止库内设施对药品质量产生影响,保证仓储和养护管理工作的有效开展。药品垛堆的距离要求为:药品与墙、药品与屋顶(房梁)的间距不小于30cm,与库房散热器或供暖管道的间距不小于30cm,与地面的间距不小于10cm。另外,仓间主通道宽度应不少于200cm,辅通道宽度应不少于100cm。

(4)分类储存管理。

按照GSP关于药品的管理要求、用途、性状等指导保管员对药品进行分类储存。可储存于同一仓间,但应分开不同货位的药品有:药品与食品及保健品类的非药品、内用药与外用药。应专库存放、不得与其他药品混存于同一仓间的药品有:易串味的药品、中药材、中药饮片、特殊管理药品以及危险品等。

(5)温湿度条件。

应按药品的温、湿度要求将药品存放于相应的库中,各类药品储存库均应保持相对恒温。对每种药品,应根据药品标示的储藏条件要求,分别储存于冷库(2~10℃)、阴凉库(20℃以下)或常温库(0~30℃)内,各库房的相对湿度均应保持在45%~75%。

对于标志有两种以上不同温湿度储存条件的药品,一般应存放于相对低温的库中,如某一药品标志的储存条件为:20℃以下有效期3年,20~30℃有效期1年,应将该药品存放于阴凉库中。

(6)中药材、中药饮片储存。

应根据中药材、中药饮片的性质设置相应的储存仓库,合理控制温湿度条件。对于易虫蛀、霉变、泛油、变色的品种,应保持库房密封、干燥、凉爽、洁净;对于经营量较小且易变色、挥发及融化的品种,应将其包装好,放在密封的容器内后储存于冷藏库中。

对于毒麻中药应做到专人、专账、专库(或柜)、双锁保管。

问题:

(1)对药品如何进行养护?

(2)在对药品的养护过程中,可以采取哪些措施进行防霉腐及防虫措施?

项目五 盘点作业

教学要点

(1)盘点作业的概念；
(2)盘点作业的目的与作用；
(3)盘点作业的原则；
(4)商品盘点的种类；
(5)盘点作业人员的职责；
(6)盘点作业操作。

教学方法

可采用讲授、案例教学和分组讨论等方法。

教学内容

1. 情景设置

盘点作业是指将仓库内储存的货物实际数与财务账簿数目(金额)进行核对,通过核对货物账、卡、货是否相符,检查库存货物数量损益和库存货物结构合理性的一项仓储管理工作。组织学生用三人小组法对学校实验室仓库内的库存商品进行盘点检查,核对当前库存与账目及卡片是否一致,查明各项物品的可用程度,发现不良品、呆滞品要记录,并用货卡标志出来。

2. 技能训练目标

使学生学会库存品数量检查和质量检查的方法,掌握账、卡、物数目核对的技能,熟悉盘点工作过程。

3. 相关理论知识

1)盘点作业的概念

盘点作业是指将仓库内储存的货物实际数与财务账簿数目(金额)进行核对,通过核对货物帐、卡、货是否相符,检查库存货物数量损益和库存货物结构合理性的一项仓储管理工作。

盘点作业是保证库存货物账账相符、账实相符的重要手段,是正确反映库存货物的真实动态、提供企业相关决策的依据,是及时发现并分析处理库存货物损失、呆滞等问题的有效措施,也是加强仓储管理不可缺少的重要环节。

2)商品盘点的目的与作用

(1)商品盘点的目的。

盘点目的主要有两个:一是控制存货,以指导日常经营业务;二是掌握损益,以便真实地把握经营绩效,并尽早采取相应措施,具体来说有以下几点。

①确定实际的库存数量。由于记录库存数量时多记、误记、漏记,作业中导致的货物损坏、遗失以及验收与出库时清点有误等,造成盘点的实际库存量与账面库存数量不符,应及

时查清问题原因,并作出适当的处理。

②确认企业的损益。企业的损益与总库存金额有相当密切的关系,而库存金额又与库存量及其单价成正比。因此,为了准确地计算出企业实际的损益,必须针对现有库存加以盘点。一旦发现库存量过高,流动资金的正常运转将会无法保证。通过盘点搞清楚库存货物的盈亏情况,进而提出分析盈亏的原因,并提出改进库存管理的措施。

③核实物品管理成效。通过盘点,使出入库的管理方法和保管状态变得清晰。如呆滞品和废旧品的处理状况,存货周转率,以及物料保养维修都可以通过盘点发现问题,从而提高改善方法。

(2)商品盘点的作用。

①确保商品的真实性。通过盘点,可使各种商品的实存数量、种类、规格得到真实的反映,以便核查账实差异及其发生原因,明确责任,保证库存商品的准确性。此外,还可以计算出真实的存货、费用率、毛利率、货损率等经营指标。

②确保各种商品的保管安全,减少商品毁损的发生,提高商品使用效率。通过盘点可以掌握各种商品的保管现状,查明堆码是否稳固整齐,商品摆放是否合理,有无损失浪费、霉烂变质、贪污盗窃等情况;查明各种商品的储备和利用情况,明确哪些商品积压,哪些商品不足。针对问题,要建立健全各项责任制,切实保证商品的安全与完整性。针对商品储存时间的长短,及时采取措施,减少商品呆废的损失,提高商品使用率。

③了解有关商品的各项制度的执行情况。通过盘点可以了解验收、保管、发放、调拨、报废等各项工作是否按规定办理,这样有利于督促各项制度的贯彻执行,从而提高管理质量。

④保证商品账面余额与实际库存相符。盘点的结果也可以认为是一份仓储经营管理绩效的成绩单。

3)盘点作业的原则

(1)真实性原则。

这是仓储盘点最基本的原则,即要保证盘点的数据真实可靠,不能有一点虚假的成分。如果盘点数据不真实,盘点作业就没有任何实际意义。

(2)一致性原则。

在盘点过程中要统一标准,明确盘点的统计、计量单位,并明确盘点的范围、时间和地点,确定盘点的方式和方法,明确盘点的程序和顺序,保证盘点数据准确、真实、有效。

(3)效率性原则。

传统的库存盘点过程,由于使用了人工盘点的方式,因此导致记录信息时间过长,盘点效率不高。为了尽可能地提高盘点效率,一方面要制订出一套合理、有效、可供执行的盘点方案,另一方面要尽可能地利用现代化的科技手段,采用电子盘点系统,大幅提高盘点速度,从而使盘点效率显著提高。

(4)协调性原则。

在盘点过程中,要保持各部门之间的协作,确保盘点工作的有序进行。盘点过程中往往会发生一些意想不到的事情,如果协调不好就会给盘点工作造成影响,甚至使盘点工作无法进行。这就要求在盘点之前,尽可能地明确盘点中可能产生的问题、处理程序和办法。比如,盘点过程中仓库发生进出物资的登记,是算盘点前还是算盘点后的,都要事先加以明确,并做好协调工作。

4)商品盘点的种类

（1）按盘点的范围分。

①全面盘点。全面盘点是指对企业的所有有形的金融资产和物质资产进行全面清查，包括已经付款但仍在途的商品，以及已发至生产现场待用的物料。由于全面盘点内容庞杂，范围广泛全面，因此工作量十分巨大，参与的人员也很多。所以，全面盘点一般只是在年终、工厂生产停工、设备检修期间进行。但当仓库商品的种类较少时，也可以在其他期末时间进行。

②局部盘点。局部盘点是指对部分商品的清点核算。一般是对使用比较频繁的材料、产成品等根据实际情况在年内进行轮流盘点或重点盘点。

（2）按盘点的对象分。

①账面盘点。账面盘点又称为永续盘点，就是把每天入库及出库商品的数量及单价，记录在计算机或账簿上，而后不断地累计加总算出账面上的库存量及库存金额。

②现货盘点。现货盘点也称实地盘点（实盘），也就是实地去点数、调查仓库内商品的库存数，再依商品单价计算出库存金额的方法。如果要得到最正确的库存情况，并确保盘点无误，最直接的方法就是确定账面盘点与现货盘点的结果是否完全一致。如有账实不符的现象，就应分析寻找错误原因，划清责任归属。

（3）按进行盘点的时间来分。

①定期盘点。定期盘点，是指对各种商品在固定的时间内进行盘点，一般在期末，如每月月末一次、每季度季末一次、每半年一次、每年年终一次等。

由于期末盘点是将所有商品一次点完，因此工作量大、要求严格。通常采取分区、分组的方式进行，其目的是明确责任，防止重复盘点、漏盘。分区就是将整个储存区域划分成一个个的责任区，不同的区由专门的小组负责盘点。

一个小组通常需要三个人：一人负责清点数量并填写盘存单；另一人复查数量并登记复查结果；第三人负责核对前两次盘点数量是否一致，对不一致的结果进行检查。待所有盘点结束后，再与电子计算机或账面上反映的数量核对。

②不定期盘点。不定期盘点是指没有固定时间，而是根据实际需要对所实存的商品进行局部区域的盘点。

③动态盘点法。动态盘点法是对有动态的商品，即发生过收、发的商品，及时核对该批商品的余额是否与账、卡相符的一种方法。

④循环盘点法。循环盘点法是将商品逐区逐类连续盘点，或在某类物料达到最低存量，即机动加以盘点。

循环盘点通常是对价值高或重要的商品进行盘点的一种方法。因为这些商品属于重要物品。对库存条件的要求比较高，一旦出现差错，不但会影响企业的经济效益，而且有损企业的形象。在仓库管理过程中广泛使用的是 ABC 分类管理法，对物品按其重要程度科学地分类。对重要的物品进行重点管理，加强盘点，防止出现差错。由于循环盘点只对少量商品盘点，所以通常只需保管人员自行对库存资料进行盘点即可。发现问题及时处理，可不必关闭工厂或仓库，因而减少停工的损失。

5）盘点作业人员的职责

（1）总盘人。

由企业的负责人或其指定的人员担任，主要负责盘点工作的统一领导和督查盘点工作的有效进行，负责盘点中异常情况的处理，以及考核及奖惩盘点人员。

(2) 盘点人。

由仓库管理人员担任,具体负责盘点工作。盘点人的盘点作业要确定责任区域落实到人。为使盘点作业有序、有效,一般可用盘点配置图来分配盘点人员的责任区域。在落实责任区域的盘点人时,最好用互换的办法,即 A 部的作业人员盘点 B 部的作业区域,依次互换,以保证盘点的准确,防止"自盘自"可能造成不实情况的发生。

(3) 复核人。

由仓库管理人员担任,主要负责盘点人盘后数据准确性和真实性的复核查对,以免出现差错。

(4) 会点人。

一般由财务部门派人担任,主要负责盘点记录工作。

(5) 协点人。

一般由仓库的普通职工或临时工担任,主要负责盘点物资的搬运和整理工作。

(6) 监点人。

由企业的负责人或总盘人派人担任,主要负责盘点的监督工作,以确保盘点工作的正常进行。

(7) 协调人。

由相关部门派人担任,主要负责协调部门之间的工作。

6) 盘点作业操作

(1) 盘点作业的基本内容。

根据盘点作业的实际情况和盘点作业的具体要求,盘点作业的内容有时会有所不同,侧重点也不一定完全一样,但基本内容有以下几点:

①检查仓储物资的账面数量与实际数量是否相符。这是盘点作业的基本要求,也是盘点作业的基本目的。

②检查仓储物资的收发情况,是否按"先进先出"的原则发放物资。这是规范仓储作业程序的基本要求,也是确保仓储数量准确性和减少差错的必要保证。

③检查仓储物资的堆放及维护情况。这是便利盘点和减少损耗的有效措施。

④检查各种仓储物资有无超储积压、损坏变质。这是仓储企业及时发现问题和处理问题的前提条件之一。

⑤检查对不合格品及呆废物资的处理情况。

⑥检查仓库安全设施及安全情况。一些大型仓储单位,在仓库人员有限的情况下,为确保盘点的时效性,可由单位的安保部门从事这项工作。

(2) 盘点作业的步骤。

①盘点前的准备工作。盘点前的准备工作是否充分,关系到盘点作业能否顺利进行。为了使盘点在短促的时间内,利用有限的人力达到迅速确实的目标,盘点前应做好以下准备工作:

a. 确定盘点的流程。

b. 确定盘点时间。视物品性质来确定周期,最好利用连续假期:A 类重要物品,每天或每周盘点一次;B 类物品,每 2～3 周盘点一次;C 类一般物品,每月盘点一次。

c. 确定盘点方法。因盘点场合、要求的不同,盘点的方法也有差异。为符合不同状况的产生,盘点方法的决定必须明确,避免盘点时出现混淆。

动态盘点法有利于及时发现差错和及时处理。

采用循环盘点法时,日常业务照常进行,按照顺序每天盘点一部分。所需时间和人员都比较少,发现差错也可及时分析和修正。其优点是对盘点结果出现的差错,很容易及时查明原因,不用加班,节约费用。

d. 确定并培训盘点人员。由于盘点作业必须动用大批人力,通常盘点当日应停止任何休假,并于一周前安排好出勤计划。经过训练的人员必须熟悉盘点用的表单。盘点前一日最好对盘点人员进行必要的指导,如盘点要求、盘点常犯错误及异常情况的处理办法等。盘点、复盘、监盘人员必须经过训练。盘点人员按职责分为填表人、盘点人、核对人和抽查人。

e. 准备好盘点所用表格及库存资料,且盘点人员熟悉盘点表格。如采用人员填写方式,则需准备盘点表和红、蓝色圆珠笔。盘点用的表格必须事先印制完成。

f. 配合会计进行商品财务决算,以便商品账和财务账进行对比盘点。

g. 对盘点时商品进出进行控制:需盘点的商品应分类堆放整齐,并设置盘点单;盘点时应办理完盘点之前的收发业务;盘点期间所来商品应单独存放,并于盘点后入库;盘点前车间应领取所有盘点期间所需商品。

②盘点过程。

a. 初盘。初盘工作主要由库房管理人员负责,单位应安排其他人员参加监盘,必要时三人一组,一人负责点数,一人负责记录和计算,还有一人进行初步复核。初盘人员在初盘时应根据盘点情况填写盘点单中的物资料号、品名、规格、单价、金额和初盘数量,原则上不得省略。到场所有出盘人员要在盘点单上签字,盘点单应挂(贴)在已盘点品醒目的地方,以便复盘和抽查。

初盘一般可采用"见物盘物"的方法实物移位盘点,即按实物摆放的自然次序,逐一移动位置,将已盘和未盘商品区分摆放。初盘结束时,须将盘点溢缺数记录在盘点表的最后一页上,如实上报。如盘点结果与账面结存数差异较大时,原则上应当天进行重新盘点,在当天重新盘点确有困难的,则第二天必须落实。

初盘表一式三份,库房、监盘人员各一份,报财会部门一份,盘点表上必须编号页码,并写明总页数,注明日期。初盘表对盘亏、盘盈数量应计算清楚,说明原因,并提出处理办法和改进措施。

另外,进行商品变价盘点时,单位物价人员必须参加监盘。对变价盘点和抽查盘点,在盘点前要注意保密,一般要在正式去盘点时才可通知相关仓库。因工作调动进行移交盘点,单位负责人应亲自或指派专人负责监盘。

b. 复盘。复盘主要由财务部门负责。一般是根据初盘的结果进行复查,包括对库存实物的复查,以确保初盘表上的相关数据的真实性,以及和财务部门有关数据的一致性。复盘时发现问题应及时登记,并会同相关人员迅速查清落实。

对于库存量不大或库存物资比较简单的仓库,初盘也可和复盘同时进行。这就要求库房管理人员和财务部门的人员同时到场盘点,边盘边复。

c. 复核分析。进行商品盘点后,财会人员应计算商品售价金额,并与库存商品明细账的账余额进行核对。如发现差异,应及时查明原因,确有损益的商品由实物盘点负责任填制"商品溢余(短缺)报告单"。经财会部门签署意见后,报企业负责任审批处理。

③盘点结果处理。盘点后处理工作主要有以下几项:

a. 核对盘点单据。盘点开始时发给盘点人员的盘点单,必须有统一编号,盘点后及时收回,检查是否有签名,并加以汇总,以防计算上的疏漏。

b. 追查发生盈亏的原因。核对盘点单与商品账或卡是否一致。若发生盈亏,要及时分析,并查明原因。

c. 编表与分析。商品盘盈、盘亏与金额增减处理之后,应编制商品盘点分析表,作为库存管理考核的依据,如表 3-14 所示。

d. 盘盈与盘亏的处理。发生盘亏的原因查清之后,要研究处理方法,并及时办理调整商品账卡的手续,编制商品盘点盈亏调整表,如表 3-15 所示。

商品盘点分析表　　　　　　　　　　表 3-14

序号	品名	规格	单位	上期盘点			本期盘点			本期入库			本期盘点			超过最高库存量	低于安全库量	缺货次数	标准单价	平均单价	价差原因
				数量	单价	金额	数量	单价	金额	数量	单价	金额	数量	单价	金额						

商品盘点盈亏调整表　　　　　　　　　　表 3-15

编号	商品名称	单位	账面数量	实存数量	单价	盘盈		盘亏		备注
						数量	金额	数量	金额	

e. 根据盘点结果找出问题点,并提出改善对策。

4. 技能训练准备

(1) 需要盘点的物品(选择 20 种以上不同规格型号的物品);

(2) 货架两组;

(3) 准备好盘点所需的工具和表格;

(4) 训练时间安排:1 学时。

5. 技能训练步骤

(1) 教师讲解三人盘点法的分工及技术要领;

(2) 教师选择三名同学示范作业方法和技术要领;

(3) 三人一组,根据盘点任务进行分工;

(4) 各组对指定库区的商品进行盘点操作;

(5) 以组为单位完成工作报告。

6. 技能训练注意事项

(1) 学生要明确自己的角色,并熟悉各个角色的工作职责;

(2) 严格按照程序进行操作;

(3)认真、规范填写各种表格单据。
7. 技能训练评价

请完成技能训练后填写表3-16。

技 能 训 练 评 价　　　　　　　　　　表3-16

专业	物流管理	班级		组号	
考评地点	实验室				
考评内容	盘点业务能力训练				
考评标准	内　　容		分值(分)		评分(分)
	盘点前期准备工作充分		10		
	盘点作业分工明确、作业流程完整		30		
	填写盘点表格认真、准确、清晰		20		
	盘点结果分析认真、正确		10		
	编制盈亏报表及时、认真、正确、熟练		10		
	盈亏原因分析合理、全面		10		
	遵守实验室的规定、训练场地打扫干净整洁		10		
	总　　评		100		

8. 技能训练活动建议

建议教师带领学生到物流企业参观,了解物流企业盘点作业的方法和程序。

思考练习

简答题

(1)简述盘点的含义及其目的。

(2)盘点的原则有哪些?

(3)简述盘点作业需要哪些人员参加以及他们各自的职责。

(4)简述盘点作业的具体流程。

项目六　订单处理作业

教学要点

(1)订单处理的概念和特点;

(2)常见的订货方式;

(3)订单处理的流程;

(4)其他方式的订单处理模式。

教学方法

可采用讲授、案例教学和分组讨论等方法。

教学内容

1. 情景设置

订单处理的效率，直接影响着客户服务水平，同时也牵动着物流作业的合理性和有效性。组织学生参观当地有代表性的物流企业，了解该企业的订单处理流程，并提出改进意见。

2. 技能训练目标

能够根据物流企业的实际状况设计订单处理的流程。

3. 相关理论知识

1）订单处理概述

（1）订单处理的概念。

所谓订单处理，就是由订单管理部门对客户的需求信息进行及时的处理，这是物流活动的关键步骤之一，也是从客户下订单开始到客户收到货物为止这一过程中所有单据处理活动。与订单处理相关活动的费用属于订单处理费用。

订单处理可以用人工或电脑处理设备来完成。其中，人工处理具有弹性，但只适合少量的订单，一旦订单数量稍多，处理将变得极为缓慢且容易出错。而电脑化处理能够处理很大的信息量，且速度很快、准确率高。因此，现代化的操作过程，大多使用电脑软件来辅助进行订单处理。

订单处理的效率，直接影响着客户服务水平，同时也牵动着物流作业的合理性和有效性。

（2）订货方式。

接受订货的方式，已经由传统的人工下单、接单，演变为计算机直接或间接接送订货资料的电子订货方式。

①传统订货方式。

a. 厂商补货。供应商直接将商品装车，依次给各个订货方送货，缺多少补多少。这种方式适合周转快的商品或新上市的商品。

b. 厂商巡货、隔天送货。供应商派巡货人员前一天先到各客户处查询需要补充的商品，次日再补货。供应商采用这种方式可利用巡货人员为商店整理货架、贴标签或提供经营管理意见、市场信息等，也可利用机会促销产品。

c. 电话或口头订货。订货人员确定好商品名称和数量，以电话方式向厂商订货。订货种类和数量往往有很多，因此花费时间长且出错率较高。

d. 传真订货。客户将缺货信息整理成文，传真给供应商。此种方式可快速、准确传递订货资料，单传真的资料或许会因品质不良而增加事后确认作业。

e. 邮寄订单。客户将订货单直接邮寄给供应商。此种做法效率极低，在当今信息社会基本上已经不能满足市场需求了。

f. 客户自行取货。客户自行到供应商处去看货、补货，此种方式多为传统杂货店采用。

g. 业务员跑单接单。业务员到各客户处去推销产品，而后将订单带回公司。

以上所有方式，都需要人工重复性地输入大量资料，在输入输出时，工作效率低下且出错率极高。随着市场竞争的日益加剧，订单的高频率以及快速响应的供应需求，已经使传统的订货方式无法应付，因此，新的订货方式——电子订货，应运而生。

②电子订货方式。这是一种借助计算机信息处理,以取代传统人工书写、输入、传递的订货方式。这种方式传送速度快、可靠性及准确性都较高,不仅可以大幅提高客户服务水平,而且能有效地缩减存货及相关成本费用,具体有以下三种。

a. 订货簿或货架标签配合终端机和扫描器。订货人员携带订货簿及手持终端机巡视货架,发现商品缺货就扫描商品条形码,再输入订货数量。当所有订货资料都输入完毕后,利用数据机将订货信息传给供应商或总公司。

以便利店订货簿的方式为例:

连锁总部定期将订货簿发给各便利店,订货簿上有商品名称、商品货号、商品条码、订货点、订货单位、订货量等。工作人员拿着订货簿巡视商品,以确认所剩陈列数,记入订货量,或到办公室后用条码扫描器扫描预定商品的条码并输入订货量,再用调制器传出订货数据。

b. 销售时点管理系统。销售时点信息(Point of Sale,简称 POS)系统是指通过自动读取设备(如收银机)在销售商品时直接读取商品销售信息(如商品名、单价、销售数量、销售时间、销售店铺、购买顾客等),并通过通信网络和计算机系统传送至有关部门进行分析加工以提高经营效率的系统。POS 系统最早应用于零售业,以后逐渐扩展至其他如金融、旅店等服务行业,利用 POS 系统的范围也从企业内部扩展至整个供应链。

客户若有 POS 收银机,可以在商品库存档内设定安全库存量。每销售一笔商品后,电脑会自动扣除该商品库存。当库存低于安全库存量时,便自动生成订单,经确认后通过信息网络传给总公司或供应商。

c. 订货应用系统。客户资讯系统里若有订单处理系统,可将应用系统产生的订货资料,经由转换软件功能转成与供应商约定的共通格式,在约定时间内将资料传送出去。

一般而言,通过电脑直接连线的方式最快也最准确,而使用邮寄、电话或销售员带回的方式较慢。传递速度快、可靠性及正确性高的订单处理方式,不仅可大幅提升客户服务水准,对于存货相关的成本费用也能有效地缩减。但是,通过电脑直接传递往往较为昂贵,因而究竟要选择哪一种订单传递方式,应比较成本与效益的差异来进行决定。

2) 订单处理流程

订单处理是企业的一个核心业务流程,包括订单准备、订单传递、订单登录、按订单供货、订单处理状态跟踪等活动。订单处理是实现企业顾客服务目标最重要的影响因素。改善订单处理过程,缩短订单处理周期,提高订单满足率和供货的准确率,提供订单处理全程跟踪信息,可以大大提高顾客服务水平与顾客满意度,同时也能降低库存水平,在提高顾客服务水平的同时降低物流总成本。

(1) 订单准备。

订单准备是指搜集所需产品或服务的必要信息和正式提出购买要求的各项活动。减少顾客订单准备的时间,降低顾客的搜寻成本,能够显著增加企业的产品市场份额。如美国的一家医疗用品公司在 1970 年就给其主要顾客(各大医院)提供计算机终端设备及配套软件,医院利用公司提供的终端,可以查看公司配送中心的库存信息,直接向配送中心下订单。这种改善顾客订货准备的战略行动使得该公司在市场占有率和利润方面远远超越竞争对手,因为竞争对手不能与医院进行如此直接、快速、准确地信息沟通。

(2) 订单传输。

传送订单信息是订单处理过程中的第二步,涉及订货请求从发出地点(顾客)到订单录入地点(供货商)的传输过程。订单传输可以通过三种基本方式来完成:人工方式、电话或传真方式、网络电子方式。

由于网络传输方式传输速度快、运行成本低、可靠性好、准确性高,因此正逐渐发展成为最重要的订货信息传输方式。

(3)订单录入。

订单录入是指在订单实际履行前所进行的各项工作,其最主要的目的是将顾客的订货信息转换为公司订单,主要包括:

①核对订货信息的准确性。此项目是对订货资料项目的基本检查,即检查品名、数量、送货日期等是否有遗漏、笔误或不符公司要求的情形,尤其是当要求送货时间有问题或出货时间已延迟时,更需要与客户确认一下订单内容或更正期望运送时间。若采用电子订货方式接单,则须对接收的订货资料加以检查确认。若通过 VAN 中心进行电子订货处理,可委托其进行一些基本的客户下单资料检查。对于错误的下单资料,传回给客户修改后再重新传送。

②检查所需商品是否可得,如有必要,准备补交货订单或取消订单的文件。若现有存货数量无法满足客户需求,且客户又不愿以替代品替代时,则应依客户意愿与公司政策来决定应对方式。

依客户意愿而言:

a. 客户不允许过期交货,则删除订单上不足额之订货,甚或取消订单;

b. 客户允许进行不足额订货,等待有货时再予以补送;

c. 客户允许进行不足额订货,留待下一次订单一并配送;

d. 客户希望所有订货一并配送。

依公司政策而言:

一些公司允许过期分批补货,但一些公司因考虑分批出货的额外成本而不愿意分批补货,则可能宁愿客户取消订单,或要求客户延后交货日期。

配合上述客户意愿与公司政策,对于缺货订单的处理方式归纳如下:

a. 重新调拨。若客户不允许过期交货,而公司也不愿失去此客户订单,则有必要重新调拨分配订单。

b. 补送。若客户允许不足额订货方式等待有货时再予以补送,且公司政策亦允许,则采取补送方式。若客户允许不足额订货方式或整张订单留待下一次订单一并配送,则也采取补送处理。但应注意,对这些待补送的缺货品项须先记录成档。

c. 删除不足额订单。若客户允许不足额订单方式可等待有货时再予以补送,但公司政策并不希望分批出货,则只好删除订单上不足额订单。若客户不允许过期交货,且公司也无法重新调拨,则可考虑删除订单上不足额订单。

d. 延迟交货。有时限延迟交货:客户允许一段时间的过期交货,且希望所有订单一并配送。无时限延迟交货:不论须等多久客户皆允许过期交货,且希望所有订货一并送达,则等待所有订货到达再出货。

e. 取消订单。若客户希望所有订单一并配达,且不允许过期交货,而公司也无法重新调拨时,则只有将整张订单取消。

③审核客户信用。不论订单是由何种方式传送至公司的,配销系统的第一步即是要查核客户的财务状况,以确定其是否有能力支付该件订单的账款。其做法一般是检查客户的应付账款是否已超过其信用额度。因而,接单系统中应设计下述两种途径来查核客户的信

用状况：

　　a. 客户代号或客户名称输入时。当输入客户代号名称资料后,系统即加以检核客户的信用状况。若客户应付账款已超过其信用额度时,系统应加以警示,以便输入人员决定是否继续输入其订货资料或进行拒绝其订货操作。

　　b. 订购品项资料输入时。若客户此次的订购金额加上以前累计的应付账款超过信用额度时,系统应将此笔订单资料锁定,以便主管审核。审核通过,此笔订单资料才能进入下一个处理步骤。

　　原则上顾客的信用调查是由销售部门来负责的,但有时销售部门往往为了争取订单,并不太重视这种查核工作,因而有些公司会授权由运销部门来承接负责。一旦查核结果发现客户的信用有问题,运销部门再将订单送回,销售部门再调查或退回。

　　④开具账单。订单资料经由上述的处理后,即可开始打印一些出货单据,以便后续物流作业的进行。

　　a. 拣选单(出库单)。拣选单据的产生,在于提供商品出库指示资料,作为拣选的依据。拣选资料的形式应配合物流中心的拣选策略及拣选作业方式来加以设计,以提供详细且有效率的拣选信息,便于拣选作业的进行。

　　拣选单的列印应考虑商品储位,依据储位前后相关顺序列印,以减少人员重复往返取货,同时拣选数量、单位也应准确标示。随着拣选、储存设备的自动化,传统的拣选单据形式已不符合需求,利用电脑、通信等方式处理显示拣选资料的方式已取代部分传统的拣选表单,如利用电脑辅助拣选的拣选货架、拣选台车以及自动存取设备。采用这些自动化设备进行拣选作业,应注意拣选资料的格式与设备显示器的配合以及系统与设备间的资料传送及处理。

　　b. 送货单。物品交货配送时,通常需附上送货单据给客户清点签收。因为送货单主要是给客户签收、确认出货资料的,其正确性及明确性很重要。要确保送货单上的资料与实际送货资料相符,除了出货前的清点外,出货单据的列印时间及修改也要注意。

　　单据列印时间。最能保证送货单上的资料与实际出货资料一样的方法是在出车前,一切清点动作皆完成后,且将不符合的资料也在电脑上修改完毕,再列印出货单。但此时列印出货单,常因单据数量多,耗费时间较长,从而影响出车时间。若提早列印,则对于因为拣选、分类作业后发现的实际存货不足,或是客户临时更改订单等原因,造成原出货单上的资料与实际不符时,须重新列印送货单。

　　送货单资料。送货单据上的资料除了基本的出货资料外,对于一些订单异动情形,如缺货品项或缺货数量等也须列印注明。

　　c. 缺货资料。库存分配后,对于缺货商品或缺货订单资料,系统应提供查询或报表列印功能,以便人员处理。

　　库存缺货商品:提供依商品别或供应商别查询的缺货商品资料,以提醒采购人员紧急采购。

　　缺货订单:提供依客户别或外务员别查询的缺货订单资料,以便人员处理。

　　总之,信息技术的迅速发展大大提高了订单录入的效率。条形码扫描技术的发展及应用提高了订单录入的速度与准确性,并降低了处理成本。借助与计算机数据库技术使库存可供客户和主管部门进行查询与检查,实现了自动化处理。自动化的订单录入所需要的时间比传统的手工处理减少了60%以上。

(4)订单履行。

订单履行是由与实物有关的活动组成的,主要包括:

①通过提取存货、生产或采购员购进客户所订购的货物;

②对货物进行运输包装;

③安排送货;

④准备运输单证。

其中,有些活动可能会与订单录入同时进行,以缩短订单处理时间。

订单处理的先后次序可能会影响到所有订单的处理速度,也可能影响到较重要订单的处理速度。这里可借鉴优先权法则:

①先收到,先处理;

②使处理时间最短;

③预先确定优先顺序号;

④优先处理订货量较小、相对简单的订单;

⑤优先处理承诺交货日期最早的订单;

⑥优先处理距约定交货日期最近的订单。

订单履行阶段是整个订单处理过程中最为复杂的部分,包括商品的配送和大量单据的处理。确定供货的优先等级对订单处理周期时间有重要的影响。许多企业没有正式的确定供货优先等级的标准,操作人员面对大量的订单处理工作,习惯性地优先处理简单、品种单一、订货量少的订单,其结果往往造成对重要客户或重要订单的供货延时。

(5)订单处理状态追踪

订单处理过程的最后环节是通过不断向客户报告订单处理过程中或货物交付过程中的任何延迟,来确保优质的客户服务。具体包括:

①在整个订单周转过程中跟踪订单;

②与客户交换订单处理进度、订单货物交付时间等方面的信息。

为了向顾客提供更好地服务,满足顾客希望了解订单处理状态信息的要求,需要对订单处理进行状态追踪,并与顾客交流订单处理状态信息。

随着信息技术,特别是互联网技术的迅速发展,订单跟踪已变得越来越重要。美国的 UPS 公司能够对每天运送的 1 300 万个邮包进行电子跟踪。例如,一个出差在外的销售员在某地等待公司寄来的产品样品,他可以通过 UPS 安排的 3COM 网络系统输入 UPS 运单跟踪号码,即可知道样品目前的位置;当需要将样品送至另一地点时,可在此通过网络指引新的投递点。

3)其他方式的订单处理模式

(1)订货生产方式的订单处理。

①销售部在同意客户订单之前,必须了解生产部门的生产设计能力,获得生产部门的确认;

②销售部在接到客户的订单样品及询价单价后,将样品交由设计部门设计打样。

③市场部根据制作完成的产品样品,与生产部门讨论制造流程及可能需要的生产日程后,拟定样品成本分析报告,呈报核准。

④销售部将制作完成的产品样品及设计图样交给客户,由其认可并商议交货期。

⑤客户同意交货期,并同意接受所制成的样品后,则由销售部组织报价工作。

⑥若客户对样品不满意,则由设计部门依据客户意见,再予修改。

⑦若客户不同意交货期,则由销售部与生产部及生产作业部门研究后,再与客户洽商。交货期的确定,必须协调客户需求与企业的生产能力。

⑧客户同意样品及交货期后,销售部根据样品成本分析报告,再加上运费、保险费、各项费用及预期利润,算出售价,并列表呈总经理核准。

⑨总经理同意并签字后,由销售部负责承办人员向客户报价。

⑩若客户接受报价,销售部接到客户正式订单后,首先检查订单各项条件齐全与否,订购内容是否清楚。若有涂改,应盖章注记。

(2)订单处理中的估价与报价。

订单的估价,必须遵守企业的相关规定,对关键事项严格掌握:

①品名、规划、数量及合同金额;

②具体的付款条件,如付款日期、付款地点、付款方式等;

③除特殊情况以外,从订单受理到交货之间的期限;

④交货地点、运送方式、距离最近的车站等交货条件;

⑤售后服务条款等。

(3)订单处理与整个物流系统的协调。

订单的重要特征表现在订单大小、订单时间以及订单统计的相关特性等要素。企业为了提高物流效率,降低不必要的成本,在订单类型分析的基础上,对特定商品设定最低订单量。在价格折扣能产生效应的情况下,一种或数种产品的降价会使物流量相对集中。在实行价格折扣时,必须充分考虑物流量与生产、流通及物流系统的均衡问题。

4. 技能训练准备

(1)学生每5人为一个小组,每个小组选一名组长;

(2)教师现场指导;

(3)训练时间安排:1学时。

5. 技能训练步骤

(1)在教师的组织下参观物流企业,了解该企业的订单处理流程;

(2)以小组为单位对该企业的订单处理流程进行分析讨论;

(3)对该企业的订单处理流程提出意见建议;

(4)形成工作报告。

6. 技能训练注意事项

(1)服从教师的安排,遵守企业的相关规定;

(2)认真听取企业人员的介绍。

7. 技能训练评价

请完成技能训练后填写技能训练评价表,见附录2。

8. 技能训练活动建议

建议组织学生到不同类型物流的企业进行参观、调研。

思考练习

1. 简答题

(1)传统的订货方式和电子订货方式分别都有哪些?

(2)简述订单的处理流程。

(3) 在订单处理过程中,若现有存货数量无法满足客户需求,且客户又不愿以替代品替代时,应如何处理?

(4) 决定订单处理先后次序的优先权法则包括哪些方面?

2. 案例分析题

(1) 背景。

某香精制造公司是一家由日方控股的中日合资企业。该公司地处上海,公司本部设于浦西。近十几年来,随着经济的持续高速增长,我国香精市场呈现出客户需求多样化、规模不断扩大、进入企业增多和竞争日益加剧的局面,香精企业普遍面临生产成本上升和利润下降的压力。该公司虽有知名品牌和广泛的营销渠道,也感到了前所未有的市场竞争压力,在企业内部,客户订单响应、库存积压处理和原料采购管理等方面面临诸多棘手的管理问题。

香精企业与一般的制造业相比,原料种类常达数千,甚至上万,原料库存量变化大。有的原料国内采购当天可送到,有的需要进口,可能数月才能到货,采购周期长短不一;产品香气类型繁多,一家大型香精生产企业拥有上万个香精配方不足为奇。原料和产品种类众多,为了及时满足下游客户的需求,导致储备的原料种类多、数量大,资金占用随之增大。由于下游客户数量多,规模参差不齐,需求变化快,在实际生产中大型香精企业往往会一日数次追加或更改生产任务。这些特殊性集中于原料采购,就表现为较高的原料需求不确定性和紧急性,从而加大了采购管理的难度。

2003年,公司得到董事会的批准,启动全面提升企业信息系统、构建新一代的企业级ERP系统的项目,试图通过进一步改进内部管理来提高生产效率,降低成本,提高客户服务水平,加强竞争能力,应对市场的竞争。

(2) 原有信息系统中的客户订单处理功能。

该公司原有的信息系统具有客户订单管理的功能,其订单处理流程的主要环节如下:

销售员与客户洽谈。主要手段是电话、传真和邮件,洽谈内容包括客户需求的品种、数量、交货日期等。

客户订单确认。销售员将数据确认的客户订单报送销售计划员做销售计划。实际中很多订单的交货日期模糊不清,如某月、某旬,有些还只是一个意向,没有交货的日期。因此,销售员手头积压着较多的交货日期模糊的客户订单。

销售要货计划编制。销售计划员集中书面的客户订单,将其中的主要数据输入销售计划子系统,系统按交货日期和生产周期,每天产生新的销售要货计划表。

生产计划员使用生产管理子系统,从销售要货计划中摘出新的和有变化的记录,更新月度生产计划表。

生产计划员的第二项工作是根据月度生产计划表,通过生产管理子系统的测算功能对每一笔生产任务进行产品的原料测算。如有足够的原料就安排生产,编制生产作业计划,打印后送车间执行。

对原料无法满足需求的生产计划任务,生产计划员以书面形式向采购部门提出原料采购需求。

该订单处理功能在数据结构上,设有客户订单、销售要货计划、生产计划、作业安排等数据表,各有关部门的人员只看到相应的数据表。在订单处理的前端,销售员不使用计算机,因此销售计划员是系统前端的用户。生产管理子系统与原料管理子系统之间,只有后者向前者提供的原料库存数据,生产缺料数据则未包括在系统中。

显然,原有信息系统在客户订单的完整性、生产计划与原料采购管理之间的信息交互等方面存在不足,客户订单处理功能已不能适应新的环境变化和公司期望的客户服务改进目标。

(3)贯穿于 ERP 系统中的客户订单处理功能。

在客户需求多样化和市场竞争日益加剧的背景下,公司为提高客户服务的水平,决定将客户订单管理作为 ERP 系统方案的一个重点内容予以精心设计。因此,公司的市场、销售、生产、采购和信息管理等部门与开发商一起围绕客户订单状态的确认、执行进程、部门间协作等要点进行了分析和讨论,期望 ERP 系统中客户订单管理能对客户服务的水平有一个实质性的提高。

根据新的系统需求,经过公司各部门有关管理人员与开发商的研究,提出了为"贯穿于 ERP 系统中的客户订单处理功能"的方案。该 ERP 系统方案在销售管理、生产计划和原料采购等业务之间也设计了动态的数据交互,以实现各部门的数据共享。

新的客户订单处理功能的主要特点为:

设置客户订单进程状态变量。该系统为客户订单附加了一系列状态变量,订单每前进一个阶段就标注相应的完成标志和日期。

各部门的管理人员共享客户订单数据,通过订单的状态标志,可以了解和控制订单的执行进程。

销售员直接将所有接到的客户订单数据输入系统,对交货日期模糊的客户订单,系统将进行模糊处理,以界定出尽可能明确的交货日期或交货时段。

根据客户订单、销售要货计划、生产计划,按不同的等级,自动生成原料缺料表,为原料采购提供依据。

该系统还能对订单的执行状态进行排序和预警,为订单执行效率和正确性的提高产生作用。

问题:

(1)新的客户订单处理功能比原有系统的功能在哪些地方有所改进?

(2)新的客户订单处理功能对客户服务水平的提高在哪些方面能得到体现?

(3)在客户订单处理的各部门协作方面,新方案的功能能产生了什么作用?

(4)为更好地服务于客户,新的客户订单处理功能还有哪些地方可以作进一步的扩展?

项目七 拣选作业

教学要点

(1)拣选作业的含义;

(2)拣选作业的程序;

(3)常用的拣选方式;

(4)拣选策略的确定。

教学方法

可采用讲授、案例教学和分组讨论等方法。

教学内容

1. 情景设置

利用电子标签分拣系统,体验货物拣选作业的具体操作。

2. 技能训练目标

能够根据订货单选择合适的拣选方式,并且会使用电子标签分拣系统,用按订单拣选和批量拣选进行货物的拣选作业。

3. 相关理论知识

1) 拣选作业的含义

所谓拣选,就是依据顾客的订货要求或配送中心的送货计划,尽可能迅速、准确地将商品从其储位或其他区域拣取出来,并按一定的方式进行分拣、集中、等待配装送货的作业过程。

在配送作业的各环节中,拣选作业是非常重要的一环,它是整个配送中心作业系统的核心。由于配送多为多品种、小体积、小批量的物流作业,这使得拣选作业工作量占配送中心作业量的比重非常大,并且工艺复杂,特别是对于客户多、商品品种多、需求批量小、需求频率高、送货时间要求高的配送服务。拣选作业的速度和质量不仅对配送中心的作业效率起决定性的作用,而且直接影响到整个配送中心的信誉和服务水平,也直接影响配送的成本。

从成本分析的角度来看,物流成本约占货物最终售价的30%,其中包括配送、搬运、储存等成本项目。一般而言,分拣成本约是其他堆叠、装卸、运输等成本总和的9倍,占物流搬运成本的90%。因此,若要降低物流搬运成本,从拣选作业上着手改进可达事半功倍的效果。从人力需求的角度来看,目前大多数的物流企业仍属于劳动密集型产业,其中拣选作业直接相关的人力更占50%以上,且拣选作业的时间投入也占整个物流企业作业时间的30%~40%。由此可见,规划合理的拣选作业方法,对日后物流企业的运作效率具有决定性的影响。

2) 拣选作业的程序

(1) 发货计划。

配送中心接到订货信息后需要对订单的资料进行确认、存货查询和单据处理,根据顾客的送货要求制订发货日程,最后编制发货计划。

(2) 确定拣选方式。

拣选通常有订单拣取、批量拣取及复合拣取三种方式。订单拣取是按每份订单来拣选;批量拣取是多张订单累计成一批,汇总数量后形成拣选单,然后根据拣选单的指示一次拣取商品,再进行分类;复合拣取是充分利用以上两种方式的特点,并综合运用于拣选作业中。

(3) 输出拣选清单。

拣选清单是配送中心将客户订单资料进行计算机处理,生成并打印出拣选单。拣选单上标明储位,并按储位顺序来排列货物编号,作业人员据此拣选可以缩短拣选路径,提高拣选作业效率。

（4）确定拣选路线及分派拣选人员。

配送中心根据拣选单所指示的商品编码、储位编号等信息，能够明确商品所处的位置，确定合理的拣选路线，安排拣选人员进行拣选作业。

（5）拣取商品。

拣取的过程可以由人工或自动化设备完成。通常小体积、少批量、搬运质量在人力范围内且出货频率不是特别高的货物，可以采取手工方式拣取；对于体积大、质量大的货物，可以利用升降叉车等搬运机械辅助作业；对于出货频率很高的货物，可以采取自动拣选系统。

（6）分类集中。

经过拣取的商品根据不同的客户或送货路线分类集中，有些需要进行流通加工的商品还需根据加工方法进行分类，加工完毕后再按一定方式分类出货。多品种分货的工艺过程较复杂，难度也大，容易发生错误，所以必须在统筹安排形成规模效应的基础上，提高作业的精确性。在物品体积小、质量小的情况下，可以采取人力分拣，也可以采取机械辅助作业，或利用自动分拣机自动将拣取出来的货物进行分类与集中。

3）拣选方式

拣选方式的确定是拣选作业程序中较为重要的一步，拣选方式可以分为订单拣取、批量拣取及复合拣取。现对各种拣选方式详细介绍如下。

（1）按订单拣取。

按订单拣取（Single Order Pick）是针对每一份订单，作业员巡回于拣选区域，按照订单所列商品及数量，将客户所订购的商品逐一由拣选区域或其他作业区中取出，然后集中在一起的拣选方式。这种方式又叫摘果法。

①按订单拣取的优点：

a. 作业方法单纯，接到订单可立即拣选、送货，所以作业前置时间短；

b. 容易导入且弹性大；

c. 作业人员责任明确，易于安排人力；

d. 拣选后不用进行分拣作业，适用于配送批量大、少品种的订单的处理。

②按订单拣取的缺点：

a. 商品品类多时，拣选行走路径加长，拣取效率较低；

b. 拣选区域大时，搬运困难；

c. 少量、多批次拣取时，会造成拣选路径重复、费时、效率降低。

③按订单拣取的适用范围：

a. 订单大小差异较大、订单数量变化频繁、季节性强的商品拣选；

b. 商品差异较大、外观体积变化较大也适宜采用这种拣取方式，如化妆品、家具、电器、百货、高级服饰等。

（2）批量拣取。

批量拣取（Batch Pick）是将多张订单集合成一批，按照商品品种类别汇总后再进行拣选，然后依据不同客户或不同订单分类集中的拣选方式。这种方式又叫播种法。

①批量拣取的优点：

a. 适合订单数量庞大的系统；

b. 可以缩短拣取货物时的行走搬运距离，增加单位时间的拣选量；

c. 越要求少量、多批次的配送,批量拣取就越有效。

②批量拣取的缺点:对订单的到来无法作及时处理,必须当订单累积到一定数量时,才作一次性的处理,从而,会有停滞时间产生。

③批量拣取的使用范围:批量拣取方式通常在系统化、自动化设备齐全,作业速度高的情况下采用,适合订单变化较小、订单数量稳定的配送中心和外形较规则、固定的商品出货,如箱装、袋装的商品。另外,需进行流通加工的商品也适合批量拣取,拣取完后再进行批量加工,然后分拣。

(3)复合拣取。

为了克服按订单拣取和批量拣取方式的缺点,配送中心也可以采取将按订单拣取和批量拣取组合起来的复合拣取方式。复合拣取即根据订单的品种、数量及出库频率确定哪些订单适用于按订单拣取,哪些适用于批量拣取,分别采取不同的拣选方式。

例如,当储存区域面积较大时,拣选作业中往返行走所费的时间占很大的比重,此时"一人一单"拣选到底的方法就不宜采用。如果适当分工,按商品的分区储存,每一拣选人员各拣选订货单中的一部分,如一层库房、一个仓库或几行货架,既能减少拣选人员的往返之劳,又能驾轻就熟、事半功倍,几个拣选人员所费工时之和往往低于一个人拣选的总工时。

4)拣选策略

拣选策略是影响拣选作业效率的重要因素,对不同订单需求,应采取不同的拣选策略。决定拣选策略的4个主要因素是分区、订单分割、订单分批及分类,这4个因素相互作用可产生多个拣选策略。

①分区。分区策略是将拣选作业场地作区域划分,按分区原则的不同,有4种分区方法。

a. 货物特性分区。根据货物原有的性质,将需要特别储存搬运或分离储存的货物进行分隔,使货物的品质在储存期间保持一定。

b. 拣选单位分区。将拣选作业区按拣选单位划分,如箱装拣选区、单品拣选区,或是具有特殊货物特性的冷冻品拣选区等。其目的是使储存单位与拣选单位统一,以便实现拣取与搬运单元化,使拣选作业单纯化。

c. 拣选方式分区。不同拣选单位分区中,按拣选方法和设备的不同,又可分为若干区域,通常是按货物销售的 ABC 分类的原则,按出货量的大小和拣取次数的多少作 ABC 分类,然后选用合适的拣选设备和拣选方式。其目的是使拣选作业单纯化、一致化,减少不必要的重复行走时间。如同一单品拣选区中,按拣选设备的不同,又可分为台车拣选区和输送机拣选区。

d. 作业场地分区。在相同的拣选方式下,将拣选作业场地再作划分,由一个或一组固定的拣选人员负责拣取某区域内的货品。该策略的优点是拣选人员需要记忆的存货位置和移动距离减少,拣选时间缩短,还可以配合订单分割策略,运用多组拣选人员在短时间内共同完成订单的拣取,但要注意工作平衡问题。

②分割。当订单上订购的货物品种较多,或拣选系统要求及时快速处理时,为使其能在短时间内完成拣选处理,可将订单分成若干份子订单,交由不同拣选区域同时进行拣选作业。将订单按拣选区进行分解的过程称为订单分割。

订单分割一般是与拣选分区相对应的。对于采取拣选分区的配送中心,其订单处理过程的第一步就是要按区域进行订单的分割,各个拣选区根据分割后的子订单进行拣取作业。

各拣选区子订单拣选完成后,再进行订单的汇总。

③订单分批。订单分批是为了提高拣选作业效率而把多张订单集合成一批,进行批次拣取的作业。其目的是缩短拣选时平均行走搬运的距离和时间。若将每批次订单中的同一货物品种加总后拣取,然后再把货物分类至每一个顾客的订单,则形成批量拣取。这样不仅缩短了拣取时平均行走搬运的距离,也减少了重复寻找货位的时间,进而提高了拣选效率。订单分批的原则如下:

a. 总合计量分批。将拣选作业前所累积订单中每一货物依品种合计总量,再根据这一总量进行拣取,将拣取路径减至最短,同时储存区域的储存单位也可以单纯化,但需要有功能强大的分拣系统来支持。这种方式适用于周期性配送,如可将所有的订单在中午前收集,下午做合计量分批拣取单据的打印等信息处理,第二天一早进行拣取等作业。

b. 时窗分批。当从订单到达至拣选完成出货所需的时间非常紧迫时,可利用此策略开启短暂而固定的时窗,如 5min 或 10min,再将此时窗中所到达的订单做成一批,进行批量拣取。这一方式常与分区及订单分割联合运用,特别适合到达时间短而平均的订单形态,同时订购量和品相数不宜太大。

c. 固定订单量分批。订单分批按先到先处理的基本原则,当累计订单量到达设定的固定量时再开始进行拣选作业。固定订单量分批与时窗分批类似,但这种订单分批的方式更注重维持较稳定的作业效率,而在处理的速度上比前者慢。

d. 智能型分批。订单输入计算机经处理后,将拣取路径相近的订单分成一批同时处理,可大量缩短拣选行走搬运距离。采用这种分批方式的配送中心通常将前一天的订单汇总后,经计算机处理,在当天下班前产生次日的拣选单据,因此对紧急插单作业处理较为困难。

一般可以按配送客户数、订货形态、需求频率三项条件选择合适的订单分批方式。

④分类。当采用分批拣选策略时,拣选完成后还必须有分类策略与之配合。分类方式大致可分为两类。

a. 拣选同时分类。在拣选的同时将货物按各订单分类。这种分类方式常与固定量分批或智能分批方式联用,因此需要使用计算机辅助台车作为拣选设备,才能加快拣取速度,同时避免错误的发生。该方式较适用于少量多样场合,且由于拣选台车不可能太大,所以每批次的客户订单不宜过大。

b. 拣选后集中分类。一般有两种方法:一种是以人工作业为主,将货物总量搬运到空地上进行分类。这种方法要求每批次的订单量及货品数量不宜过大,以免超出人员负荷。另一种方法是利用分拣输送机系统进行集中分类,这是较自动化的作业方式。

以上四类因素可以单独使用,形成四种策略,也可联合运用形成新的策略,还可以不采取任何策略,直接按订单拣选。

4. 技能训练准备

(1)电子标签分检系统(电子标签、计算机、电子标签控制软件);

(2)订货单若干;

(3)货物若干;

(4)拣选篮若干。

5. 技能训练步骤

(1)两个学生为一组,学生自行分组;

（2）每组派一人抽取三个预先安排好的订货单；

（3）针对选定的订货单学生选择合适的拣选方式进行拣选作业；

（4）形成工作报告。

6. 实训时间安排

训练时间安排：2学时。

7. 技能训练评价

请完成技能训练后填写表3-17。

技能训练评价　　　　　　　　　　　　　　　表3-17

专　　业	物流管理	班级		组号	
考评地点	实验室				
考评内容	拣选作业的操作				
考评标准	内　　　容				分值（分）	评分（分）
	拣选方法选择正确、合理				10	
	电子标签分拣软件操作熟练、正确				30	
	电子标签操作熟练、正确				30	
	拣选结果正确无误				10	
	工作报告书写认真、详细、清晰				10	
	遵守实验室的规定、训练场地打扫干净整洁				10	
	总　　　评				100	

8. 技能训练活动建议

多搜集一些订单拣选的视频资料让学生观看，尽可能带学生多参观物流企业的订单拣选现场。

思考练习

1. 简答题

（1）简述拣选作业的程序。

（2）订单分批的原则有哪些？

（3）简述常用的拣选方式及其各自的优、缺点。

2. 案例分析题

货物分拣系统提高顶峰公司的物流速度

在传统的货物分拣系统中，一般是使用纸制书面文件来记录货物数据，包括货物名称、批号、存储位置等信息，等到货物提取时再根据书面的提货通知单，查找记录的货物数据，人工搜索、搬运货物来完成货物的提取，这样的货物分拣方式严重影响了物流的流动速度。随着竞争的加剧，人们对物流的流动速度的要求越来越高，这样的货物分拣系统已经远远不能满足现代化物流管理的需要。

现今，一个先进的货物分拣系统，对于系统集成商、仓储业、运输业、后勤管理业等都是至关重要的。因为这意味着公司拥有比竞争对手更快的物流速度，更快地满足顾客的需求，其潜在的回报是惊人的；建立一个先进的货物分拣系统，结合有效的吞吐量，不但可以节省数十、数百、甚至数千万元的成本,而且可以大大提高工作效率,显著降低工人的劳动强度。使用这样的货物分拣系统,完全摒弃了使用书面文件完成货物分拣的传统方法,采用高效、准确的电子数据的形式,提高效率,节省劳动力;使用这样的货物分拣系统,不但可以快速完成简单订货的存储提取,而且可以方便地根据货物的尺寸、提货的速度要求、装卸要求等实现复杂货物的存储与提取;使用这样的货物分拣系统,分拣工人只需简单的操作就可以实现货物的自动进库、出库、包装、装卸等作业,降低了工人的劳动强度,提高了效率;使用这样的货物分拣系统,结合必要的仓库管理条件,可以真正实现仓库的现代化管理,充分实现仓库空间的合进利用,显著提高企业的物流速度,为企业创造、保持市场竞争优势创造条件。

顶峰(Zenith)电子公司位于亨茨维尔市的仓库,采用自动识别系技术改进货物分拣系统,从出货到装船,实现了全部自动化操作,显著改善了该公司的物流管理。这套系统在基于 Unix 的 I-IP9000 上运行美国 ORACLE 公司的数据库。服务器由 4 个 900MHz 的 NorandRF 工作站组成,它连接各个基本区域,每个区域支持 20 个带有扫描器的手持式无线射频终端。订单从配送中心的商务系统(在另一个 HP9000 上运行的)下载到仓储管理系统(Warehouse Management System,简称 WMS),管理系统的服务器根据订单大小、装船日期等信息对订单进行分类,实施根据订单分拣与零星两种分拣策略,指导分拣者选择最佳分拣路线。

(1)根据订单分拣货物。

如果订单订货数量比较大,可以根据订单,一个人一次提取大量订货。货物分拣者从其无线射频终端进入服务器,选择订单上各种货物,系统会通过射频终端直接向货物分拣者发送货物位置信息,指导分拣者选择最优路径。货物分拣者在分拣前扫描货柜箱上的条形码标签,如果与订单相符,直接分拣。完成货物选择后,所有选择的货物经由传送设备运到打包地点。扫描货物目的地条码,对分拣出来的货物进行包装前检查,然后打印包装清单。完成包装以后,在包装箱外面打印订单号和条码(使用 CODE39 条码)。包装箱在 UPS 航运站称重,扫描条形码订单号,并且把它加入到 UPS 的跟踪号和质量信息条码中。这些数据,加上目的地数据,构成跟踪记录的一部分,上报到 UPS。

(2)零星分拣货物。

小的订单(尤其是 5lb 以下的订货)的分拣或者单一路线货物分拣,则采用"零星分拣货物"的策略来处理。信号系统直接将订单分组派给货物分拣者,每个分拣人负责 3~4 个通道之间的区域。货物分拣者在其负责的区域内/携带取货小车进行货物分拣,取货小车上放置多个货箱,一个货箱盛入一个订单的货物。如果货架上的货物与订单相符,就把货物放进小车上的货箱,并且扫描货箱上条形码。在货物包装站,打印的包装清单包括货物条码与包括包装箱序列号。

新的货物分拣系统使装船准确率增长到 99.9%,详细目录准确率保持在 99.9%,货物分拣比率显著提高。以前,货物分拣者平均每小时分拣 16 次,现在,则为 120 次。由于这一系统的动用,劳动力减少到原来的 1/3,从事的业务量增加了 26%。尽管公司保证 48h 内出货,实际上 99% 的 UPS 订货在 15min 内就能完成,当日发出。

这一系统方案为顶峰电子公司遍及全美的服务区域提供了电视、录像装备,实现远程监控与订货,装船作业在接到订单 24~48h 内完成,每日处理订单达到 2 000 份。同时,应用这一系统,顶峰公司绕过了美国国内 60 个、国外 90 个中间商,把产品直接输送到个人服务中心,缩短了产品供应链,大大降低了产品的销售成本,显著提高了顶峰公司企业的市场竞争能力。

问题:

(1)顶峰电子公司的自动识别技术改进了货物分拣系统,其特点是什么?

(2)结合本案例,写出订单分拣货物和零星分拣货物的作业流程。

(3)说明订单分拣货物模式具有什么特点。

(4)说明零星分拣货物模式具有什么特点。

项目八 流通加工与包装

教学要点

(1)流通加工的含义;

(2)流通加工与生产加工的比较;

(3)流通加工的目的;

(4)流通加工的内容;

(5)流通加工合理化;

(6)包装的含义及功能;

(7)常用的包装容器;

(8)常用的包装技术;

(9)包装标志。

教学方法

可采用讲授、案例教学和分组讨论等方法。

教学内容

一、流通加工

1. 情景设置

流通加工是物流中的重要环节,也是仓储物品增值的重要手段。组织学生参观当地知名的物流企业,了解该物流企业有哪些具体的流通加工业务。

2. 技能训练目标

能够了解流通加工对物流企业的重要性,并掌握常见的流通加工形式。

3. 相关理论知识

1)流通加工的含义

流通加工是仓储物品增值的重要手段。按照中国物流术语国家标准,流通加工是物品在生产地到使用地的过程中,根据需要施加包装、分割、计量、分拣、刷标志、拴标签、组装等简单作业的总称。

流通加工是为了提高物流速度和物品的利用率,在物品进入流通领域后,按客户的要求进行的加工活动,即在物品从生产者向消费者流动的过程中,为了促进销售、维护商品质量和提高物流效率,对物品进行一定程度的加工。流通加工通过改变或完善流通对象的形态来实现"桥梁和纽带"的作用,因此流通加工是流通中的一种特殊形式。随着经济增长,国民收入增多,消费者的需求呈现多样化,促使在流通领域开展流通加工。目前,在世界许多国家和地区的物流中心或仓库经营中都存在大量流通加工业务,这在日本、美国等物流发达国家更为普遍。

流通加工是物流中的重要环节,属于物流的辅助功能。流通加工与生产加工合理配合可以节约运输和配送成本,更好地满足客户需求。流通加工与生产加工又有本质的一些区别。根据加工的对象和加工的作用不同,流通加工又有很多不同的类型。

2) 流通加工与生产加工的差异

流通加工和一般的生产加工在加工方法、加工组织、生产管理方面并无显著区别,但在加工对象、加工程度方面差别较大,其主要差别表现在以下 6 个方面,如表 3-18 所示。

流通加工与生产加工的区别　　　　表 3-18

方面	生产加工	流通加工
加工对象	原材料、零配件、半成品	进入流通过程的商品
所处环节	生产过程	流通过程
加工程度	复杂的、完成主体部分的加工	简单、辅助性、补充性的加工
价值创造	创造价值和使用价值	完善其使用价值并提高价值
加工单位	生产企业	流通企业
加工目的	交换、消费	消费、流通

(1) 加工对象的区别。

流通加工的对象是进入流通过程的商品,具有商品的属性。生产加工的对象不是最终产品,而是原材料、零配件、半成品,并使物品发生物理、化学变化。

(2) 所处环节的区别。

流通加工处于生产过程之后的流通过程环节,而生产加工则处于生产过程环节。

(3) 加工程度的区别。

流通加工过程大多是简单加工,而不是复杂加工。一般来讲,如果必须进行复杂加工才能形成顾客所需的产品,那么就需要由生产加工过程来完成,生产过程理应完成大部分主体加工活动,流通加工则是对生产加工的一种辅助及补充。特别应注意,流通加工绝不是对生产加工的取消或代替。

(4) 价值创造的区别。

从价值观点看,生产加工目的在于创造价值和使用价值,而流通加工则在于完善其使用价值,并在不做太大改变的情况下提高价值。

(5) 加工单位的区别。

流通加工的组织者是从事流通加工的人员,能密切结合流通的需要进行加工活动。从加工单位来看,流通加工由商业或物资流通企业完成,而生产加工则由生产企业完成。

(6) 加工目的的区别。

商品生产是以交换和消费为目的。流通加工的一个重要目的,也是为了消费,这与商品生产有共同之处。但是,流通加工有时候也是以自身流通为目的,纯粹是为了流通创造条件。这种为流通所进行的加工与直接为消费进行的加工,从目的来讲,是有区别的。这也是流通加工不同于一般生产加工的又一特殊之处。

3)流通加工的目的

(1)适应多样化的顾客需求,促进商品的销售;

(2)在食品方面,可以通过流通加工来保持并提高其质量,保证其提供给消费者时仍旧新鲜;

(3)美化商品,提高商品的附加值;

(4)可以规避风险,使商品跟得上市场需求的变化;

(5)推进物流系统化,提高物流效率,降低物流成本;

(6)开展专业化的加工,降低生产成本。

4)流通加工的内容

(1)水泥熟料在使用地磨制水泥的流通加工。

在需要长途调进水泥的地区,变调进成品水泥为调进熟料半成品,在该地区的流通加工点粉碎,并根据当地资源和用户需要掺入混合材料及外加剂,制成不同品种和标号的水泥,供应当地用户。这是水泥流通加工的重要形式之一。

在需要经过长距离输送供应的情况下,以熟料形态代替传统的粉状水泥,有很多优点:

①大幅降低运费,节省运力;

②可按照消费地的实际需要,大量掺入混合材料来降低水泥标号;

③容易以较低的成本实现大批量、高效率的输送;

④可以大大降低水泥的输送损失与环境污染程度;

⑤能更好地衔接产需,方便用户。

(2)集中搅拌供应商品混凝土的流通加工。

改变用户在建筑工地以粉状水泥由现制现拌混凝土的使用方法,而在集中搅拌混凝土工厂或称商品混凝土工厂将粉状水泥搅拌成商品混凝土,然后供给各个工地或小型构件厂使用。这是水泥流通加工的另一种重要方式。它有优于直接供应或购买水泥在工地现制混凝土的技术经济效果,因此,受到许多工业发达国家的重视。这种流通加工的形式有以下优点:

①把水泥的使用从小规模的分散形态改变为大规模的集中加工形态,可以充分应用现代管理科学技术组织现代化的大生产,也可以发挥现代设备和现代化管理方法的优势,大幅度地提高生产效率和混凝土质量。

集中搅拌,可以采取准确的计量手段和选择最佳的工艺;可以综合考虑外加剂及混合材料的影响,根据不同需要,大量使用混合材料拌制不同性能的混凝土;能有效控制材料质量和混凝土的离散程度,可以在提高混凝土质量、节约水泥、提高生产率等方面获益。

例如,制造每立方米混凝土的水泥使用量,采用集中搅拌一般能比分散搅拌减少20~30kg。

②与分散搅拌相比,相等的生产能力,集中搅拌的设备在吨位、设备投资、管理费用、人力及电力消耗等方面,都能大幅度降低。

③采用集中搅拌的流通加工方式,可以使水泥的物流更加合理。这是因为在集中搅拌站(厂)与水泥厂(或水泥库)之间可以形成固定的供应渠道,这些渠道的数目大大少于分散

使用水泥的渠道数目,在这些有限的供应渠道之间,就容易采用高效率、大批量的输送形态,有利于提高水泥的散装库。在集中搅拌场所内还可以附设熟料粉碎设备,直接使用熟料实现熟料粉碎及拌制品混凝土两种流通加工形式的结合。

另外,采用集中搅拌混凝土的方式也有利于新技术的推广应用,从而大大简化了工地材料的管理,节约施工用地。

(3) 铁板剪板及下料的流通加工。

热连轧钢板和钢带、热轧厚钢板等板材最大交货长度可达 7~12m,有的是成卷交货。对于使用钢板的用户来说,大、中型企业由于消耗批量大可设专门的剪板及下料工设备,按生产需要进行剪板、下料加工。但是,对于使用量不大的企业和多数中、小型企业来讲,单独设置剪板、下料的设备有设备闲置时间长、人员浪费大、不容易采用先进方法的缺点,钢板的剪板及下料加工可以有效地解决上述问题。

剪板加工是在固定地点设置剪板机进行下料加工或设置种种切割设备将大规格钢板裁小,或切裁成毛坯,降低销售起点,以便利用户。与钢板的流通加工类似,还有圆钢、型钢、线材的集中下料、线材冷拉加工等。

(4) 木材的流通加工。

①磨制木屑、压缩输送。这是一种为了实现流通的加工。木材是重度轻的物资,在运输时占有相当大的容积,往往使车船满装,但不能满载,同时,装车、捆扎也比较困难。

从林区外送的原木中有相当一部分是造纸材,美国采取在林木生产地就地将原木磨成木屑,然后采取压缩方法使之成为重度较大、容易装运的形式,之后运至靠近消费地的造纸厂,取得了较好的效果。根据美国的经验,采取这种办法比直接运送原木节约一半的运费。

②集中开木下料。在流通加工点将原木锯截成各种规格的锯材,同时将碎木、碎屑集中加工成各种规格板。过去用户直接使用原木不但加工复杂、加工场地大、加工设备多,更严重的是资源浪费大,木材平均利用率不到 50%,平均出材率不到 40%。实行集中下料按用户要求供应规格料,可以使原木利用率提高到 95%,出材率提高到 72% 左右,有相当大的经济效果。

(5) 煤炭及其他燃料的流通加工。

①除矸加工。除矸加工是以提高煤炭纯度为目的的加工形式。为了消除无效运输,即少运矸石,充分利用运力,降低成本。

②为管道输送煤浆进行的煤浆加工。在流通的起始环节将煤炭磨成细粉,再用水调成浆状使其具有流动性,便于利用具有连续、稳定、快速等优势的管道进行输送。

③配煤加工。在使用地区设置加工点,将某种煤及其他一些发热物资,按不同配方进行掺配加工,生产出各种不同发热量的燃料,称作配煤加工。这种加工方式可以按需要发热量生产和供应燃料,防止热能浪费、大材小用的情况,也防止发热量过小、不能满足使用要求的情况出现。工业用煤还可起到便于计量控制、稳定生产过程的作用,在经济及技术上都有重要的价值。

④气体液化加工。由于气体的输送、保存都比较困难,天然气及石油气往往只好就地使用。如果两气资源充足而使用不完,往往就地燃烧掉,造成浪费和污染。天然气、石油气的输送可以采用管道,但因投资大、输送距离有限,也受到制约。在产出地将天然气或石油气压缩到临界压力之上,使之由气体变成液体,可以用容器装运,使用时机动性也较强。这是目前采用较多的形式。

(6) 平板玻璃的流通加工。

一般模式是由工厂向套裁中心运输平板玻璃,套裁中心按用户需要裁制,这样可以充分满足顾客的需求,同时使工厂向玻璃套裁加工中心的运输过程简化,节省包装,实现集装化装卸搬运还可防止流通中的大量破损。

平板玻璃的利用率可由不实行套裁时的62%~65%提高到95%以上。

(7) 生鲜食品的流通加工。

①冷冻加工。为解决鲜肉、鲜鱼在流通中保鲜及装卸搬运的问题,采取低温冻结方式的加工。这种方式也用于某些液体商品、药品等的加工。

②分选加工。农副产品规格、质量离散情况较大,为获得一定规格的产品,采取人工或机械分选的方式加工称分选加工,广泛用于果类、瓜类、谷物、棉毛原料等。

③精制加工。农、牧、副、渔等产品精制加工是在产地或销售地设置加工点,去除无用部分,甚至可以进行切分、洗净、分装等加工。这种加工不但大大方便了购买者,而且还可以对加工的淘汰物进行综合利用。比如,鱼类的精制加工所剔除的内脏可以制成某些药物或制饲料,鱼鳞可以制高级黏合剂;蔬菜的加工剩余物可以制饲料、肥料等。

④分装加工。许多生鲜食品零售起点较小,而为保证高效输送出厂,包装则较大,也有一些是采用集装运输方式运达销售地区。这样为了便于销售,在销售地区按所要求的零售起点进行新的包装,即大包装改小、散装改小包装、运输包装改销售包装。这种方式称为分装加工。

(8) 机械产品及零部件的流通加工。

①组装加工。多年以来自行车及机电设备储运困难较大,主要原因是不易进行包装,如进行防护包装,包装成本过大,并且运输装载困难,装载效率低,流通损失严重。但是,这些货物有一个共同点,即装配较简单,装配技术要求不高,主要功能已在生产中形成,装配后不需进行复杂检测及调试。所以,为解决储运问题,降低储运费用,采用半成品(部件)高容量包装出厂,在消费地拆箱组装的方式加工。

②石棉橡胶板的开张成型加工。石棉橡胶板是机械装备、热力装备、化工装备中经常使用的一种密封材料,单张厚度在3mm左右,单张长度有的达4m,不但难以运输,而且在储运过程中极易发生折角等损失,尤其是用户单张购买时更容易发生这种损失。

5) 流通加工合理化

流通加工是在流通领域中对生产的辅助性加工,在某种意义上来讲它不仅是生产过程的延续,而且是生产工艺在流通领域的延续。这个延续可能有正反两方面的作用,一方面可能有效地补充完善的作用,另一方面可能是对整个过程的负效应。流通加工管理即实现流通加工的最优布置,不仅可避免各种不合理,使流通加工有存在的价值,而且可实现最优选择。

(1) 不合理的流通加工形式。

①流通加工地点设置的不合理。流通加工地点设置,即布局状况,是决定整个流通加工是否有效的重要因素。一般来说,为衔接单品种大批量生产与多样化需求的流通加工,加工地点设置在需求地区,才能实现大批量的干线运输与多品种末端配送的物流优势。如果将流通加工地设置在生产地区,一方面,为了满足用户多样化的需求,会出现多品种、小批量的产品由产地向需求地的长距离的运输;另一方面,在生产地增加了一个加工环节,同时也会增加近距离运输、保管、装卸等一系列物流活动。所以,在这种情况下,不如由原生产单位完成这种加工而无需设置专门的流通加工环节。

另外,一般来说,为方便物流的流通,加工环节应该设置在产出地,设置在进入社会物流之前。如果将其设置在物流之后,即设置在消费地,不但不能解决物流问题,而且在流通中增加了中转环节,是不合理的。

即使产地或需求地设置流通加工的选择是正确的,还有流通加工在小地域范围内的正确选址问题。如果处理不善,仍然会出现不合理。比如,交通不便,流通加工与生产企业或用户之间距离较远,加工点周围的社会环境条件不好等。

②流通加工方式选择不当。流通加工方式包括流通加工对象、流通加工工艺、流通加工技术、流通加工程度等。流通加工方式的确定实际上是与生产加工的合理分工。分工不合理,把本来应由生产加工完成的作业错误地交给流通加工来完成,或者把本来应由流通加工完成的作业错误地交给生产过程去完成,都会造成不合理。

流通加工不是对生产加工的代替,而是一种补充和完善。所以,一般来说,如果工艺复杂,技术装备要求较高,或加工可以由生产过程延续或轻易解决的,都不宜再设置流通加工。如果流通加工方式选择不当,就可能会出现生产争利的恶果。

③流通加工作用不大,形成多余环节。有的流通加工过于简单,或者对生产和消费的作用都不大,甚至有时由于流通加工存在盲目性,同样未能解决品种、规格、包装等问题,相反却增加了作业环节。这也是流通加工不合理的重要表现形式。

④流通加工成本过高,效益不好。流通加工的一个重要优势就是它有较大的投入产出比,因而能有效地起到补充、完善的作用。如果流通加工成本过高,则不能实现以较低投入实现更高使用价值的目的,势必会影响它的经济效益。

(2)实现流通加工合理化的途径。

要实现流通加工的合理化,主要应从以下几个方面加以考虑:

①加工和配送结合,就是将流通加工设置在配送点。一方面,按配送的需要进行加工,另一方面,加工又是配送作业流程中分货、拣选、配货的重要一环,加工后的产品直接投入配货作业,这就无需单独设置一个加工的中间环节,而使流通加工与中转流通巧妙地结合在一起。同时,由于配送之前进行必要的加工,可以使配送服务水平大大提高。这是当前对流通加工作合理选择的重要形式,在煤炭、水泥等产品的流通中已经表现出较大的优势。

②加工和配套结合。"配套"是指对使用上有联系的用品集合成套地供应给用户使用。例如,方便食品的配套。当然,配套的主体来自各个生产企业,如方便食品中的方便面,就是由其生产企业配套生产的。但是,有的配套不能由某个生产企业全部完成,如方便食品中的盘菜、汤料等。这样,在物流企业进行适当的流通加工,可以有效地促成配套,大大提高流通作为供需桥梁与纽带的能力。

③加工和合理运输结合。流通加工能有效衔接干线运输和支线运输,促进两种运输形式的合理化。利用流通加工,在支线运输转干线运输或干线运输转支线运输等这些必须停顿的环节,不进行一般的支转干或干转支,而是按干线或支线运输合理的要求进行适当加工,从而大大提高运输及运输转载水平。

④加工和合理商流结合。流通加工也能起到促进销售的作用,从而使商流合理化,这也是流通加工合理化的方向之一。加工和配送相结合,通过流通加工,提高了配送水平,促进了销售,使加工与商流合理结合。此外,通过简单地改变包装加工,形成方便的购买量,通过组装加工解除用户使用前进行组装、调试的难处,都是有效促进商流的很好例证。

⑤加工和节约结合。节约能源、节约设备、节约人力、减少耗费是流通加工合理化重要的考虑因素,也是目前我国设置流通加工并考虑其合理化的较普遍形式。

对于流通加工合理化的最终判断,是看其是否能实现社会的和企业本身的两个效益,且是否取得了最优效益。流通企业更应该树立社会效益第一的观念,以实现产品生产的最终利益为原则。只有在生产流通过程中不断补充、完善,企业才有生存的价值。如果只是追求企业的局部效益,不适当地进行加工,甚至与生产企业争利,就有违于流通加工的初衷,或者其本身已不属于流通加工的范畴。

4. 技能训练准备

(1)要求学生在训练前了解常见的流通加工形式;

(2)教师事先和参观单位联系好参观事宜,并进行现场指导;

(3)训练时间安排:1学时。

5. 技能训练步骤

(1)以班级为单位,在教师的带领下对该企业进行参观学习;

(2)参观完后根据要求书写工作报告。

6. 技能训练注意事项

(1)参观企业时,听从教师的安排,遵守企业的相关规定;

(2)参观时仔细观察,认真听取企业人员的介绍;

(3)书写工作报告时,要认真仔细。

7. 技能训练评价

请完成技能训练后填写技能训练评价表,见附录2。

8. 技能训练活动建议

建议组织学生到不同类型物流的企业进行参观、调研。

二、包　　装

1. 情景设置

让学生每人搜集一个有包装的商品,并对该商品的包装容器、包装技术、包装标记进行说明。

2. 技能训练目标

了解常用的包装容器有哪些,常用的包装技术有哪几种,并且能够识别包装标记。

3. 相关理论知识

1)包装的含义及功能

(1)包装的含义。

包装是在物流过程中保护产品、方便储运、促进销售,按一定技术方法采用容器、材料及辅助物等将物品包封并予以适当的包装和标志的工作总称。简言之,包装是包装物及包装操作的总称。

(2)包装的功能。

①保护商品。商品包装的一个重要功能就是保护包装内的商品不受损伤。在商品运输、储存过程中一个好的包装,能够抵挡侵袭因素。在设计商品的包装时,要做到有的放矢。要仔细分析商品可能会受到哪些方面的侵扰,然后针对这些方面来设计商品的包装。

②方便物流过程。商品包装的一个重要作用就是提供商品自身的信息,如商品的名称、生产厂家和商品规格等,以帮助工作人员区分不同的商品。在传统的物流系统中,商品包装

的这些功能可以通过在包装上印刷商品信息的方式来实现。如今,随着信息技术的发展,更多使用的是条形码技术。条形码技术可以极大地提高物流过程的整体效率。

③促进商品的销售。一般来说,商品的外包装必须要适应商品运输的种种要求,更加注重包装的实用性。而商品的内包装要直接面对消费者,必须要注意其外表的美观大方,使其具有一定的吸引力,能促进商品的销售。商品的包装就是企业的面孔,优秀的、精美的商品包装能够在一定程度上促进商品的销售,提高企业的市场形象。

④方便顾客消费,提高客户服务水平。企业对商品包装的设计工作应该适合顾客的应用,要与顾客使用时的搬运、存储设施相适应。

2)包装容器

(1)包装袋。

包装袋是柔性包装中的重要技术。包装袋材料是挠性材料,有较高的韧性、抗拉强度和耐磨性。一般包装袋结构是筒管状结构,一端预先封死,在包装结束后再封装另一端,包装操作一般采用充填操作。包装袋广泛适用于运输包装、商业包装、内装、外装,因而使用较为广泛。包装袋一般分成下述三种类型:

①集装袋。这是一种大容积的运输包装袋,盛装质量在1t以上。集装袋的顶部一般装有金属吊架或吊环等,便于铲车或起重机的吊装、搬运。卸货时,可打开袋底的卸货孔,即行卸货,非常方便。集装袋适用于装运颗粒状、粉状的货物。

集装袋一般多用聚丙烯、聚乙烯等聚酯纤维纺织而成。由于集装袋装卸货物、搬运都很方便,装卸效率明显提高,近年来发展很快。

②一般运输包装袋。这类包装袋的盛装质量是 $0.5 \sim 100 kg$,大部分是由植物纤维或合成树脂纤维纺织而成的织物袋,或者由几层挠性材料构成的多层材料包装袋,如麻袋、草袋、水泥袋等。这类包装袋主要包装粉状、粒状和个体小的货物。

③小型包装袋(或称普通包装袋)。这类包装袋盛装质量较少,通常由单层材料或双层材料制成。对某些具有特殊要求的包装袋也有用多层不同材料复合而成的。包装范围较广,液状、粉状、块状和异型物等可采用这种包装。

上述几种包装袋中,集装袋适用于运输包装,一般运输包装袋适用于外包装及运输包装,小型包装袋适用于内装、个装及商业包装。

(2)包装盒。

包装盒是介于刚性和柔性包装两者之间的包装技术。包装材料有一定挠性,不易变形,有较高的抗压强度,刚性高于袋装材料。包装结构是规则几何形状的立方体,也可裁制成其他形状,如圆盒状、尖角状,一般容量较小,有开闭装置。包装操作一般采用码入或装填,然后将开闭装置闭合。包装盒整体强度不大,包装量也不大,不适合做运输包装,适合做商业包装、内包装,可包装块状及各种异形物品。

(3)包装箱。

包装箱是刚性包装技术中的重要一类。包装材料为刚性或半刚性材料,有较高强度且不易变形。包装结构和包装盒相同,只是容积、外形都大于包装盒,两者通常以10L为分界。包装操作主要为码放,然后将开闭装置闭合或将一端固定封死。包装箱整体强度较高,抗变形能力强,包装量也较大,适合做运输包装、外包装。包装范围较广,主要用于固体杂货包装。主要包装箱有以下几种:

①瓦楞纸箱。瓦楞纸箱是用瓦楞纸板制成的箱形容器。瓦楞纸箱的外形结构分类有折

叠式瓦楞纸箱、固定式瓦楞纸箱和异形瓦楞纸箱三种。按构成瓦楞纸箱体的材料来分类,有瓦楞纸箱和钙塑瓦楞箱。

②木箱。木箱是流通领域中常用的一种包装容器,其用量仅次于瓦楞纸箱。木箱主要有木板箱、框板箱、框架箱三种。木板箱一般用作小型运输包装容器,能装载多种性质不同的物品。木板箱作为运输包装容器具有很多优点,如有抗拒碰裂、溃散、戳穿的性能,有较大的耐压强度,能承受较大负荷以及制作方便等。但木板箱的箱体较重,体积也较大,其本身没有防水性。框板箱是先由条木与人造板材制成箱框板,再经钉合装配而成。框架箱是由一定截面的条木构成箱体的骨架,根据需要也可在骨架外面加木板覆盖。这类框架箱有两种形式:无木板覆盖的称为敞开式框架箱,有木板覆盖的称为覆盖式框架箱。框架箱由于有坚固的骨架结构,因此具有较好的抗振和抗扭力,有较大的耐压能力,且其装载量大。

③塑料箱。一般用做小型运输包装容器,其优点是自重轻,耐蚀性好,可装载多种商品,整体性强,强度和耐用性能满足反复使用的要求,可制成多种色彩以对装载物分类,手握搬运方便,没有木刺,不易伤手。

④集装箱。由钢材或铝材制成的大容积物流装运设备,从包装角度看,也属一种大型包装箱,可归属于运输包装的类别之中,是一种大型反复使用的周转型包装。

(4)包装瓶。

包装瓶是瓶颈尺寸有较大差别的小型容器,是刚性包装中的一种。包装材料有较高的抗变形能力,刚性、韧性要求一般也较高,个别包装瓶介于刚性与柔性材料之间,瓶的形状在受外力时虽可发生一定程度变形,外力一旦撤除,仍可恢复原来瓶形。包装瓶结构是瓶颈口径远小于瓶身,且在瓶颈顶部开口;包装操作是填灌操作,然后将瓶口用瓶盖封闭。

包装瓶包装量一般不大,适合美化装潢,主要做商业包装、内包装使用,主要包装液体、粉状货物。包装瓶按外形可分为圆瓶、方瓶、高瓶、矮瓶、异形瓶等若干种。瓶口与瓶盖的封盖方式有螺纹式、凸耳式、齿冠式、包封式等。

(5)包装罐(筒)。

包装罐是罐身各处横截面形状大致相同、罐颈短、罐颈内径比罐身内颈稍小或无罐颈的一种包装容器,是刚性包装的一种。包装材料强度较高,罐体抗变形能力强。包装操作是装填操作,然后将罐口封闭,可做运输包装、外包装,也可做商业包装、内包装用。包装罐(筒)主要有三种:小型包装罐是典型的罐体,可用金属材料或非金属材料制造,容量不大,一般是做销售包装、内包装,罐体可采用各种方式装饰美化;中型包装罐的外形也是典型罐体,容量较大,一般做化工原材料、土特产的外包装,起运输包装作用;集装罐是一种大型罐体,外形有圆柱形、圆球形、椭球形等,卧式、立式都有。集装罐往往罐体大而罐颈小,采取灌填式作业,灌进作业和排出作业往往不在同一罐口进行,另设卸货出口。集装罐是典型的运输包装,适合包装液状、粉状及颗粒状货物。

3)包装保护技术

(1)防振保护技术。

防振包装又称缓冲包装,在各种包装方法中占有重要的地位。产品从生产出来到开始使用要经过一系列的运输、保管、堆码和装卸过程,置于一定的环境之中。在任何环境中都会有力作用在产品之上,并使产品发生机械性损坏。为了防止产品遭受损坏,要设法减小外力的影响。所谓防振包装,是指为减缓内装物受到冲击和振动,保护其免受损坏所采取的一定防护措施的包装。防振包装主要有以下三种方法:

①全面防振包装方法。全面防振包装方法是指内装物和外包装之间全部用防振材料填满进行防振的包装方法。

②部分防振包装方法。对于整体性好的产品和有内装容器的产品，仅在产品或内包装的拐角或局部地方使用防振材料进行衬垫即可。所用包装材料主要有泡沫塑料防振垫、充气型塑料薄膜防振垫和橡胶弹簧等。

③悬浮式防振包装方法。对于某些贵重易损的物品，为了有效地保证在流通过程中不被损坏，外包装容器比较坚固，然后用绳、带、弹簧等将被装物悬吊在包装容器内。在物流中，无论是什么操作环节，内装物都被稳定悬吊，而不与包装容器发生碰撞，从而减少损坏。

（2）防破损保护技术。

缓冲包装有较强的防破损能力，因而是防破损包装技术中有效的一类。此外，还可以采取以下几种防破损保护技术：

①捆扎及裹紧技术。捆扎及裹紧技术的作用，是使杂货、散货形成一个牢固整体，以增加整体性，便于处理及防止散堆来减少破损。

②集装技术。利用集装，减少与货体的接触，从而防止破损。

③选择高强保护材料。通过外包装材料的高强度来防止内装物受外力作用破损。

（3）防锈包装技术。

①防锈油防锈蚀包装技术。大气锈蚀是空气中的氧气、水蒸气及其他有害气体等作用于金属表面引起电化学作用的结果。如果使金属表面与引起大气锈蚀的各种因素隔绝（即将金属表面保护起来），就可以达到防止金属大气锈蚀的目的。防锈油包装技术就是根据这一原理将金属涂封防止锈蚀的。

用防锈油封装金属制品，要求油层要有一定厚度，油层的连续性好，涂层完整。不同类型的防锈油要采用不同的方法进行涂复。

②气相防锈包装技术。气相防锈包装技术就是用气相缓蚀剂（挥发性缓蚀剂），在密封包装容器中对金属制品进行防锈处理的技术。气相缓蚀剂是一种能减慢或完全停止金属在侵蚀性介质中的破坏过程的物质。它在常温下即具有挥发性，它在密封包装容器中，在很短的时间内挥发或升华出的缓蚀气体就能充满整个包装容器内的每个角落和缝隙，同时吸附在金属制品的表面上，从而起到抑制大气对金属锈蚀的作用。

（4）防霉腐包装技术。

在运输包装内装运食品和其他有机碳水化合物货物时，货物表面可能生长霉菌。在流通过程中如遇潮湿，霉菌生长繁殖极快，甚至伸延至货物内部，使其腐烂、发霉、变质，因此要采取特别防护措施。

包装防霉烂变质的措施，通常是采用冷冻包装、真空包装或高温灭菌方法。冷冻包装的原理是减慢细菌活动和化学变化的过程，以延长储存期，但不能完全消除食品的变质；高温杀菌法可消灭引起食品腐烂的微生物，可在包装过程中用高温处理防霉。有些经干燥处理的食品包装，应避免水汽浸入，以防霉腐，可选择防水汽和气密性好的包装材料，采取真空和充气包装。

真空包装法，也称减压包装法或排气包装法。这种包装可阻挡外界的水汽进入包装容器内，也可防止在密闭着的防潮包装内部存有潮湿空气，在气温下降时结露。采用真空包装法，要注意避免过高的真空度，以防损伤包装材料。

防止运输包装内货物发霉，还可使用防霉剂。防霉剂的种类甚多，用于食品的必须选用无毒防霉剂。

机电产品的大型封闭箱,可酌情开设通风孔或通风窗等相应的防霉措施。

(5)防虫包装技术。

防虫包装技术,常用的是驱虫剂,即在包装中放入有一定毒性和嗅味的药物,利用药物在包装中挥发气体杀灭和驱除各种害虫。常用的驱虫剂有萘、对位二氯化苯、樟脑精等。也可采用真空包装、充气包装、脱氧包装等技术,使害虫无生存环境,从而防止虫害。

(6)特种包装技术。

①充气包装。充气包装是采用二氧化碳气体或氮气等不活泼气体置换包装容器中空气的一种包装技术方法,因此也称为气体置换包装。这种包装方法是根据好氧性微生物需氧代谢的特性,在密封的包装容器中改变气体的组成成分,降低氧气的浓度,抑制微生物的生理活动、酶的活性和鲜活商品的呼吸强度,从而达到防霉、防腐和保鲜的目的。

②真空包装。真空包装是将物品装入气密性容器后,在容器封口之前抽真空,使密封后的容器内基本没有空气的一种包装方法。一般的肉类商品、谷物加工商品以及某些容易氧化变质的商品都可以采用真空包装,真空包装不但可以避免或减少脂肪氧化,而且抑制了某些霉菌和细菌的生长。同时,在对其进行加热杀菌时,由于容器内部气体已排除,因此加速了热量的传导,提高了高温杀菌效率,也避免了加热杀菌时由于气体的膨胀而使包装容器破裂。

③收缩包装。收缩包装就是用收缩薄膜裹包物品(或内包装件),然后对薄膜进行适当的加热处理,使薄膜收缩而紧贴于物品(或内包装件)的包装技术方法。

收缩薄膜是一种经过特殊拉伸和冷却处理的聚乙烯薄膜。由于薄膜在定向拉伸时产生残余收缩应力,这种应力受到一定热量后便会消除,从而使其横向和纵向均发生急剧收缩,同时使薄膜的厚度增加。收缩率通常为30%~70%,收缩力在冷却阶段达到最大值,并能长期保持。

④拉伸包装。拉伸包装是20世纪70年代开始采用的一种新包装技术,它是由收缩包装发展而来的。拉伸包装是依靠机械装置在常温下将弹性薄膜围绕被包装件拉伸、紧裹,并在其末端进行封合的一种包装方法。由于拉伸包装不需进行加热,所以消耗的能源只有收缩包装的1/20。拉伸包装可以捆包单件物品,也可用于托盘包装之类的集合包装。

⑤脱氧包装。脱氧包装是继真空包装和充气包装之后出现的一种新型除氧包装方法。脱氧包装是在密封的包装容器中,使用能与氧气起化学作用的脱氧剂与之反应,从而除去包装容器中的氧气,以达到保护内装物的目的。脱氧包装方法适用于某些对氧气特别敏感的物品,使用于那些即使有微量氧气也会促使品质变坏的食品包装中。

4)包装标记

商品包装时,在外部印刷、粘贴或书写的标志,其内容包括:商品名称、牌号、规格、等级、计量单位、数量、质量、体积等;收货单位,发货单位,指示装卸、搬运、存放注意事项、图案和特定的代号。

包装的标志是判别商品特征、组织商品流转和维护商品质量的依据,对保障商品储运安全、加速流转、防止差错有着重要作用。

包装的标记是指根据包袋内装物商品的特征和商品收发事项,在外包装上用字和阿拉伯数字标明的规定记号。它包括商品标记、质量体积标记和收发货地点和单位标记。

(1)商品标记。

这是注明包装内的商品特征的文字记号,反映的内容主要是商品名称、规格、型号、计量单位、数量。

(2)质量体积标记。

这是注明整体包装的质量和体积的文字记号,反映的内容主要是毛重、净重、皮重和长、宽、高尺寸。

(3)收发货地点和单位标记。

这是注明商品起运、到达地点和收发货单位的文字记号,反映的内容是收发货的具体地点和收发货单位的全称。例如,国外进口商品在外包装表面刷上标记,标明订货年度、进口单位和要货单位的代号、商品类别代号、合同号码、贸易国代号以及进口港的地名等。

4. 技能训练准备

(1)每位学生事先搜集好所需要的包装商品;

(2)教师现场指导;

(3)训练时间安排:1学时。

5. 技能训练步骤

(1)以每位学生为单位,识别自己所选商品的包装容器、包装技术和包装标记;

(2)识别后形成工作报告。

6. 技能训练注意事项

(1)商品的选择要有特点、有代表性;

(2)工作报告的书写要详细、有条理。

7. 技能训练评价

请完成技能训练后,填写表3-19。

技 能 训 练 评 价　　　　　　　　表3-19

专业	物流管理	班级		学号		姓名	
考评地点	教室							
考评内容	包装容器、包装技术、包装标记的识别						
考评标准		内　　容			分值(分)		评分(分)	
考评标准	学生自评	参与度	商品选择有代表性、态度认真、相关知识掌握程度		20			
考评标准	学生自评	工作报告	独立完成、内容清晰有条理、版面整洁		10			
考评标准	教师评价	角色完成质量	商品选择有代表性、态度认真、知识掌握程度、按时完成任务,正确完成任务,采取合理工作方法		40			
考评标准	教师评价	工作报告	独立完成,如实撰写、撰写详尽,具有专业性,图表合理清晰		30			
考评标准		总评			100			

8. 技能训练活动建议

从学生所选商品中选择几种有代表性的商品进行讲解。

思考练习

1. 简答题

(1) 什么是流通加工？流通加工有哪些形式？

(2) 如何理解流通加工的合理化？

(3) 常用的包装技术有哪些？

(4) 商品包装标记有何作用？常用的包装标记有哪些？

2. 案例分析题

阿迪达斯的流通加工

阿迪达斯公司在美国有一家超级市场，设立了组合式鞋店。店里摆着的不是做好了的鞋，而是做鞋用的半成品，款式花色多样，有6种鞋跟、8种鞋底，均为塑料制造的，鞋面的颜色以黑、白为主，搭带白颜色有80种，款式有百余种，顾客进来可任意挑选自己所喜欢的各个部位，交给职员当场进行组合。只要10分钟，一双崭新的鞋便唾手可得。这家鞋店昼夜营业，职员技术熟练，鞋子的售价与成批制造的价格差不多，有的还稍便宜些。所以，顾客络绎不绝，销售金额比邻近的鞋店多10倍。

问题：

(1) 阿迪达斯为何采用这种销售方式？

(2) 阿迪达斯的流通加工环节有什么特点？

项目九 出库作业

教学要点

(1) 出库作业的含义；

(2) 出库作业的基本要求；

(3) 出库作业的类型；

(4) 商品出库的业务流程；

(5) 出库单证流转和账务处理。

教学方法

可采用讲授、案例教学和分组讨论等方法。

教学内容

1. 情景设置

某仓储企业某日有一批货物需要出库，用全自动堆垛机对该货物进行出库操作，将指定货物从全自动立体仓库中取出。

2. 技能训练目标

能够操作全自动堆垛机进行货物的出库作业。

3. 相关理论知识

1）出库作业概述

商品的出库管理，是指仓库根据业务部门或者客户单位（货主单位）开出的提货单、调拨单等商品出库凭证，按照商品出库凭证所列的商品名称、编号、型号、规格、数量、承运单位等各个具体的项目，组织商品出库的一系列工作的总称。商品出库意味着商品在储存阶段的终止，因此商品出库管理是仓库作业的最后一个环节。商品出库也使得仓库的工作与运输、配送单位，与商品的使用单位直接发生了业务联系。

为了做好商品出库工作，必须事先做好相应的准备，按照一定的作业流程和管理规章组织商品出库。商品出库要求仓库准确、及时、安全、保质保量地发放商品，出库商品的包装也要完整牢固、标志正确、符合运输管理部门和客户单位的要求。做好商品出库管理的各项工作，对完善和改进仓库的经营管理、降低仓库作业成本、实现仓库管理的价值、提高客户服务质量等具有重要的作用。

2）商品出库的基本要求

（1）商品出库必须按章办事，严格遵守商品出库的各项规章制度。

"收有据，发有凭"是商品收发管理的重要原则，仓库发放商品必须凭真实有效的出库凭证组织商品出库，发出的商品必须与调拨单或者提货单上所列的商品名称、编号、型号、规格、数量等项目相符合。

商品出库的规章制度通常还包括以下内容：入库未验收的商品以及在储存过程中已发现有问题的商品不得出库；商品出库的检验计量办法与商品入库的检验计量办法要一致，以免发生人为的库存盈亏；超过提货单注明的提货有效期，且未办妥相关更正手续的，以及实际承运单位与提货单注明的承运单位不相符，且未得到业务部门或者客户单位确认的，都不能够发货；商品发出后要及时记账，并保存好相关凭证、账册等。

（2）出库凭证有涂改，复制，模拟，收货单位与提货人不一致，各种印签不合规定，单据超过提货有效期以及单据重复打印出库等情况时，库管员应保持高度的警惕性，及时联系货主并查询单据的合法性，保护货主和公司的财产不受侵犯。

（3）出库不能当天办完，需要分批处理的，应该办理分批处理的手续。

（4）先备货后复核再发货。

通过备货，业务人员可以预先了解是否缺货，是否有质量问题，是否可以调货，并提前解决问题或打印退货单，及时与客户沟通。库管员提前收到出库单、订单时，可以提前准备，提高出库工作效率，在备完货后可以二次清点总数，检查是否漏配，是否多配，减少出现差错的机会。

（5）复核人员要用不同的人，用不同的方法，双人签字才能出库，单人没有权利将货物提出去。

（6）先进先出。

有批号要求的，严格按批号发货，并在发货记录上登记批号的区间。当产品跨区域串货时，能够根据发货批号查到经销商。没有批号要求的，按先进先出发货，同时要做到保管条件差的先出、包装简易的先出、容易变质的先出、有保管期限的先出、循环回收的先出。

（7）对于接近有效期的产品、失效产品、变质产品、没有使用价值的产品，在没有特殊批准的情况下，坚决不能出库。当然，应销毁或者作为废品处理的例外，不能以次充好。

（8）出现盘盈盘亏时，不能为了不被发现或不被处罚，就在发货入库时暗地里串货调整，给供应商和顾客带来麻烦和损失。

（9）为了处理销售、出口等紧急情况，仓储部当时的最高领导可以在职权范围内特事特办。如已经有出库单，但货不全或型号开错需要调货，这时再开返单重新出库可能顾客就不等了，此时就需要仓储部能灵活处理。在等值情况下，可以先调货发货，后补手续，但库管员未经授权不能自行操作。

（10）当未入库验收，未办理入库手续时，原则上暂缓发货。

（11）如果将出库凭证遗失，客户应及时向仓库和财务挂失，将原凭证作废，延缓发货；如果挂失前货物已经被冒领，保管员不承担责任。

（12）严格贯彻"三不、三核、五检查"的原则。

"三不、三核、五检查"的原则是我国仓储企业多年来摸索出来的行之有效的商品出库的管理经验和基本原则，现阶段我们在实施商品出库管理时仍然需要遵循。"三不"即未接出库凭证不翻账册、未经凭证审核不备货、未经复核商品不出库。"三核"即在发货时，要核实凭证、核对账卡、核对实物。"五检查"即对出库凭证和实物要进行品名检查、规格检查、包装检查、数量检查、质量检查。

（13）注重提高服务水平，力求满足客户需要。

商品出库要做到准确、及时、保质、保量，确保商品安全，防止差错事故的发生。在商品出库时，还要特别注重服务质量的提升。出库作业要提高工作效率，为客户和提货司机提货创造各种便利的条件，主动帮助客户和提货司机解决实际问题。如有些仓储企业在商品出库时，专门为提货司机准备了用来装放出库凭证的单据袋，上面印有仓储企业的通信地址、联系电话和"祝你一路平安"等字样，既可以帮助司机在运输途中避免丢失、损坏凭证，又展示了企业形象，方便了客户和司机与仓库方面的工作联系。

3）商品出库的类型

（1）送货。

送货是仓库根据客户订单需求，组织人力物力将货物备齐，送到客户所需地点的一种出库方式。送货具有预先付货、按车排货、发货等车的特点。这样仓储部门可以预先安排作业，缩短发货时间。

（2）自提。

自提为由货主单位凭有效出库凭证，自备运输工具到仓库提取货物的一种方式。

（3）过户。

过户就是一种就地划拨的形式，货物虽未出库，但是货物的所有权已从原存货户转移到新存货户。仓库必须根据原存货单位开出的正式过户凭证，办理过户手续。

（4）移库。

移库就是货物存放地点的变动。某些货物由于业务上的需要，或由于货物特性的原因要更换储存场所，从一个仓库转移至另一个仓库储存时，必须根据有关部门开具的货物移库单来组织货物出库。

（5）取样。

取样是客户单位根据对商品进行质量检验、样品陈列等实际需要，到仓库领取货样的一种方式。仓库必须根据客户单位的正式取样凭证或者出库手续，才能发给样品，并做好详细的账务记录。这里需要特别提醒一下，有的商品取样会破坏整件库存商品的外包装（如整件包装的洗涤用品每件装有24瓶，客户取样进行质量检验仅提出其中的2瓶等），仓库方面需要做好详尽的记录，并要求客户单位签认。

(6) 托运。

由仓库货物会计根据货主事先发送来的发货凭证(如货主开出提货单,通过在商品流转环节内部传递,将提货单送到仓库),转开商品出库单或备货单,交仓库保管员负责货物的配货、理货和接待工作,保管员与理货员之间办理货物交接手续,然后由仓库保管员或直接由理货员与运输人员办理点验交接手续,以便明确责任,最后由运输人员负责将货物运往车站、码头或指定地点。

托运制是普遍采用的一种商品发运方式,常用于距离远、数量多的商品。采用这种方式,应注意加强同运输单位之间的联系和衔接。

4) 商品出库作业流程

(1) 商品出库基本作业流程,见图3-7。

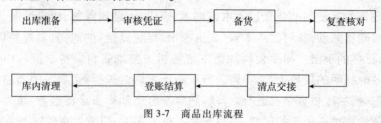

图3-7 商品出库流程

(2) 业务流程处理。

① 出库准备。商品出库前的准备工作,主要包括包装整理、分拆组装、用品准备、设备调配、人员组织、联络客户等方面的内容。

出库准备应按上级业务部门或客户的要求,编制商品出库计划,保证商品按时出库,防止差错事故的发生。具体内容如下:

a. 计划、组织、备货、工具、装卸搬运设备、作业人员、货位、包装、涂写标志等细节性的内容均需考虑在内。

b. 与承运单位联系,使包装适合运输。长途运输要加垫板,防止运输途中堆垛倾覆,冬季注意防寒,必要时用保温车或专用运输车。

c. 包装破损的要加固或更换。

d. 对于拆零发货的物品,要经常准备好零货,及时补充,避免临时拆包,延缓付货,如每箱1 000个的螺钉,一般每次提货为200个,可以平均分装在5个周转箱内,循环补货。实际工作中,如果是供应生产工位,就不必200个螺钉一个不差地数出来,单个螺钉价值低,没有必要浪费人力去检斤和数数。

e. 对于分拣备货的情况,要事先分装拼箱,发货时整箱出库,对易碎易串味易变形的物品,要加衬垫物,用木箱、周转箱等保护,并将装箱单贴在外面或附在里面,便于收货人清点验货,同时准备记号笔、封签、胶带、剪刀、胶带座、木箱、钉箱工具等。

f. 检查出库商品,拆除货垛苫盖物。在进出仓业务中的通告牌上写明隔天出仓商品的名称、规格、数量以及商品的货位号码、发往地等,以利于工班的及时配合。

g. 包装材料、工具、用品的准备。对从事装、拼箱或改装业务的仓库,在发货前应根据性质和运输部门的要求,准备各种包装材料及相应的衬垫物,并准备好钉箱、打包等工具。

h. 发货作业的合理组织。发货作业是一项涉及人员较多、处理时间较紧、工作量较大的工作,进行合理的人员组织是完成发货的必要保证。

② 审核凭证。出库凭证通常包括凭证编号、收货单位或提货单位名称(有些还会注明提

货车辆的车号等),发货方式(自提、送货、代运等),商品的名称、型号、规格、数量、质量、单价、总值等,以及业务部门或者客户单位的签章等主要内容。

首先,仓库方面要审核出库凭证的合法性和真实性,认真检查凭证的格式是否符合规定,签章是否齐全、是否相符、有无涂改,仓储客户也往往留有印鉴式样在仓库,以便于仓库方面核对。

其次,在出库凭证审核无误之后,要按照出库凭证上所列的商品的名称、型号、规格、数量、质量、单价、总值等与仓库货账和货卡进行全面核对,同时审核收货单位或者提货单位等内容。

再次,如果客户另有约定或出库凭证签有提货有效期的,仓库方面要严格审核出库凭证的有效期。

③备货。出库物品应附有质量证明书或副本、磅码单、装箱单等,机电设备、电子产品其说明书及合格证应随货同到,备料时应本着"先进先出、推陈储新"的原则,易霉易坏的先出,接近失效期的先出,已坏的不出。根据领料数量下堆备料或整堆备料。备货过程中,凡计重货物,一般以入库验收时标明的质量为准,不再进行重新计重。对被拆散、零星的商品的备货应重新过磅,需分割或拆捆的应根据情况进行。备料后要及时变动料卡余额数量,填写实际数量和日期等。备好的货物应放在相应的区域,等待出库。总的来说,应重点完成以下内容:

a. 准备附件:技术标准证件,使用说明书,质量检验书等。

b. 备货地点。原则上在备货发货区域内备货、清点、复核;批量大、品种少的发货时,在备货区准备单品种的零头;整托盘、整箱的物料,则应在原货位上等待出库,减少搬运次数;供应生产线时,可以在开工前在线上备货交接。

c. 备货时间。快速消费品如饮料、食品,需要前一天晚上备好货,第二天早上 5:00 至 7:00 间送到超市、经销点;白天准备长途运输的,备货出库 24 小时循环不停;其他行业一般是当天备货当天发货,或前一天备货第二天发货。管理不善的可能备货后一个月才发货。

d. 备货人员。根据行业不同,业务能力不同,有库管员、分拣员、叉车司机等人员辅助工人负责备货。

e. 备完货后可以二次清点总数,检查是否漏配,是否多配,以减少出现差错的机会。

④复核查对。为了保证出库物品不出差错,备货后应进行复核。商品出库复核查对,是指商品出库过程各个工序中根据出库凭证进行的反复核对工作,主要是保证出库商品的数量准确、质量完好、包装完善,避免差错事故。

复核查对的主要内容是:

a. 商品的名称、规格、型号、数量等项目是否与出库凭证所列的内容一致;

b. 外观质量是否完好,包装是否完好、正确,是否便于装卸搬运作业;

c. 出库商品的配件(如机械设备等)是否齐全;

d. 出库商品所附证件、单据是否齐全等。

若经过复核查对,所备商品与出库凭证不符,应立即查明原因、予以调换,并及时更正或者除掉所备商品外包装上的有关标记,及时调整货卡和账册。

只有加强出库的复核工作,才能防止错发、漏发和重发等事故的发生,确保出库货物数量准确、质量完好。不论复核实物或单证,复核人员均应在单证上签章以明责任。

具体来说,复核查对的内容包括三核对、三齐全、三不走、三清点。

三核对:核对单据、核对品名规格、核对数量;

三齐全:配套齐全、证件齐全、随商品资料齐全;
三不走:包装不好不走、数量质量不符不走、装载不合安全规则不走;
三清点:仓库保管员清点、库房负责人清点、押运员或收发人员清点。

复核查对的方式主要有三种:专职复核、交叉复核和环环复核。不同企业可根据自己的管理模式选择相应的复核方式。

专业复核:对于专业化程度较高的仓库,由于商品品种比较单一,同一商品发货批量大,而人员编制较少,所以可以由保管人员自己发货、个人复核;但对于综合性仓库,品种比较繁多、数量零星,如果由保管员个人复核,则往往会因业务繁忙,精神不易集中而发生错误,这时采用其他复核方式。

交叉复核:这是指两个人员相互分工协作,即一个人据单配货,一个人再行复核。这种复核方式比自己发货、自己复核的方式准确性高,它适用于出库业务繁多、品种零星的商品出库复核。

环环复核:这是指商品在出库作业的各个环节都要根据单据和商品进行反复的核对。这种复核方式对于那些有加工、整理、拼装、换装、改装、分装作业的仓库尤为必要,它可以提高复核的质量,减少误差,避免损失事故。

不论采取哪种复核方式,都需要具有思想集中、高度负责的精神,真正把好出库复核关。

⑤清点交接。如果是收货人自提或者客户自提的方式,仓库要将出库商品与提货人当面清点,办理交接手续;如果是客户委托仓库方面送货或者代运,仓库要将出库商品与承运人当面清点,办理交接手续;如果该承运人是仓库内部的,也要办理内部交接手续,即由保管人员向运输、配送人员清点交接。

商品出库管理清点交接的工作要点主要有:

a. 仓库方面与提货人、承运人等要当面点交;

b. 仓库方面对重要商品、特殊商品的技术要求、使用方法、运输注意事项等,要主动向提货人、承运人交代清楚;

c. 清点交接完毕后,提货人、承运人必须在相关出库单证上签认,同时仓库保管员应做好出库记录。

⑥登账结算。在各类正规的仓库,商品出库都需要填写出库单。出库的商品清点交接后,仓库工作人员在出库单上认真填写实发数、发货日期等相关项目并签名。仓库门卫通常凭出库单的出门联或者专门的出门单放行出库的商品。

仓库依据业务部门或客户单位的出库凭证和保管人员开具的出库单,按照商品账目日清日结的原则,进行商品账目的登录和记载。在实际工作中,库存的商品往往在出库之后,仓库方面才能够与客户单位结算仓租费、装卸搬运费、手续费等相关费用,所以仓库的商品账目要及时登录和记载,以便于仓库结算人员或财务人员及时进行结算。

我们在这里讲的流程是"先付货后登账",适用于发货频繁、出库单较多、与客户单位签有长期合同的仓库,有利于提高仓库的服务水平和工作效率。这种先付货后登账的方式,要求能够全面控制、及时回笼仓库出库单。需要说明的是,在仓库的发货作业中,也有"先登账后发货"的商品出库流程。采用这种方式,复核查对和登账的环节连续完成,可以在发货前更好地把关。

⑦库存清理。发货后的库内清理,包括现场清理和档案清理。商品出库后,有的货垛被拆开,有的货位被打乱,有的库内还留有垃圾和杂物等,这就需要对现场进行清理。现场清

理的主要内容有：对库存的商品进行并垛、挪位、腾整货位，清扫发货场地，保持清洁卫生，检查相关设施设备和工具是否损坏、有无丢失等。商品出库后，还要整理该批商品的出入库情况和保管保养情况，清理并按规定传递出库凭证、出库单等，相关原始依据要存入商品保管档案，档案要妥善保管，以备查用。

以上所述是传统的商品出库管理的作业流程。目前许多仓库在仓储管理中已经普遍运用了先进的信息技术，如在出库管理中使用 RF 扫描仪等。而有些现代物流仓库已经通过计算机来实施仓储管理了。

5）出库单证流转和账务处理

商品出库单证主要包括：业务部门或客户单位提货的凭证即出库凭证，以及仓库发货的单据即出库单。出库凭证有两种形式：一种是企业内部业务部门向仓库开出的物资调拨单，一般是企业内部商品调拨的凭证以及企业内部原材料、备品备件和工具领料的凭证；另一种是其他企业向仓储企业开出的提货单，一般是商品销售类企业、销售部门及其代理（如第三方物流企业等）等货主单位向仓库发出的出货凭证。

前文提到商品出库的基本方式有送货、自提、过户、移库、取样、托运六种类型。不论是哪种类型，仓库都要按照规定，将相应的凭证传递到相应的部门，并进行商品出库的账务处理。在不少企业，单证传递也被称为单证流转。

在不同的企业，用不同的出库方式，商品出库单证的传递过程和账务处理的程序会有所不同。我们在这里用流程图的形式重点介绍在自提方式下，客户单位开具的提货单的传递和账务处理过程。

在自提方式下，提货人持客户单位开具的提货单来仓库的业务受理部门办理手续，仓库方面的业务受理员对提货单审核无误后，盖销提货单，另开具出库单（或称作业通知单、出门通知单等），由提货人再凭此出库单及盖销后的提货单去仓库提取库存商品。提货单的传递及其账务处理程序见图 3-2。

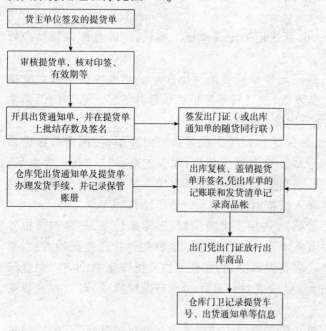

有些小规模的仓库，没有专门设立业务受理员，即由仓库保管员直接对提货单进行审核，并开具出库单；或者没有专门设立记账员，由业务受理员或者仓库主管依据回笼的出库单及盖销后提货单的进行记账。提货单的传递及其账务处理程序见图 3-8。

4. 技能训练准备

（1）全自动堆垛机一台、立体货架两组；

（2）第三方物流软件、全自动堆垛机控制程序；

（3）出库物品若干；

（4）训练时间安排：1 学时。

图 3-8 提货单的传递及其账务处理程序

5. 技能训练步骤

（1）五人一组，抽取需要出库的

货位；

（2）操作第三方物流软件和全自动堆垛机控制程序,将存放在指定货位的货物用全自动堆垛机取出；

（3）形成工作报告并上交。

6. 技能训练注意事项

（1）严格遵守实训纪律,服从指导教师的指导,严格按照要求完成实训内容；

（2）实验操作说明中有详细的软件操作说明,操作前请仔细阅读实验操作说明,在对仪器设备具有一定了解的情况下才可以进行实验；

（3）遇到问题请仔细阅读操作说明,如不能解决请咨询实验室负责老师；

（4）实验时禁止使用仪器和设备进行打闹、嬉戏；

（5）实验前后要保持实验室整洁,离开实验室要关闭门窗和所有设备电源；

（6）实训内容必须独立完成,严禁复制他人操作内容。

7. 技能训练评价

请完成技能训练后,填写表3-20。

技能训练评价　　　　　　　　　　表3-20

专业	物流管理	班级		组号	
考评地点	实验室				
考评内容	拣选作业的操作				
考评标准	内容			分值（分）	评分（分）
	相关软件操作熟练、正确			35	
	出库的货位正确			35	
	工作报告书写认真、详细、清晰			15	
	遵守实验室的规定、训练场地打扫干净整洁			15	
	总评			100	

8. 技能训练活动建议

建议多带领学生参观当地的物流企业,了解物流企业出库作业的流程,并现场参观物流企业的出库作业操作。

思考练习

1. 简答题

（1）仓库常用的出库方式有哪些？

（2）简述商品出库的基本作业流程。

（3）简述在出库作业中备货包括哪些工作。

（4）请对出库作业中复核查对的"三核对、三齐全、三不走、三清点"进行解释。

2. 案例分析题

大连恒新零部件制造公司,隶属于大连市政府,是大连市50家纳税大户之一。作为大连市重点企业,恒新公司原材料需求很大,每年采购数额约4亿元。所以,如何对仓库进行管理和控制对企业的发展至关重要。恒新公司在总结多年的实践经验基础上,制订了下述出库管理制度,取得了较好的效果。

（1）配件出库前的准备：仓库要深入实际，掌握用料规律，并根据出库任务量安排好所需的设备、人员和场地等。

（2）核对出库凭证：仓库人员发出的配件，主要是车间所领用，有少部分对外销售、委托加工或为基建工程所领用。为了确定出库配件的用途、计算新产品成本、防止配件被盗，出库时必须有一定的凭证手续，严禁无单发货。配件出库凭证主要有领料单、外加工发料单等。保管员接到发料通知单，必须仔细核对，无误后方能备料发料。

（3）备料：按照出库凭证所列进行备料，同时变动料卡的余存数量，填写事发数量和日期等。

（4）复核：为防止差错，备料后必须进行复核。复核的主要内容有：出库凭证与配件的名称、规格、数量、质量是否相符。

（5）发料和清理：复核无误后，即可以发料。发料完毕后，当日登记销账，清理单据、证件，并清理现场。

问题：
（1）出库管理对物流企业的重要性有哪些？
（2）在上述案例中，大连恒新零部件制造公司的出库作业流程是怎样的？

项目十　送货与退换货处理

教学要点

（1）送货作业的含义；
（2）送货作业的特点；
（3）送货作业的流程；
（4）退换货的含义及产生原因；
（5）退换货的作业程序；
（6）退换货的处理方法。

教学方法

可采用讲授、案例教学和分组讨论等方法。

教学内容

1. 情景设置

组织学生参观当地有代表性的物流企业，了解该企业的送货作业流程和退换货作业流程，并提出改进意见。

2. 技能训练目标

能够利用送货作业和退换货作业的相关知识进行送货作业和退换货作业的流程设计。

3. 相关理论知识

1）送货作业的含义

送货作业是利用配送车辆把用户订购的物品从制造厂、生产基地、批发商、经销商或仓储中心,送到用户手中的过程。送货通常是一种短距离、小批量、高频率的运输形式。它以服务为目标,以尽可能满足客户需求为宗旨。从日本配送运输的实践来看,配送的有效距离最好在 50km 半径以内。我国国内配送中心、物流中心,其配送经济里程大约在 30km 以内。送货是运输中的末端运输、支线运输,因此,如何集中调度车辆、组织最佳路线、确定送货顺序、完成车辆配载是配送活动中送货组织需要加以解决的主要问题。

送货作业是配送中心的核心活动之一,也是备货和理货工序的延伸。通常是配送中心都使用自备的车辆开展送货活动,有时也借助社会专业运输组织的力量,联合进行送货作业。此外,为适应不同用户的需求,配送中心在进行送货作业时,可以采用定时间、定路线为固定用户送货,也可以不受时间、路线的限制,机动灵活地进行送货作业。

2)送货作业的特点

送货作业是配送中心直接面对客户的服务,它具有以下几个特点。

(1)时效性。

时效性是客户最为关注的因素,也就是要确保能在指定时间内交货。送货是从客户订货到交货整个环节中最重要的一个环节,也是最容易引起时间延误的环节。

(2)沟通性。

送货作业是配送的末端服务,它通过送货上门服务直接与客户接触,是与顾客沟通最有效的途径。

(3)便利性。

配送以服务为目标,以最大限度地满足客户要求为宗旨。因此,应尽可能地采用高弹性的送货系统,为顾客提供更方便、更快捷的服务。

(4)可靠性。

所谓可靠性就是将货物完好无损地送到目的地。影响可靠性的因素有货物的装卸和搬运、运送过程中的机械振动和碰撞、客户地点及作业环境、送货人员的素质。

(5)经济性。

对合作双方来说,应以最低的费用在恰当的时间内完成送货。所以,配送中心不仅要满足客户的要求,提供高质量、及时、方便的配送服务,还必须提高配送效率,加强对成本的管理与控制。

3)送货作业的流程

送货作业的基本流程可分为划分基本配送区域、做好车辆配载、拟定送货计划、进行车辆安排、选择送货路线、确定送货顺序、完成车辆配载、下达货物发运、进行送货运输和完成送达服务等环节。

(1)划分基本配送区域。

为使整个送货作业系统化、条理化,首先要对客户所在地的具体位置进行较为系统的统计,并在区域上进行整体划分,再将每一客户划分在不同的基本送货区域中,以作为配送决策的基本参考。例如,按行政区域或按交通条件划分不同的配送区域,在区域划分的基础上再进行弹性调整来安排送货顺序,根据客户订单的送货时间确定送货的先后次序。

(2)车辆配载。

由于配送货物品种、特性各异,为提高送货效率,确保货物质量,首先必须对特性差异大的货物进行分类。在接到订单后,将货物按特性进行分类,分别采取不同的送货方式和运输工具。如按冷冻食品、速食品、散装货物、箱装货物等货物类别进行分类配置。其次,配送物也有轻重缓急之分，必须初步确定哪些货物可配于同一辆车，哪些货物不能配于同一辆车，以做好车辆的初步配装工作。

（3）拟定送货计划。

在考虑其他因素做出确定的送货方案前，应先根据客户订单的送货时间将送货的先后次序大致进行预订，为后面的车辆运载做好准备工作，计划工作的目的是为了保证达到既定的目标。所以，预先确定基本送货顺序可以有效地保证送货时间，提高运作效率。

（4）车辆安排。

车辆安排要解决的问题是安排什么车型、吨位的配送车辆进行最后的送货。一般企业拥有的车型有限，车辆数量也有限。当本公司车辆无法满足需求时，可使用外雇车辆。在保证送货运输质量的前提下，是组建自营车队，还是以外雇车为主，则须视经营成本而定。

（5）选择送货路线。

在知道了每辆车负责配送的具体客户后，如何以最快的速度完成对货物的配送，即如何选择配送距离短、配送时间短、配送成本低的路线，就必须对客户的具体位置、沿途的交通情况等作出优先选择和判断。除此之外，还必须考虑有些客户或其所在地点对送货时间、车型等方面的特殊要求，如有些客户不在中午或晚上收货，有些道路在某些高峰期实行特别的交通管制等。

（6）确定最终送货顺序。

做好车辆安排及选择好最佳配送路线后，依据各车负责配送的先后顺序，即可将客户的最终送货顺序加以确定。

（7）完成车辆配载。

客户的送货顺序确定后，接着就是如何将货物装车，按什么次序装车的问题，即车辆的积载问题。装车前应对车厢进行检查和清扫，必要时对车厢进行清洗和消毒，力求达到规定的要求。装车过程中应防止货物的混杂、散落、漏损、砸撞，特别是有毒货物不得与可食用的货物混装，性质相抵触的货物不能混装。装车的货物数量应该准确，捆扎牢靠。总之，装车应做到省力、节能、减少损失、快速、降低成本。

（8）货物发运。

完成车辆配载后，配送中心调度人员向车辆司机下达指令，货物正式开运。

（9）送货运输。

根据运送计划所确定的最优路线，在规定的时间内及时、准确地将货物运送到客户手中，在运送过程中要注意加强运输车辆的考核与管理。

（10）送达服务。

当货物送达要货地点后，送货人员应协助收货单位将货物卸下车，放到指定位置，并与收货单位的收货人员一起清点货物，做好送货完成确认工作（送货签收回单），然后通知财务部门及时进行费用结算。

4）退换货的含义及产生原因

（1）退换货的定义。

退换货是指仓库按订单或合同将货物发出后，由于某种原因，客户将商品退回仓库或按规定要求调换。

（2）退换货的产生原因。

退换货的原因可能是多方面的，但一般来说，造成退换货的原因主要有以下几种情况：

①协议退货。客户与仓库订有特别协议的季节性商品、试销商品、代销商品等,协议期满后的剩余商品将由仓库予以退回;或者作为仓储增值服务的一部分,仓储经营人与供应商之间签订退换货协议,仓库可承担由于供应商供货原因产生的退换货。

②搬运或运输途中损坏退货。货物在搬运过程中造成产品包装破损或污染,或者由于在送货过程中,由于运输不当造成货物包装破损或货物本身损坏,仓库将给予退回。

③过期退回。一般的食品或药品都有有效期限,如速冻食品类、加工肉类以及小食品等,商家与供应商订有协议,超过有效期,就给予退货或换货。在消费意识高涨的今天,过期的货品绝对要从货架上卸下,不可再卖,更不可更改到期日。特别是依据环保法规定,过期货物必须找合格的丢弃物处理商处理。由回收到销毁,均需投入许多成本,所以要事前准确分析货物的需求,或多次少量配送,以减少过期货物的产生。而认真分析过期物产生的原因,提前提醒进货商或零售商,或要求客户分担部分处理费用,是根本的解决之道。

④次品回收。生产商在设计、制造过程中存在的问题在商品销售后,才由消费者发现或厂商自行发现的,必须立即全部回收。

⑤货物送错退回。由于仓储中心本身处理不当所产生的问题,如拣选不确切或条码、品项、规格、质量、数量等于订单不符的,必须换货或退回,以减少客户的抱怨。但更重要的是,要核查资讯传达过程中所出现的问题,如订单接收时就产生错误或在拣选过程中发生错误,或者出货单贴错甚至上错车等。找出原因后,配送中心应立即采取有效的措施,如在常出错的地方增加控制点,以提高正确率。

5) 退换货作业的程序

退换货作业包括接受退换货、退换货入库、财务处理及费用结算和跟踪处理等步骤。

(1) 接受退换货。

仓库接受客户退换货要有严格的作业规范和标准,一般由专门业务部门来处理退换货业务。仓库退换货业务部门接到客户的退换货信息,或客户来办理退换货业务时,首先要严格按照退换货规范和标准核实能否按规定进行退换货处理。当确认可以进行退换货处理后,要及时将退换货信息传递给相关部门,由质量部门确认退换货的原因并做好记录,仓库作业人员做好接收退换货物的准备,属于换货的要做好货物二次出库准备,运输部门安排取回退换货物的时间和路线,财务部门做好费用结算准备。批量较大的退换货要经过必要的审批程序。

(2) 退换货入库。

仓库作业部门在经过必要的审核后接收退换货物,由于质量原因产生的退换货物要存放在不合格品区,以免和正常货物混淆造成二次退换货作业。退换货物要经过严格的重新入库登记,及时更新仓库管理信息系统数据,核销由于退换货产生的费用,并将退换货信息通知供应商。

(3) 财务处理及费用结算。

退换货业务的复杂性不仅仅表现在对于货物退换的核实、重新入库和出库以及与供应商的沟通方面,还在于由于退换货给整个供应系统造成的影响。财务处理及费用的核算是退换货作业中一个必要的作业处理过程。对于客户已经支付了商品费用的退货,财务部门要将相应的费用退还给客户,同时由于销货和退货时间的不同,同一类货物的价格可能出现差异,同质不同价或同款不同价的问题会时有发生,仓库财务部门在退货发生时要进行退回商品货款的重新核价,将退货商品的数量、销货时的商品单价以及退货时的商品单价信息输入企业的信息系统,并依据销货退回单办理扣款业务。

(4)跟踪处理。

退换货发生后,要跟踪处理客户提出的意见,统计退换货发生的各种费用,通知供应商退换货的原因,并将所退所换商品返回供应商或按规定进行销毁。由于仓库原因所发生的退换货,比如订单处理错误、错发、漏发货、搬运作业、送货过程中发生的退换货等,仓库要认真统计,及时分析总结,将相关信息反馈给有关业务部门和管理部门,以便制订改进措施。

6)退换货的处理方法

(1)无条件重新发货。

因为发货人按订单发货发生错误,则应由发货人重新调整发货方案,将错发货物退回,重新按正确订单发货,中间发生的所有费用应由发货人承担。

(2)运输单位赔偿。

如果是因为运输途中产品受到损坏而发生的退货,应根据具体情况,由发货人确定所需的修理及赔偿费用数额,有运输单位负责赔偿。

(3)收取费用,重新发货。

对于因为客户订货有误而发生的退货,所有退货费用由客户承担,退货后,再根据客户新的订货单重新发货。

(4)对于产品有缺陷,客户要求退货的,配送中心接到退货指示后,应安排车辆收回退货商品,并将商品集中到仓库退货处理区进行处理。

4. 技能训练准备

(1)学生每5人为一个小组,每个小组选一名组长;

(2)教师现场指导;

(3)训练时间安排:1学时。

5. 技能训练步骤

(1)在教师的组织下参观物流企业,了解该企业的送货作业流程和退换货作业流程;

(2)以小组为单位对该企业的送货作业流程进行分析讨论,并提出改进意见;

(3)以小组为单位对该企业的退换货流程进行分析讨论,并提出改进意见;

(4)形成工作报告。

6. 技能训练注意事项

(1)服从教师的安排,遵守企业的相关规定;

(2)认真听取企业人员的介绍。

7. 技能训练评价

请完成技能训练后填写技能训练评价表,见附录2。

8. 技能训练活动建议

建议组织学生到不同类型物流的企业进行参观、调研。

思考练习

简答题

(1)简述送货作业的基本流程。

(2)退换货的原因是多方面的,但一般来说造成退换货的原因有哪些?

(3)简述退换货作业的程序。

任务四　仓储商务管理

内容简介

本部分内容主要包括仓储商务管理的概念、特点、目的和内容；仓储的合同业务和当事人的责任划分；仓单的签发、功能及仓单业务。

教学目标

1. 知识目标
（1）掌握仓储商务管理的概念、特点、目的和内容；
（2）了解仓储的合同业务和当事人的责任划分；
（3）仓单的签发、功能及仓单业务。
2. 技能目标
（1）知道仓储合同的内涵，与保管合同的区别；
（2）能够独立签订一份仓储合同；
（3）知道签订仓储合同应该注意的问题；
（4）会处理仓储合同的失效、变更、解除等特定问题；
（5）会适当处理仓储合同的违约。

案例导入

2004年6月3日，某市盛达粮油进出口有限责任公司（下称盛达公司）与该市东方储运公司签订一份仓储保管合同。合同主要约定：由东方储运公司为盛达公司储存保管小麦60万公斤，保管期限自2004年7月10日至11月10日，储存费用为50000元，任何一方违约，均按储存费用的20%支付违约金。合同签订后，东方储运公司即开始清理其仓库，并拒绝其他有关单位在这3个仓库存货的要求。同年7月8日，盛达公司书面通知东方储运公司：因收购的小麦尚不足10万公斤，故不需存放贵公司仓库，双方于6月3日所签订的仓储合同终止履行，请谅解。东方储运公司接到盛达公司书面通知后，遂电告盛达公司：同意仓储合同终止履行，但贵公司应当按合同约定支付违约金10000元，双方因此而形成纠纷，东方储运公司于2000年11月21日向人民法院提起诉讼，请求判令盛达公司支付违约金10000元。

讨论：
（1）什么是仓储合同？合同生效的标志是什么？
（2）仓储合同与保管合同的区别在哪里？
（3）盛达公司应该支付违约金吗？请说出您的理由。

引导思路

（1）了解仓储合同业务的主要内容；

（2）了解仓储合同当事人的责任划分；仓储合同和保管合同的区别。

项目一　仓储商务管理概述

教学要点

（1）利用网络，收集仓储企业合同；了解合同的主要条款，当事人的权利义务；阅读中华人民共和国合同；

（2）由小组讨论，探讨仓储合同和保管合同的区别；

（3）拟订一份仓储合同。

教学方法

可采用讲授、情境教学、案例教学和分组讨论等方法。

教学内容

仓储商务管理的概念、特点、目的和内容；仓储的合同业务和当事人的责任划分；仓单的签发、功能及仓单业务。

1. 情景设置

亿家冷冻仓储服务有限公司，拥有冷库面积 $2000m^2$，可以存放各种冷冻食品。现在有广东美滋味食品有限责任公司要将 10t 冷冻牛肉存放亿家公司冷库。存放时间为 2012 年 3 月 10 日至 2012 年 3 月 25 日。请你代表亿家公司与对方签订一份仓储合同。

2. 技能训练目标

（1）具备制订仓储合同的操作技能；

（2）具备处理仓储合同纠纷的操作技能。

3. 相关理论知识

1）仓储商务管理的概念

仓储商务管理是指仓储商务人利用所具有的仓储保管能力向社会提供仓储保管产品和获得经济收益所进行的交换行为。它是仓储商务人对仓储商务所进行的计划、组织、指挥和控制的过程，是独立商务的仓储企业对外商务行为的内部管理。

2）仓储商务管理的特点

（1）经济性。

虽然企业管理的最终目标是要追求企业利润最大化，各方面的管理也是围绕这一总目标展开，但与企业商务管理、人力资源管理等相比，商务管理更加直接涉及企业的商务目标和商务收益，更为重视管理的经济性和效益性。

（2）外向性。

仓储商务活动是企业对外的一种经济交换活动，仓储商务管理是围绕着仓储企业与外部发生的经济活动的管理。

（3）整体性。

仓储商务活动直接涉及企业整体的商务和效益,因此在仓储企业,高层管理者会将仓储商务管理作为自己的核心工作。仓储商务管理的好与坏,直接影响到其他各部门的工作。因此,仓储商务管理具有全局性和整体性的特点。

3）仓储商务管理的目的

仓储商务管理的目的是为了仓储企业充分利用仓储资源,最大限度地获得经济收入和提高经济效益。

4）仓储商务管理的内容

（1）仓储商务组织管理。

仓储商务组织管理包括仓储商务管理机构的设定、商务管理人员的选用和配备、商务管理制度、工作制度的制订与实施等。

（2）仓储企业市场营销。

仓储企业要广泛开展市场调查和研究,对市场环境因素以及仓储服务的消费者行为进行分析,细分市场以发现和选择市场机会;向社会提供能满足客户需求的仓储服务、制订合适的价格策略;加强市场监督和管理,广泛开展市场宣传,巩固和壮大企业的客户队伍。

（3）仓储资源管理。

仓储企业需要充分利用仓储资源,为企业创造和实现更多的商业机会。因此,要合理利用仓储资源,做到物尽其用。

高效的商务管理离不开规范、合理的管理制度。仓储企业应该在资源配置、市场管理、合同管理等方面建立和健全规范的管理制度,做到权力、职责明确。

（4）合同管理。

5）仓储合同业务

（1）保管仓储经营。

保管仓储经营是指保管人储存存货人交付的仓储物,存货人支付仓储费的一种仓储商务方法。其商务特点包括:第一,原物返还,所有权不转移;第二,保管对象是特定物;第三,收入主要来自仓储费;第四,仓储过程由保管人操作。

（2）混藏仓储经营。

混藏仓储经营是指存货人将一定品质、数量的货物交付保管人储藏,而在储存保管期限满时,保管人只需以相同种类、相同品质、相同数量的替代物返还的一种仓储商务方法。其商务特点是:第一,替代物返还,所有权不转移;第二,保管对象是种类物;第三,收入主要来自仓储费;第四,仓储过程有保管人操作。

（3）消费仓储经营。

消费仓储经营是指存货人不仅将一定数量品质的种类物交付仓储管理人储存保管,而且与保管人相互约定,将储存物的所有权也转移了保管人处。在合同期届满时,保管人以相同种类、相同品质、相同数量替代品返还的一种仓储方法。其商务特点:第一,替代物返还。所有权随交付而转移;第二,保管对象是种类物;第三,收入主要来自于仓储物消费的收入;第四,仓储过程有仓库保管人操作。

（4）仓库租赁经营。

仓库租赁经营是指通过出租仓库、场地、仓库设备,由存货人自行保管货物的仓库商务方式。其特点是:第一,存货人自行保管货物;第二,收入主要来自于租金;第三,设备维修。

(5)仓储多种经营。

仓储多种经营的概念是指仓储企业为了实现经营目标,采用多种经营方式的经营方式。如在开展仓储业务的同时,还开展运输中介、商品交易、配载与配送、仓储增值服务等。

6)仓储合同的法律特征

仓储合同就其性质而言,仍然是保管合同的一种,是一种特殊的保管合同。仓储合同的目的依然在于对仓储物的保管,仓储不过是一种物的堆积保管而已。保管合同和仓储合同的区别见表4-1。

保管合同和仓储合同的区别　　　　　　表4-1

项　目	保管合同	仓储合同
合同主体	没有要求必须是有仓储设备并专门从事保管业务的人	有仓储设备并专门从事保管业务的人。存货人保管货物的一方必须是仓库营业人
标的物	没有要求必须是动产	动产
合同性质	实践合同,一般为有偿合同,也存在是无偿合同的情况	双务、有偿、不要式合同、诺成合同
给付	保管合同是给付保管凭证	仓储合同是给付仓单
留置权	有	有
免责	保管合同和仓储合同都有善良管理人的注意义务,但无偿保管有轻过失免责的规定	仓储合同都是有偿合同,轻过失不免责

7)仓储合同的主要条款

仓储合同的主要条款,是存货人与保管人双方协商一致而订立的,规定双方所享有的主要权利和需承担的主要义务的条款。它是合同的内容。仓储合同的主要条款是检验合同的合法性、有效性的重要依据。依《中华人民共和国合同法》(简称《合同法》)和我国仓储营业的实践,仓储合同的主要条款应包括:双方当事人名称;合同编号;合同签订地点;合同签订时间;仓储物的品名、种类、规格;仓储物的数量;仓储物的质量和包装;货物验收的内容、标准、方法、时间、资料;货物保管条件和要求;货物入库和出库的手续、时间;货物的损耗标准和损耗处理;计费项目、标准和结算方式;违约责任;保管期限;变更和解除合同的期限;争议的解决方式;货物商检、验收、包装、保险、运输等其他违约事项;双方当事人签字盖章。

8)仓储合同主要内容和拟定注意事项

(1)仓储物的品名或品类。

仓储物的品名或品类指所存仓储物的名称,即全称、标准名称或类别的标准名称。在订立仓储合同时,必须明确规定仓储物的全名或品类,必须清晰、明确,如果有代号的,应标明代号的全名,不符合法律规定的物品不能保管。

(2)仓储物的数量、质量、包装。

仓储物的数量指所存仓储物的多少,在确定合同数量时,有国家计划的应首先依据国家计划来确定。没有国家计划的应由双方协商确定,但存货人和保管人均要实事求是地确定,尤其是保管人要考虑自己的仓储能力。在合同中应明确规定仓储物的总量、计量单位等,数字要清晰无误。仓储物的质量指所存仓储物的优劣、好坏。在确定仓储物质量时,要采取标准化,如果是国际仓储业务则应尽量使用国际标准。目前,我国实行的标准有国家标准、专业(部颁)标准、企业标准和协商标准。有国家标准的应使用国家标准,没有国家标准而有专业（部颁）标准的适用专业（部颁）标准。没有国家标准、专业（部颁）标准而有企业标准的，按企业标准执行；前三种都没有的，当事人可以协商标准。在确定质量时，要写明质量标准的全名。在适用协商标准时，当事人对质量的要求要清楚、明确、详细、具体地写入合同中。仓储物的包装指对仓储物表面上的包装。包装的目的是保护仓储物不受损害。仓储物的包装有国家标准或专业标准的，应按国家标准或专业标准确定；没有国家或专业标准的，当事人在保证储存安全的前提下，可以协商议定。

（3）仓储物验收的内容、标准、方法、时间、资料。

存货人交付仓储物给保管人储存时，保管人负责验收。存货人交付仓储物时包括仓储物和验收资料。保管人验收时对仓储物的品名、规格、数量、质量和包装状况等按包装上的标记或外观直辨进行验收；无标记的以存货人提供的验收资料为准。散装仓储物按国家有关规定或合同约定验收。验收方法在合同中确定具体采用全验还是按比例抽验。验收期限从仓储物和验收资料全部送达保管人之日起，至验收报告送出之日止。

（4）储存条件和保管要求。

仓储物在仓库储存期间，由于仓储物的自然性质不同，对仓库的外界条件和温度、湿度等都有特定的要求。比如肉类食品要求在冷藏条件下储存；纸张、木材、水泥要求在干燥条件下储存；精密仪器要求在恒温、防潮、防尘条件下储存。因此，合同双方当事人应根据仓储物的性质、选择不同的储存条件，在合同中明确约定。保管人如因仓库条件所限，达不到存货人的要求，则不能勉强接受。对某些较特殊的仓储物，如易燃、易爆、易渗漏、有毒等危险仓储物，在储存时，需要有专门的仓库、设备以及专门的技术要求，这些都应在合同中一一注明。必要时，存货人应向保管人提供仓储物储存、保管、运输等方面的技术资料，以防止发生仓储物毁损、仓库毁损或人身伤亡。如挥发性易燃液体在入库、出库时，保管人如不了解该液体的特性，采用一般仓储物的装卸方法，可能造成大量挥发外溢，酿成火灾。特殊仓储物需特殊储存条件、储存要求的，应事先交代明白。

（5）仓储物进出库手续、时间、地点、运输方式。

由存货人或运输部门、供货单位送货到库的，或由保管人负责到供货单位、车站、港口等处提运的仓储物，必须按照正常验收项目进行验收，或按国家规定当面交接清楚，分清责任。交接中发现问题，供货人在同一城镇的，保管人可以拒收；外埠或本埠港、站、机场、邮局到货，保管人应予接货，妥善暂存，并在有效验收期内通知存货人和供货人处理；对于仓储物的出库，也应明确存货人自提或保管人送货上门或者保管人代办运输的责任。

（6）仓储物的损耗标准和损耗处理。

仓储物在运输过程和储存中会发生数量、质量的减少，对这些损耗，合同应明确规定一个标准以作为划分正常与非正常损耗的界限。正常损耗不认为是损耗，视为符合合同要求履行。非正常损耗由运输或保管中的责任人负责。

（7）计费项目、标准和结算方式、银行账号、时间。

计费项目、标准指保管人收取费用的项目和标准，有国家规定的计费项目和标准的，按国家规定标准和项目执行；没有国家规定的，当事人可以协商议定。结算的方式是指存货人和保管人以何种方式结算。银行账号是指各自的银行、账号的名称。时间是指双方结算的时间界限，亦即何时结算，何时结算完毕。以上条款均须在合同中明确、详细规定，以免发生争议。

（8）责任划分和违约处理。

责任划分是指存货人和保管人在仓储物入库、仓储物验收、仓储物保管、仓储物包装、仓储物出库等方面的责任。这在合同中应明确规定,划清各自的责任。违约处理是指对保管人和存货人的违约行为如何处理。违约处理的方式有协商、调解、仲裁、诉讼等方式,违约责任形式有违约金、赔偿金等。这些在合同中也应明确规定。

(9) 储存期限,即合同的有效期限。

合同一般应规定储存期限,但有的合同也可不规定储存期限,只要存货人按时支付仓储费即合同继续有效。

(10) 变更和解除合同的期限。

在确定变更或解除合同期限时,有国家规定的应按国家规定执行,没有国家规定的,当事人应在仓储合同中明确规定变更或解除的期限。此期限的确定应该合理,要考虑国家利益及当事人利益。

(11) 其他事项。

与仓储合同有关的仓储物检验包装、保险、运输等事项,也必须在合同中明确规定或另订合同。仓储合同不仅涉及仓储关系,有时还涉及其他关系。比如,与其有关的运输、保险等。这些关系也必须在合同中明确规定或另订合同。

9) 仓储合同当事人的责任划分

仓储合同一经签订,既发生法律效力。存货人和保管人享有合同规定的权利的同时,也都有严格履行合同约定的义务。

(1) 存货人的权利。

根据《合同法》的规定,仓储合同中存货人享有以下权利。

第一,提货权。存货人拥有凭仓单提取仓储物的权利。如果在合同中约定了仓储时间的,存货人有权提前提取仓储物。如果在合同中没有约定仓储时间,存货人仍有随时提取仓储物的权利。第二,转让权。物品在储存期间,存货人有权将提取物品的权利转让给他人,但是必须办理仓单的背书手续。第三,检查权。物品在储存期间,仓储保管人负责保管存货人交付的仓储物,此时保管人对物品享有占有权,但仓储物的所有权仍然属于存货人,存货人为了防止货物在储存期间变质或发生货损货差,有权随时检查仓储物或提取样品,但在检查时不得妨碍保管人的正常工作。第四,索偿权。因保管人的原因造成仓储物损坏、灭失的,存货人有权向其索赔。

(2) 存货人的义务。

存货人在享有《合同法》规定的权利时,必须承担的义务有:

第一,如实告知货物情况的义务。存货人要求仓储保管人储存易燃、易爆、有毒、有放射性等危险物品或者易腐烂等特殊物品时,应当说明物品的性质和预防货物发生变质、危险的方法,同时提供有关的技术资料,并采取相应的防范措施。如果因存货人未将危险物品情况如实的告知保管人,而遭受货物损失的,存货人应承担责任。第二,按约定交付货物的义务。存货人应当按照合同约定的品种、数量、质量包装等将货物交付给仓储保管人保管入库,并在验收期间向仓储保管人提供验收资料,存货人不能按此约定交付储存物的,应承担违约责任。第三,支付仓储费和其他必要费用的义务。仓储费是仓储保管人提供仓储服务应得的报酬。一般情况下,仓储费应在存货人交付仓储物前支付,而非提取货物时支付。所以存货人应依据仓储合同或仓单规定的仓储费,将其按时交纳给仓储保管人。其他必要费用是指为了保护存货人的利益或避免损失发生而支付的费用。如果仓储合同中规定的仓储费包括必要费用时,存货人可不必再另外支付。第四,按约定及时提取货物的义务。仓储合同期限到时,存货人应当凭仓单及时提取储存货物,提取货物后应缴回仓单。如果储存期限满后,若存货人不提取货物的,保管人可以提存该货物。

(3)保管人的权利。

根据《合同法》的规定,仓储合同中保管人享有以下权利。

第一,有权要求存货方按合同规定及时交付标的物。合同签署后保管人有权要求存货人按照合同约定的品种、数量、质量包装等将货物交付给仓储保管人保管入库,存货人不能按此约定交付储存物的,应承担违约责任。第二,有权要求存货人对货物进行必要的包装。第三,有权要求存货人告知货物情况并提供相关验收资料。根据法律规定,存货人违反规定或约定,不提交特殊物品的验收资料的,仓管人可以拒收仓储物,也可以采取相应措施以避免损失的发生,由此产生的费用由存货人承担。第四,有权要求存货人对变质或损坏的货物进行处理见《合同法》第390条规定。第五,有权要求存货人按期提取货物。我国《合同法》第393条规定:"储存期间届满,存货人或仓单持有人不提取仓储物的,仓储保管人可以催告其在合同期限内提取,逾期不提取的,仓储保管人可以提存仓储物。"所以因存货人延迟提取仓储物,仓储保管人员有权收取因延迟提取所产生的费用。

(4)保管人的义务。

保管人在享有《合同法》规定的权利时,必须承担的义务有:

第一,给付仓单的义务。仓单是仓储保管人在收到仓储物时,向存货人签发的表示已经收到一定数量的仓储物,并以此来代表相应的财产所有权利的法律文书。存货人或仓单持有人将以仓单内容向保管人主张权利,保管人也将以仓单所记载的内容向存货人或仓单持有人履行义务。第二,妥善保管仓储物的义务。保管人应当严格按照合同规定提供合理的保管条件,妥善的保管仓储物。如果仓储物属易爆、有毒、有放射性等危险物品的话,仓储保管人必须具备相应的仓储条件,如果条件不具备时,不得接收危险物品作为仓储物。第三,验收货物和危险通知义务。保管人在接受存货人交存的货物时,应当按照合同规定对货物进行验收,例如:货物的品名、规格、数量、外包装状态等。如果在验收时发现不良情况、仓储物变质、发生不可抗力损害或其他涉及仓储物所有权的情况,仓储保管人应及时通知存货人或仓单持有人。

项目二 仓 单

教学要点

(1)利用网络、收集仓储企业开出的仓单,了解仓单的基本格式和要求;
(2)由小组讨论,探讨仓单业务的主要内容;
(3)制订一份仓单。

教学方法

可采用讲授、情境教学、案例教学和分组讨论等方法。

教学内容

仓单的签发、功能及仓单业务。

1. 情景设置

亿家仓储服务有限公司,拥有 10000 多 m^2 仓库的物流企业,主要从事仓储和区域配送服务,其储存和配送的产品全部为快速消费品。公司市场部的周经理听说许多物流公司开展了一项"仓单质押融资"的业务很受客户欢迎。不但能够促使公司的业务量增加,而且可以为客户融资。所以,周经理也希望公司能开展这项业务,并准备和相关银行洽谈。你认为亿家仓储服务有限公司目前能开展"仓单质押融资"业务吗?

2. 技能训练目标

(1)具备制订仓单的操作技能;

(2)具备处理仓单业务的操作技能。

3. 相关理论知识

1)仓单的概念和性质

所谓仓单是保管人应存货人的请求而签发的一种有价证券。它表示一定数量的货物已由存货人交付保管人,是仓单持有人依仓单享有对有关仓储物品的所有权的法律凭证。仓单是仓储合同存在的证明,也是仓储合同的组成部分。有价证券是表示或证明一定财产权利的证书。

仓单的性质:

第一,仓单是提货的凭证。在提取仓储物时,必须出示仓单,并在将货物提出后将仓单交还仓储保管人注销。没有仓单不能直接提取仓储物。第二,仓单是储存物所有权的法律文书。保管人收到存货人的物品时,经过检验后向存货人开具的仓单说明此时仓储物的所有权是属于存货人的,存货人只是将仓储物的储存保管责任转交给仓储保管人。第三,仓单是有价证券。仓单经过存货人背书及仓储保管人的签署后可以转交给任何人,任何持有仓单的人都可以向仓储保管人要求给付仓储物。因此从性质上而言,仓单是一种有价证券,它代表着和仓储物等价值的财产权利。

2)仓单业务

(1)仓单的制作。

仓单作为收取仓储物的凭证和提取仓储物的凭证,依据法律规定还具有转让或出质的记名物权证券的流动属性,它包括下列事项:

①仓单上必须有保管人的签字或者盖章,否则不产生仓单法律效力。

②仓单是记名证券,应当明确记载存货人的名称及住所。仓单应符合物权凭证的基本要求,记载仓单的填发人、填发地和填发的时间。

③仓单应明确详细记载仓储的品种、数量、质量、包装、件数和标记等物品状况,以便作为物权凭证,代物流通。

④仓单上应记载仓储物的损耗标准。损耗标准的确定对提取仓储物和转让仓储物中当事人的物质利益至关重要,也是处理和避免仓储物数量、质量争议的必要环节。

⑤仓单上应明确记载储存场所和储存期间,以便仓单所有人及时提取仓储物,明确仓单利益的具体状况。

⑥仓单上应记载仓储费及仓储费的支付与结算事项,以使仓单持有人明确仓储费用的支付义务的归属及数额。

⑦若仓储物已经办理保险的,仓单中应写明保险金额、保险期间及保险公司的名称,以便明确仓单持有人的保险情况。

(2)仓单的签收。

当存货人将仓储物交给仓储保管人时,仓储保管人应对仓储物进行验收,确认仓储物的状态,在全部仓储物入库后,填制签发仓单。仓储保管人在填制仓单时,必须将所有接受的仓储物的实际情况如实记录在仓单上,特别是对仓储物的不良状态更是要准确描述,以便到期时能按仓单的记载交还仓储物。仓单经仓储保管人签署后才能生效。《合同法》规定,仓储保管人只签发一式两份仓单,一份为正式仓单,交给存货人;另一份为存根,由仓储保管人保管。仓单副本则根据业务需要复制相应份数,但须注明为"副本"。

(3)仓单的分割。

存货人将一批仓储物交给仓储保管人时,因为转让的需要,要求仓储保管人签发分为几份的仓单,或者仓单持有人要求保管人将原先的一份分拆成多份仓单,以便向不同人转让,这种类型的业务被称为仓单的分割。分割后的各份仓单所载的仓储物总和数应与仓储物实际总数相同。如果仓储保管人对已经签发的仓单进行了分割,必须将原仓单收回。

(4)仓单转让。

仓单持有人需要转让仓储物时,可以采用背书转让的方式进行。仓单转让生效的条件为:背书完整,且经过保管人签字盖章。背书转让的出让人为背书人,受让人为被背书人。背书的格式如图 4-1 所示。

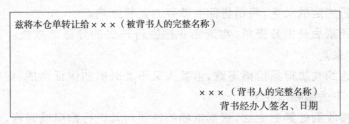

图 4-1 背书格式

仓单可以进行多次背书转让,第一次背书的存货人为第一背书人。在第二次转让时,第一次被背书人就成为第二背书人,因而背书过程是衔接的完整过程,任何参与该仓单转让的人都在仓单的背书过程中记载。值得注意的是,如果仓单中明确记载了不得背书的,则仓单持有即使做了背书,也不能发生转让提取仓储物权利的效力。

(5)凭单提货。

在仓储期满或经仓储保管人同意的提货时间,仓单持有人向仓储保管人提交仓单并出示身份证明,经保管人核对无误后,仓储保管人给予办理提货手续。具体过程如图 4-2 所示。

(6)仓单质押。

仓单质押的法律依据是我国《物权法》第二百二十三条以及担保法的相关规定内容,是以仓单为标的物而成立的一种质权,多为债权实现的一种担保手段。银行的仓单质押融资业务就建立在仓单的质押担保权能之上,其核心在于担保人以在库动产(包括原材料、产成品等)作为质押物担保借款人向银行的借款,仓储物流企业经银行审核授权后,以第三方的身份对担保人仓单项下的在库动产承担监管责任,受银行委托代理监管服务,对质押物进行库存监管。

以借款人使用自身在库动产仓单质押融资为

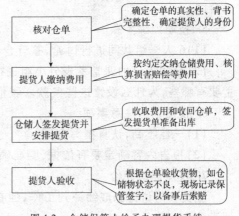

图 4-2 仓储保管人给予办理提货手续

例,基本流程如下:

①借款人与物流企业签订《仓储协议》,明确货物的入库验收和保护要求,并据此向物流企业仓库交付货物,经物流企业审核确认接收后,物流企业向借款人开具专用仓单。借款人同时向指定保险公司申请办理仓储货物保险,并指定第一受益人为银行。

②借款人持物流企业开出的仓单向银行申请贷款,银行接到申请后向物流企业核实仓单内容(主要包括货物的品种、规格、数量、质量等)。

③银行审核通过后,借款人、银行、物流企业三方签订《仓单质押贷款三方合作协议书》。仓单出质背书交银行。

④物流企业与银行签订《不可撤消的协助银行行使质押权保证书》,确定双方在合作中各自应履行的责任。

⑤借款人和银行签订《银企合作协议》、《账户监管协议》,规定双方在合同中应履行的责任。借款人根据协议要求在银行开立监管账户。

⑥仓单审核通过,在协议、手续齐备的基础上,银行按约定的比例发放贷款到监管账户上。

⑦货物质押期间,物流企业按合同规定对质押品进行监管,严格按三方协议约定的流程和认定的进出库手续控制货物,物流企业只接收银行的出库指令。

⑧借款人履行约定的义务,将销售回收款存入监管账户。

⑨银行收到还款后开出分提单,物流企业按银行开出的分提单放货。直至借款人归还所有贷款,业务结束。

⑩若借款人违约或质押品价格下跌,借款人又不及时追加保证金的,银行有权处置质押物,并将处置命令下达给物流企业。

⑪物流企业接收到处置命令后,根据货物的性质对其进行拍卖或回购,来回笼资金。

我国物流企业仓单质押监管业务自开展以来,在实践中不断摸索,为适应不同的需求,从静态质押到动态质押,从库内质押到库外质押,从仓储单一环节的质押到供应链多环节的质押,在基本模式的基础上已形成了多样化的仓单质押监管模式,有效地实现了物流、商流、信息流和资金流的有机结合。

4. 技能训练准备

(1)学生每6人自由组成一个小组,每个小组选一名组长;

(2)教师指导点评;

(3)学生自己安排时间查找资料,根据我们的情景设置每两个组结合成甲方乙方签订仓储合同。

5. 技能训练步骤

(1)6人一组共同进行讨论,签订仓储合同。报告署名按照贡献大小排列。

(2)合同签订的课堂发表分小组进行,每小组派代表陈述。表述内容主要讲明合同条款主要有哪些,为什么设置这些条款。我们在谈判的过程中力争了哪些项目。

6. 技能训练注意事项

(1)一丝不苟,认真撰写合同;

(2)报告内容确定要有依据、要准确。

7. 技能训练评价

全员参与讨论和成绩评判工作,但在自己小组发表时回避,即不为本小组评价成绩,总评满分为100分。

每位小组成员成绩 = 本小组成绩 × 报告署名
小组成绩 = 全员评价该小组成绩总和 ÷ 参评人数

报告署名:第一名占总成绩的23%,第二名占20%,第三名占17%,第四名占15%,第五名占13%,第六名占12%。

请完成技能训练后填写技能训练评价表。见附录1。

8. 技能训练活动建议

(1)资料的查阅范围要广泛,内容要全面;

(2)针对收集的资料进行讨论。

思考练习

1. 简答题

(1)简述企业订单处理过程。

(2)仓库管理系统应具备哪些基本功能?

2. 案例分析题

某蔬菜公司诉某农科公司仓储合同纠纷案

(1)基本案情。

经审理查明,2003年10月10日原告蔬菜公司与被告所属的农科冻库签订《租库协议》,约定原告因商务加工需租用农科冷库,期限从2003年10月10日至2003年12月10日止,共计2个月;入库货物按月计费,货物必须在商定的十天内入库;原告必须按期交纳储存费;冻库为原告提供24h服务。协议签订后,2003年10月10日至2003年10月25日原告先后将3312袋高笋(其中2498袋为编织袋包装、814袋为网袋包装)存入农科冻库。同时原告于2003年10月10日至2003年10月23日分10次向冻库支付保管费共14410元。2003年11月5日至2003年11月12日,原告分别从冻库提走773袋(其中3袋为编织袋包装、770袋为网袋包装)高笋进行销售。此后原告发现高笋变质,遂拒绝继续提走剩余高笋和支付剩余的保管费,向本院提起诉讼。被告根据双方约定对已经腐烂变质的高笋进行了处理。

(2)诉辩意见。

原告蔬菜公司诉称,2003年10月10日原告与被告所开办的成都市农科冻库(以下简称农科冻库)签订《租库协议》后将高笋交给冻库保鲜储存,使用期为两个月。到2003年11月中旬,原告所储存的2495袋高笋已全部变质不能食用,给原告造成货物直接经济损失166141.5元。该批货物原告支付保管费14410元。故被告应承担不能返还所储存保鲜高笋损失赔偿责任。请求法院判令被告赔偿原告货物损失166141.5元及返还保管费14410元,诉讼费用由被告承担。

被告农科公司辩称,①原告与农科冻库签订的只是一份租库协议,农科冻库的合同义务是出租冷库,并按照原告要求提供(2~5℃)±2℃的库温。同时协议中并未约定被告负责对原告交付的高笋进行保鲜储存的义务,相反原告尚欠被告部分租金未支付。②高笋变质是因原告在田间采摘高笋后未及时除去田间热,以及不合理的包装所致,因此高笋变质的责任应完全由原告自行承担。故请求法院驳回原告诉讼请求,并判令原告支付拖欠租金6900元、清理变质高笋产生的费用3000元、库房消毒费50元以及律师费9000元,共18950元。被告没有正式启动反诉程序。

被告为支持其反驳主张提供下列证据材料:

(1)农科冻库代储商品(入)货卡。证明从2003年10月10日至2003年10月25日,原告储存茭笋3312袋(其中2498袋为编织袋包装、814袋为网袋包装)。

(2)农科冻库代储商品出货单6张。证明从2003年11月5日至2003年11月12日,原告分别从冻库提走茭笋773袋(其中3袋为编织袋包装、770袋为网袋包装)。

(3)冻库温度记录单。证明在原告储存茭笋期间,被告按约保证冻库24h的库温为(2~5℃)±2℃之间。

(4)被告于2003年9月15日经成都市工商行政管理局审查核准的企业法人营业执照副本。该工商执照核准的商务范围包含蔬菜、海产品、肉类仓储。

(5)2002年12月16日由成都高新技术产业开发区卫生局向被告颁发的卫生许可证,许可项目是蔬菜、海产品、肉类仓储。

问题:
(1)双方是否实际履行了各自的合同权利和义务?
(2)茭笋腐败变质的原因是什么?
(3)你觉得应该怎样判决。

任务五　仓储成本与绩效

内容简介

仓储成本是物流成本的重要组成内容。加强物流成本的管理应从系统的角度做好仓储成本的管理。广义的仓储成本包括获取仓储设施设备成本、仓储作业成本、库存持有成本等。确定仓储成本的核算对象、计算期，进行仓储成本的归集分配，登记账簿。在此基础上进行仓储成本控制。最后通过事先确定的进出货作业效率评价指标、存储作业评价指标、订单处理作业评价指标、备货作业效率评价指标、服务质量评价等指标进行绩效评价。

教学目标

1. 知识目标

(1) 理解仓储成本概念及其构成；
(2) 了解仓储成本计算的目的；
(3) 了解仓储成本计算的方法；
(4) 了解仓储成本的会计核算；
(5) 熟悉仓储成本的控制措施；
(6) 熟悉仓储成本管理的关键指标。

2. 技能目标

(1) 具备识别仓储成本的能力；
(2) 做好仓储成本管理的各项原始记录；
(3) 能够计算仓储成本；
(4) 熟悉仓储成本的账务处理；
(5) 采取措施对仓储成本进行控制；
(6) 运用仓储成本管理的考核指标进行绩效评价。

案例导入

戴尔的零库存

戴尔的核心能力，在于管理好整条供应链，采用合理的管理体制和运行机制以及构建整个供应链健康的利润分配机制。让新产品在最短时间交到客户手上。和这件事无关的，都会交出来给供应链上的伙伴。戴尔电脑制造商与其供应商建立良好的战略合作伙伴关系，以实现双赢。戴尔的仓储成本管理可以归纳为：一是减少供货商并将他们集中。将原本给200多家供货商的订单集中，以就近供货原则交给其中50家，从而使戴尔本身的零件库存不到2小时，接到订单后，再通知供货商送零件来，从进料到组装完出货只要4小时；二是强化供应链上的信息流通速度和透明度。戴尔的供货商，等于转接了戴尔的库存压力，因此必须很清楚戴尔未来的出货计划，以免出现库存过多自己赔本、库存不够被戴尔撤换的情况。三是在研发上,戴尔也选择降低研发和设计比重,放大伙伴价值的做法。比如戴尔把笔记本的研发和设计交给台湾的代工伙伴广达承揽,自己则专心去争取订单。四是在业务运作上,为避免因零库存导致的采购成本上升,向供应商承诺长期合作,即一年内保证预定的采购额。然而一旦采购预测失误,就把消化不了的采购额转移到全球别的工厂,以尽可能减轻供应商的压力,保证其利益。五是戴尔制造商为调动供应链上各个企业的积极性,变供应商的被动"挨宰"地位为主动参与,从而充分发挥整个供应链的能量。比如,让各地区的供应商同时作为该地区销售代理商之一,这样供应商又可以从中得到另外一部分利润。这种由单纯的供应商身份向供货及销售代理商双重身份的转变,使物品采购供应—生产制造—产品销售各环节更加紧密结合,也真正实现了企业由经营合作向战略合作伙伴关系的转变,真正实现了风险共担、利润共享的双赢目标。此外,在发动价格战争时,供应商也需要扮演极具效率的后勤支持角色。借助供应链的威力,戴尔可以实现顾客下单到出货存货周转天数4天、每人每小时的生产效率提升160%、订单处理效率提高50%,以及订单错误率降低50%的竞争力。

引导思路

(1)了解仓储成本管理的重要性。
(2)应怎样降低仓储成本,实现企业物流成本整体最低。

项目一 仓储成本与成本控制

教学要点

(1)通过网络或到企业调研,收集仓储企业成本资料;
(2)由小组讨论,对比企业仓储成本的计算、核算和控制管理情况;
(3)找出企业仓储成本管理的薄弱环节,并提出具体的成本控制措施。

教学方法

可采用讲授、情境教学、案例教学和分组讨论等方法。

教学内容

仓储成本的概念和构成;仓储成本的计算;仓储成本的账务处理;仓储成本控制的作用、原则和方法。

一、仓储成本的概念和构成

1. 情景设置

利用"牛奶取货"方式,降低库存成本

上海通用公司目前有4种车型,不包括其中一种刚刚上市的车型在内,另外3种车型零部件总量有5400多种。上海通用公司在国内外还拥有180家供应商,还有北美和巴西两大进口零部件基地。那么，上海通用公司是怎么提高供应链效率、减少新产品的导入和上市时间并降低库存成本的呢？

为了把库存这个"魔鬼"赶出自己的供应链,通用公司的部分零件,例如有些是本地供应商所生产的,会根据生产的要求,在指定的时间直接送到生产线上去生产。这样,因为不进入原材料库,所以保持了很低或接近于"零"的库存,省去大量的资金占用。有些用量很少的零部件,为了不浪费运输车辆的运能,充分节约运输成本,上海通用公司使用了叫做"牛奶取货"的小小技巧:每天早晨,上海通用公司的汽车从厂家出发,到第一个供应商那里装上准备的原材料,然后到第二家、第三家,以此类推,直到装上所有的材料,然后再返回。这样做的好处是,省去了所有供应商空车返回的浪费,运输成本可以下降30%以上。

2．技能训练目标

具备辨识仓储成本的能力。

3．相关理论知识

1）仓储成本的概念

按照国家标准《企业物流成本构成与计算》对仓储成本的定义,仓储成本是一定时期内,企业为完成货物储存业务而发生的全部费用,包括支付外部的仓储费用和使用自有仓库的仓储费用。具体包括：

（1）人工费。

人工费是指从事仓储业务的人员费用,包括工资、奖金、津贴、补贴、住房公积金、保险费、职工教育培训费和其他用于仓储业务人员的费用。

（2）维护费。

维护费主要是指仓储设施的折旧费、仓储设施的维修保养费、水电费、燃料动力消耗费等。

（3）一般经费。

一般经费是指在企业仓储业务中,除了人员费和维护费之外的其他与仓库储存业务有关的费用,如仓库业务人员的出差费、办公费等。

2）仓储成本的构成

仓储成本是物流成本的重要组成部分。按成本项目划分,物流成本由物流功能成本和存货相关成本构成。其中,物流功能成本包括物流活动过程中产生的运输成本、仓储成本、包装成本、装卸搬运成本、流通加工成本、物流管理成本和物流信息成本。存货相关成本包括物流活动中产生的与存货有关的流动资金占用成本、存货风险成本和存货保险成本。狭义的仓储成本就是指物流功能成本中所指的在仓储环节所发生的仓储功能成本,即企业为完成货物仓储业务而发生的全部费用。广义的仓储成本指与仓储活动有关的成本,伴随着仓储活动的发生而发生。其包括仓储持有成本、订货和生产准备成本、缺货成本和在途库存持有成本。

（1）仓储持有成本。

仓储持有成本是为保持适当的库存而发生的成本,是由固定成本和变动成本两部分组成。固定成本在一定数量范围内不随仓储数量的变动而变动,如仓储设备的折旧,仓储设备的维护费等。变动成本与仓储数量有关,随仓储数量的变动而变动的成本,如装卸搬运费、库存资金占用成本、挑拣费用、保险费用等。

①库存资金占用成本。库存资金占用成本也称利息费用或机会成本,是仓储成本中的

隐性成本。资金占用过多,会使企业丧失相应的盈利能力。如果企业将库存占用的资金用于其他项目的投资,企业会有投资回报。所以企业因库存占用资金而丧失的再投资收益,就是库存资金占用成本。

②仓储维护成本。仓储维护成本是指与仓库有关的设备折旧费、租赁费、照明费、取暖费、保险费和税金等费用。仓储维护成本根据企业采用的仓储方式不同而不同,若采用的是自有仓库仓储,维护成本主要是折旧费和设备的维修费,费用大部分是固定的;若采用公共仓库仓储,则仓储维护成本的多少取决于仓储产品的数量,与产品数量的多少成正比。另外仓储产品损坏和丢失的风险越高,所投保险费用就越高。同时库存量越高,也会带来企业更多的税费负担。

③仓储作业成本。仓储作业成本是指因为入库和出库操作所带来的搬运装卸作业等成本。与仓储产品的出入库的次数成正比。

④仓储风险成本。仓储风险成本是指因为自身无法避免的原因所造成的库存商品的丢失、损坏、变质等损失。

仓储持有成本与库存水平之间成正比例关系。但在年需求量一定的情况下,库存水平越低,订货次数就越多。因此仓储持有成本与订货次数成反比例关系。

(2)订货或生产准备成本。

订货成本是指企业为实现一次订货而进行的各种活动费用,主要包括因为订货产生的办公费、差旅费等支出。订货成本是由固定成本和变动成本组成,与订货次数有关的成本是变动成本,如差旅费;与订货次数无关的成本是固定成本,如有关常设机构的办公费等。

生产准备成本是指因当年外购的库存产品由自己生产时,为生产货物而进行准备的成本。其中,购置某些专业设备或更换模具等属于固定成本;与生产产品有关的材料费、人工费等属于变动成本。

在年需要量一定的情况下,订货成本与订货次数成正比例关系,与订货批量成本成反比例关系。

(3)缺货成本。

缺货成本又称亏空成本,是指由于库存供应中断而造成的损失,包括材料供应中断造成的停工损失、产成品库存缺货造成的拖欠发货损失和丧失销售机会的损失和需要主观估计的商誉损失等。如果生产企业以紧急采购代用材料解决库存材料中断之急,那么缺货成本表现为紧急额外购入所产生的采购成本的增加。

①保险库存的持有成本。保险库存持有成本是指企业为了防止缺货保持一定数量的保险库存所增加的成本。所以企业应合理确定保险库存的数量,保险库存每增加一单位就会造成本企业效益的递减,但是会降低缺货发生的概率。

②缺货成本。缺货成本是由内外部供货中断造成的损失。如果发生外部供货中断会造成向客户延迟交货、失销和失去客户等情况。延期交货所发生的订单处理费用会比普通处理费用高,可能选择速度快、收费高的运输方式,另外是小规模运输,运费率相对较高。如果缺货也可能造成客户从其他供应商订货,造成失销损失。对企业来说,失销的直接损失是利润降低,间接损失是如开始负责这批销售业务的销售人员的精力损失,尚未明确的失销总量损失和因缺货造成未来销售负面影响。如果因缺货造成长期失去某客户,其损失是很难估量的。

如果内部某环节缺货,会造成停工损坏或交货延迟损失。如因某物品短缺,可能造成整条生产线停产,其缺货成本非常高。尤其是采用JIT生产的企业更是如此。

(4) 在途库存持有成本。

在途库存持有成本是指当企业以目的地价格为销售商品价格时,产品从出发地到目的地的费用仍由企业自身承担,商品在运输途中仍属于销售方的库存,所发生的费用主要有在途库存资金占用成本和保险成本。

4. 技能训练准备

(1) 学生每6人自由结成一个小组,每个小组选一名组长;

(2) 教师指导点评;

(3) 学生自己安排时间查找资料,制表列出企业的仓储成本项目,教师统一评选。

5. 技能训练步骤

(1) 6人一组共同进行讨论,指出企业仓储成本的具体构成。报告署名按照贡献大小排列。

(2) 从广义和狭义列出仓储成本的构成内容在课堂发表分小组进行,每小组派代表陈述。

6. 技能训练注意事项

(1) 能辨识仓储成本,并能真正掌握其内涵;

(2) 一丝不苟,认真列出仓储成本构成内容。

7. 技能训练评价

全员参与讨论和成绩评判工作,但在自己小组发表时回避,即不为本小组评价成绩,总评满分为100分。

每位小组成员成绩 = 本小组成绩 × 报告署名

小组成绩 = 全员评价该小组成绩总和 ÷ 参评人数

报告署名:第一名占总成绩的23%,第二名占20%,第三名占17%,第四名占15%,第五名占13%,第六名占12%。

请完成技能训练后填写技能训练评价表,见附录1。

8. 技能训练活动建议

(1) 资料的查阅范围要广泛,内容要全面;

(2) 针对收集的资料进行讨论。

二、仓储成本的核算与控制

1. 情景设置

邯钢"零库存"战略盘活资金20余亿元

面对严峻的市场形势,精打细算的河北钢铁集团,把"零库存"作为降本增效工作的重要着力点,千方百计优化库存,大大降低了库存资金占用率。2011年1月至5月,河北钢铁集团邯钢公司通过一系列优化库存有效措施,使原燃料、半成品和成品库存资金较去年同期降低了20余亿元,保证了生产资金的高效运营。"零库存"是指物料在采购、生产、销售、配送等一个或几个经营环节中,不以仓库存储的形式存在,而均是处于周转的状态。邯钢以"零库存"为目标,像家庭理财一样精细开展库存管理,专门成立降低库存资金占用攻关队,将集团下达的库存资金占用考核指标和邯钢财务部按月下达的资金占用考核指标作为攻关目标,生产组织、采购、销售、焦化、炼铁等部门单位共同参与攻关,按月对原燃料、半成品、成品进行盘库,核实实物库存,确定资金占用额。今年年初,邯钢完成了原燃料、半成品、成品资金占用清理工作,并确定了库存基本指标,制订出一整套完善的原燃料、半成品、成品转账、库存管理制度。

在原燃料库存管理方面,邯钢健全"大矿供货、路运为主、过程检验、分仓存放、集中配料"的原燃料采供管理模式,依据原燃料合理库存和当前库存情况,优化采购方案,严格按炉料结构确定消耗量,实现按需采购原料,达到经济合理库存,满足正常生产需要。2011年1月至5月份,原燃料库存资金较去年同期降低了17.097亿元。按照"以效排销、以销排产、以产促销"生产组织要求,邯钢理顺从原燃料进厂到产品外发各环节程序,强化接卸、堆放管理;以"减少浪费"、"标准化"、"准时化"为目标,减少过多库存、多余运输等方面的浪费;借助信息化手段抓好产销衔接,压缩中间库存。2011年1月至5月份,半成品库存资金较去年同期降低了2.5亿元。成品库存管理方面,邯钢持续调整优化品种结构、地区结构、物流结构、用户结构和国内外的销售结构等,大力开发直供用户,加大合同组织、产品外发力度。经多方协调沟通,邯钢还新开通了济宁至华东地区的水陆联运业务,为降低成品库存占用资金创造了有利条件。2011年1月至5月份,成品库存资金较去年同期降低了3亿元。

2. 技能训练目标

(1)具备计算仓储成本的能力;

(2)对仓储成本进行分析控制。

3. 相关理论知识

1)仓储成本核算目的

从企业经营的总体目标来看,仓储成本的核算目的主要包括:

(1)为各个层次的经营管理者提供物流管理所需的成本资料;

(2)为编制物流预算以及预算控制提供所需的成本资料;

(3)为制订物流计划提供所需的成本资料;

(4)为监控仓储管理水平而收集各种成本信息;

(5)为合理制订仓储价格提供依据。

2)与仓储活动有关成本的计算

与仓储活动有关成本的计算包括由购买、建造和租赁仓库等设施设备所带来的成本,出入库操作、分拣、流通加工等各类仓储作业所带来的成本和库存持有成本等组成。其中前两部分与库存水平无关,与仓储规划和仓储作业有关的称为仓储成本。

(1)购买、建造和租赁仓库等设施设备成本。

计算企业通过自有仓库、租赁仓库和公共仓库3种方式获取仓储设施设备的成本。自有仓库、租赁仓库和公共仓库仓储成本的计算方法如下:

①自有仓库成本的计算。

a. 自有仓库设施设备的折旧费。

企业通过自有仓库获取仓储空间时,自有仓库是企业的固定资产,必须计提折旧,同时企业自有仓库在各期的仓储成本应包括企业各期对自有仓库的折旧费用。

仓库等设施设备在使用的过程中由于使用、自然力的作用和科技的进步等原因逐渐丧失其原有的价值。这种价值损耗是仓库等设施设备计提折旧的原因,价值损耗分有形损耗和无形损耗两种形式。

有形损耗是指仓库等设施设备由于使用和自然力的影响而引起的服务能力的降低。如仓库等设施设备受风吹、雨打、日晒等自然影响而逐渐损耗及外部事故破坏等原因而造成的损耗都属于有形损耗。有形损耗包括与使用强度有关的使用损耗和与使用强度无关的闲置损耗。

无形损耗是指因为科学技术进步而引起的仓库等设施设备价值的降低。无形损耗主要包括两种形式：一种是因为科学技术的进步,新型的技术水平高的仓库出现,使原有落后的仓库被淘汰,提前报废带来的损失;另一种是因为社会劳动生产率的提高,重新建造同一仓库所花费的社会必要劳动时间减少,而造成原有仓库贬值,其贬值的金额就是无形损耗。

影响仓储设施设备折旧的因素主要包括：

ⓐ计提折旧的基数。计提折旧的基数,是指获取仓储设施设备的原始成本,即账面原值,也可按仓储设施设备的重置价计算。

ⓑ仓库等设施设备的使用年限。仓库等设施设备的使用年限由国家和企业会计政策所决定,使用年限的长短直接影响各期的应提折旧额,折旧年限越长,每期折旧额越少。企业应合理确定折旧年限,既要考虑有形的损耗,又要考虑无形的损耗,有时还应考虑设备的维修保养对固定资产使用寿命的影响。

ⓒ仓储设施设备的净残值。仓储设施设备的净残值是指预计的仓库等设施设备在报废时可以收回的残余价值扣除预计清理费后的数额。仓库等设施设备的预计残值,一般由企业的会计政策决定。

ⓓ折旧的方法。企业应根据仓库等设施设备的性能和使用方式合理确定使用年限和预计净残值,并根据科技进步和环境变化合理确定折旧方法,折旧方法一经确定,不能随意变更。

仓库等设施设备折旧应遵循按月计提折旧的原则,当月增加的仓库等设施设备,当月不提折旧,下月提折旧;当月减少的仓库等设施设备当月提折旧,下月不提折旧;仓库等设施设备提足折旧后,不管是否继续使用,均不再提折旧;提前报废的仓库等设施设备,也不再补提折旧。企业常用的折旧方法主要有以下几种,企业应根据具体情况合理选择折旧方法。

a) 直线法。直线法有两种类型。

第一,平均年限法。平均年限法计算公式为：

$$年折旧额 = (固定资产原值 - 预计净残值) \div 预计使用年限$$

或者：
$$年折旧率 = (1 - 预计净残值率) \div 预计使用年限 \times 100\%$$

$$月折旧率 = 年折旧率 \div 12$$

$$月折旧额 = 固定资产原值 \times 月折旧率$$

平均年限法只考虑使用时间,未考虑使用强度,不管仓库等设施设备使用强度如何,其计提的折旧额都相同。因为年限平均法存在上述缺点,建议使用工作量法。

例 5-1 甲企业有一仓库,原值为 300000 元,预计可使用 10 年,预计报废时的净残值为 5000 元,仓库采用平均年限法计提折旧,要求计算该仓库的年折旧额。

年折旧额：$(300000 - 5000) \div 10 = 29500$ 元。

第二,工作量法。工作量法是仓库等设施设备根据实际工作量折旧的方法。

其计算公式如下：

$$单位工作量折旧额 = (固定资产原值 - 预计净残值) \div 预计总工作量$$

$$某项固定资产月折旧额 = 单位工作量折旧额 \times 该项固定资产当月工作量$$

例 5-2 乙企业有一大型仓储设备,原值为 30000 元,预计加工能力为 300000 件(假设报废时无净残值),本月加工产品 3000 件,要求计算该设备该月的折旧额。

单位工作量的折旧额 = 30000/300000 = 0.1(元/件)

本月折旧额 = 3000 × 0.1 = 300 元

b)双倍余额递减法。双倍余额递减法是在不考虑仓库等固定资产预计净残值的情况下,根据每期期初固定资产账面净值和双倍的直线法折旧率计算固定资产折旧的一种方法。在使用双倍余额递减法时要注意在最后两年计提折旧时,将固定资产账面净值扣除预计净残值后的净值平均摊销。

其计算公式如下:

年折旧率 = 2 ÷ 预计使用年限 × 100%

月折旧率 = 年折旧率 ÷ 12

例 5-3 丙企业新购入一台原值为 60000 元的仓储设备,预计使用年限为 4 年,净残值为 2000 元。按双倍余额抵减法计提折旧,要求计算出每年的折旧额。

第一年折旧额:60000 × 2/4 = 30000(元)

第二年折旧额:(60000 − 30000) × 2/4 = 15000(元)

第三年、第四年折旧额:(60000 − 30000 − 15000 − 2000) ÷ 2 = 6500(元)

c)年数总和法。其又称年限合计法,是将固定资产的原值减去预计净残值后的净额乘以一个逐年递减的分数计算每年的折旧额,这个分数的分子代表固定资产尚可使用的年数,分母代表使用年限的逐年数字总和。其计算公式如下:

年折旧率 = 尚可使用年限 ÷ 预计使用年限的逐年数字合计

预计使用年限的逐年数字合计 = 预计使用年限 × (预计使用年限 + 1) ÷ 2

月折旧率 = 年折旧率 ÷ 12

月折旧额 = (固定资产原值 − 预计净残值) × 月折旧率

例 5-4 甲企业在 2010 年 3 月购入一项仓储设备,该资产原值为 300 万元,采用年数总和法计提折旧,预计使用年限为 5 年,预计净残值为 5%,要求计算出 2010 年和 2011 年对该项固定资产计提的折旧额。

2010 年计提的折旧额为:300 × (1 − 5%) × 5/15 × 9/12 = 71.25(万元)

2011 年计提的折旧额中(1~3 月份)属于是折旧年限第一年的,(9~12 月份)属于是折旧年限第二年的,因此对于 2011 年的折旧额计算应当分段计算:

1~3 月份计提折旧额:300 × (1 − 5%) × 5/15 × 3/12 = 23.75 万元。

4~12 月份计提折旧额:300 × (1 − 5%) × 4/15 × 9/12 = 57 万元。

2011 年计提折旧额为:23.75 + 57 = 80.75 万元。

b. 自有仓库的维修和保养费。

自有仓库在仓储过程中要进行中小维修、日常保养和维护,发生的人工费、材料费、领用周转材料费用和按规定预提的大修理费用都计入仓储成本。

值得注意的是,企业的自有仓库一旦建成,不管企业是否有库存或库存量的多少,仓储成本都会发生。

②租赁仓库成本的计算。

当企业不自建仓库,而是采用租赁仓库来满足企业仓储空间需求时,租赁的仓库一般只提供储存货物的服务,很少提供其他物流服务。

租赁仓库成本的构成主要是租赁费,即承租方向出租方支付的租金。租金通常是在一定时期内根据仓储面积的大小来确定的。租赁仓库的租金合约一般期限很长,企业租用空间的大小是根据该期内最大储存需求量而定的。当企业的库存未达到最大值时,租金不会因仓储空间未充分利用而降低。所以,租金的多少不会随库存量的变化而变化,与库存水平无关,不属于库存持有成本,应属于仓储成本,会随着市场上仓储空间的供需状况变化而变化。

如果企业停止租赁仓库,则租赁仓库所带来的所有费用将消失。

③公共仓库成本的计算。

公共仓库可以为企业提供如存储、卸货、拼箱、运输、订货分类等各种各样的服务。因此当企业需要对方提供除储存外的其他服务时,可以采用公共仓库。公共仓库的收费由公共仓库的提供方和承租方协商确定。收费的多少取决于仓库空间的大小、存储的期限、搬运等仓储作业的强度、产品存储时有无特殊要求、订单的平均规模和所需文字记载工作的工作量等。

公共仓库的收费由存储费、搬运费和附加费三部分组成。

a. 存储费多少取决于存储量和存储时间的长短,一般以每月每担为单位计收,有时也按产品实际占用空间来计收,以平方和立方为单位计算。

b. 搬运费的多少取决于仓储作业的数量,通常以每担为单位计收,有时也按搬运次数收费,对每次出库或入库收取搬运费。

c. 附加费包括文字记录工作、提单制作成本等。文字记录工作的费用一般直接向客户收取,提单制作成本以每份提单为单位计收。

由此可见,公共仓库的收费通常是根据仓储作业量和储存的库存量来确定计算。其中仓储作业的费用应属于仓储成本中的仓储作业成本,属于仓储成本的第二类。公共仓库收费中的存储费是依据企业在公共仓库中存货数量来计算,与企业在公共仓库中库存水平有直接关系,所以此部分成本应归入库存持有成本,不应计入该部分的仓储成本中。

公共仓库仓储成本是一个所有成本都可变的仓储系统。企业停止使用公共仓库,所有的仓储费用就消失。

(2)出入库操作、分拣、流通加工等各类仓储作业成本的构成和计算。

出入库操作、分拣、流通加工等各类仓储作业成本的构成和计算方法如下:

①各类仓储作业带来的成本构成与计算。

人工成本包括从事该项作业工人的工资、奖金、补贴、劳保等,该项成本从相关的会计科目中提取即可。当某工人从事多项作业时,根据工人从事各项作业的时间进行分配。

如果该项作业中有能源、低值易耗品的消耗,应将这些费用计入相关的作业成本。

如果该类作业中使用机器设备或工具,应以计提折旧的形式,将机器设备、工具的成本计入相关作业成本。另外,该机器设备的维修费也应计入相关作业应承担的成本中。如机器设备、工具不是自有,而是通过租赁获得时,应以租金代替折旧;当由租赁方负责设备与工具的维修时,租金中包含了维修费,所以不必再计算维修费了;当租赁费不包括设备与工具的维修时,此时,除租金外还应计算维修费用。

②装卸搬运作业成本的构成与计算。

a. 人工成本。人工成本是指按规定支付给装卸工人、装卸机械司机、装卸管理人员等的工资、奖金、津贴、职工福利费、劳保费等。该项成本从相关会计科目中抽取出来。当某个员工从事多项作业时,应根据从事各项作业的时间,将其人工费进行分配。

　　b. 燃料及动力。这是指装卸搬运机械在运行和操作过程中消耗的燃料、动力所产生的成本。

　　c. 低值易耗品。这是指装卸搬运机械领用的外胎、内胎、垫带和装卸搬运机械在运行过程中耗用的机油、润滑油的成本等。

　　d. 折旧费。这是指装卸搬运机械、工具按规定计提的折旧。

　　e. 修理费。这是指装修搬运机械、工具进行维护和小修所发生的工料成本。装卸搬运机械维修领用的周转总成本和按规定预提的装运机械的大修成本,也列入此项成本。

　　f. 租赁费。这是指租赁装卸搬运机械进行作业时,按规定支付的租金。当由出租方负责机械设备的维修时,租金中包含维修费;当由出租方不负责机械设备的维修时,租金中不包含维修费,此时在租金之外还应计算维修费用。

　　g. 外付装卸搬运费。这是指支付给外单位支援装卸搬运工作的费用。

　　h. 运输管理费。按规定向运输管理部门支付的运输管理费。

　　i. 事故损失。这是指在装卸搬运过程中,因货损、机械损坏、外单位人员伤亡等事故发生的应由本期负担的损失,包括货物破损差失和机械设备损坏所承担的损失。

　　j. 其他。这是指应由装卸搬运作业承担的管理费等间接成本。

　　③流通加工成本的构成与计算。

　　在物流系统中,进行流通加工所发生的物化劳动和活劳动的货币表现即为流通加工成本,具体包括:

　　a. 人工费。在流通加工过程中从事加工活动的管理人员、工人等人员的工资、奖金、福利费、劳保等成本的总和。

　　b. 材料费。在流通加工中,需消耗一些材料,同时这些材料最终成为产品的组成部分,如标签等,这些材料费便是流通加工材料成本。

　　c. 燃料及动力。这是指在流通加工过程中消耗的燃料、动力所产生的成本。

　　d. 折旧费。这是指流通加工机械、设备按规定计提的折旧。如剪板加工需要的剪板机、印贴标签的喷印机、拆箱用的拆箱机等。

　　e. 维修费。这是指流通加工设备的维修费用。

　　f. 租赁费。这是指流通加工作业时,按规定支付的租金。当由出租方负责流通加工设备的维修时,租金中包含维修费;当出租方不负责机械设备的维修时,租金中不包含维修费,此时在租金之外还应计算维修费用。

　　g. 低值易耗品。低值易耗品是在流通加工过程中耗费的润滑油等低值易耗品的成本。

　　h. 流通加工废品损失。这是指由流通加工产生的废品损失。

　　i. 流通加工作业外包成本。

　　j. 流通加工作业的事故损失。

　　k. 另外,还应包括由流通加工作业承担的管理费等间接成本。

　　3)库存持有成本的计算

　　与仓储活动有关的成本包括仓储成本和库存持有成本。仓储成本与库存持有水平无关,库存持有成本与库存水平有关。库存持有成本是指为保有和管理库存而需承担的费用开支。库存持有成本管理的目的是在满足顾客服务的前提下,通过对企业库存水平的控制,降低库存,降低物流成本,增强企业的竞争力。当企业库存占用资产的比例过大时,会降低资产的周转率,造成投资机会的流失,影响企业的盈利能力。所以应加强企业的库存持有成本的计算。

(1)库存占用资金成本的计算。

$$库存占用资金成本 = 库存占用资金 \times 相关收益率$$

①库存占用资金的确定。

为计算库存占用资金,要明确三方面的问题:单个库存产品实际成本、存货发出的计价方法和存货盘存方法。

a. 单个库存产品实际成本的计算。

对于商品流通企业而言,库存产品的实际成本就是库存产品当前的重置成本,包括企业为取得该库存的所有运费;如果产品的生命周期属于衰退期,正在逐渐被淘汰,那么可以用当前的市场价格来计算库存产品的实际成本。

对于制造企业而言,可以采用以下两种方法计算成本。

第一,变动成本法。该方法是将成本按成本性态划分为固定成本和变动成本。

企业库存产品的价值由直接材料费、直接人工费和变动制造费用构成,固定制造费用被剔除,采用变动成本法计算库存产品成本对企业的决策提供更真实的信息。

第二,完全成本法。与变动成本法的区别在于将固定制造费用计入库存产品的成本。其计算公式为:

$$库存产品的成本 = 直接材料费 + 直接人工费 + 固定制造费用 + 变动制造费用$$

b. 存货发出的计价方法。

存货进入仓库的批次不同,其单位成本会存在差异。对于出库货物的流动次序,会计人员为简化核算可以采用不同于货物的真实出库次序。具体方法如下:

a)先进先出法。

先进先出法是根据先购入的商品先领用或发出的假定计价的。用先进先出法计算的期末存货额,比较接近市价。采用这种方法的具体做法是:先按存货的期初余额的单价计算发出的存货成本,领发完毕后,再按第一批入库的存货的单价计算,依此从前向后类推,计算发出存货和结存货的成本。先进先出法可以随时结转存货发出和库存存货成本,与许多企业的经营状况相符,但较繁琐。如果存货收发业务较多,且存货单价不稳定时,其工作量较大。

例 5-5 甲仓储企业 2010 年 6 月 A 商品的期初结存和本期购销情况见表 5-1。

A 商品的期初结存和本期购销情况   表 5-1

6月1日	期初结存	150 件	单价 60 元	计 9000 元
6月8日	销售	70 件		
6月15日	购进	100 件	单价 62 元	计 6200 元
6月20日	销售	50 件		
6月24日	销售	90 件		
6月28日	购进	200 件	单价 68 元	计 13600 元
6月30日	销售	60 件		

用先进先出法整理见表 5-2。

先进先出法计算库存占有资金表 表 5-2

2010年		摘要	收入			发出			结存		
月	日		数量(件)	单价(元)	金额(元)	数量(件)	单价(元)	金额(元)	数量(个)	单价(元)	金额(元)
6	1	期初结存							150	60	9000
	8	销售				70	60	4200	80	60	4800
	15	购进	100	62					80 100	60 62	11000
	20	销售				50	60	3000	30 100	60 62	8000
	24	销售				30 60	60 62	1800 3720	40	62	2480
	28	购进	200	68	13600				40 200	62 68	16080
	30	销售				40 20	62 68	2480 1360	180	68	12240
		本期销售成本				270		16560			

b) 一次加权平均法。

采用一次加权平均法,本月销售或耗用的存货,平时只登记数量,登记单价和金额,月末按一次计算的加权平均单价,计算期末存货成本和本期销售或耗用成本。存货的平均单位成本的计算公式为:

一次加权平均单价 = (期初结存金额 + 本期进货金额合计) ÷
(期初结存数量 + 本期进货数量合计)

期末存货成本 = 加权平均单价 × 期末结存数量

本期销货成本 = 期初存货成本 + 本期进货成本 − 期末存货成本

以例 5-5 按一次加权平均法计算期末库存商品成本和本期销售成本,以及库存商品明细账的登记结果,见表 5-3。

一次加权平均法计算库存占有资金表 表 5-3

2010年		摘要	收入			发出			结存		
月	日		数量(件)	单价(元)	金额(元)	数量(件)	单价(元)	金额(元)	数量(件)	单价(元)	金额(元)
6	1	期初结存							150	60	9000
	8	销售				70			80		
	15	购进	100	62	6200				180		
	20	销售				50			130		
	24	销售				90			40		
	28	购进	200	68	13600				240		
	30	销售				60			180		11520
		本期销售成本				270	64	17280			

从表 5-3 中可看出,采用一次加权平均法时,库存商品明细账的登记方法与先进先出法基本相同,只是期末库存商品的结存单价为 64 元,据此计算出存货成本为 11520 元,本期销售成本为 17280 元。

c) 移动加权平均法。

移动加权平均法是指平时入库存货就根据当时的库存存货成本和总数量计算平均单位成本,作为下一次收入存货前发出存货的单位成本的计价方法。

采用移动加权平均法时,存货计价和明细账的登记在日常进行,可以随时了解存货占用资金动态,但日常工作量较大。其计算公式为:

移动加权平均单价 =(新购进的金额 + 原结存的金额)÷(新购进的数量 + 原结存的数量)

仍以 5-5 为例,第一批购入后的平均单价为:

移动加权平均单价 =(4800 + 6200)/(80 + 100)= 61.11(元)

第二批购入后的平均单价为:

移动加权平均单价 =(2444 + 13600)/(40 + 200)= 66.85(元)

按移动加权平均法计算本期各批商品销售成本和结存成本,以及库存商品明细账的登记结果,见表 5-4。

移动加权平均法计算库存占有资金表　　　　　　　　　　表 5-4

2010 年		摘要	收入			发出			结存		
月	日		数量(件)	单价(元)	金额(元)	数量(件)	单价(元)	金额(元)	数量(件)	单价(元)	金额(元)
6	1	期初结存							150	60	9000
	8	销售				70	60	4200	80	60	4800
	15	购进	100	62	6200				180	61.11	11000
	20	销售				50	61.11	3056	130	61.11	7944
	24	销售				90	61.11	5500	40	61.11	2444
	28	购进	200	68	13600				240	66.85	16044
	30	销售				60	66.85	4011	180	66.85	12033
		本期销售成本				270		16767			

d) 个别计价法。

个别计价法又称个别认定法、具体辨认法、分批认定法等。采用这一方法是假设存货的成本流转与实物流转相一致,按照各种存货,逐一辨认各批发出存货和期末存货所属的购进批别或生产批别,分别按其购入或生产时所确定的单位成本作为计算各批发出存货和期末存货成本的方法。

个别计价法的优点是计算发出存货的成本和期末存货的成本比较合理、准确。缺点是实务操作的工作量繁重,困难较大。其适用于容易识别、存货品种数量不多、单位成本较高的存货计价。

c. 库存的盘存方法。

库存盘存用以确定减少和结存库存数量,包括永续盘存制和实地盘存制两种方法。

永续盘存制通过设置明细账,逐笔登记存货的收入数和发出数,可随时结出存货结存数量,进而计算出结存成本的方法。通过会计账簿资料,可以随时反映存货收入、发出和结存情况。因此在没有存货丢失和记账错误的情况下,存货账户余额与库存实际数相符。永续盘存制下期末存货成本等于存货单位成本存货数量。该盘存制虽然平时工作量较大,但是由于管理严格,一般不会将由于存货丢失、贪污、盗窃等情况造成的损失计入存货的发出成本中,所以企业一般采用这种盘存制度。

实地盘存制是在期末时通过盘点实物确定存货数量的一种做法。具体做法是:设置存货明细账,平时只登记增加数,不登记减少数;在期末时通过盘点实物确定存货数量;根据以上数量倒算出本期发出存货成本(减少数)。该盘存制平时工作量较小,但是可能由于管理不严,导致存货丢失、贪污、盗窃等情况发生,并将由此造成的损失计入存货的发出成本中,所以企业一般不提倡采用这种盘存制度。

②相关收益率的确定。

相关收益率的确定是一个比较复杂的问题,企业必须在对未来预测的基础上确定该收益率,该比率为估算和预测得出的数值。当企业资金充足时,收益率应取决于企业对资金的投资去向;如果企业把资金存入银行或还贷,则收益率为银行的存款利率或企业为贷款付出的利率。如果企业资金有限,则收益率就为企业将该部分资金用作其他用途的最小收益率。

(2)库存服务成本的计算。

库存服务成本包括缴纳的税金和因持有库存而支付的火灾及盗窃保险。国外通常会对企业持有的库存征收税金,库存税金等于库存产品的价值与税率的乘积。因此它直接随库存水平的变化而变化。

保险费率通常并不与库存水平保持严格的比例。其主要原因是企业购买保险的主要目的是在一定时期内保护一定库存的产品,所以当库存发生小幅变化时,保险的金额并不会随之立即变动。但当库存发生较大变动时,保险政策会随库存水平作出调整。因此,总体上来说,保险费率与库存水平之间有十分紧密的关系。同时保险的水平也会受其他因素的影响,如受储存建造使用的材料,保安摄像机和消防设备等的影响。

(3)储存空间成本。

通常企业可采用自有仓库、租赁仓库和使用公共仓库三种方式获取仓储空间。其中,自有仓库和租赁仓库与企业的库存水平无直接的关系,而与仓储规划和仓储作业方式有关,属于仓储成本,不属于库存持有成本。公共仓库的收费一般是按出入库产品的数量(如搬运费)和储存的库存量来计算存储费。所以,公共仓库收费中的存储费与库存水平有直接的关系,应当作为库存持有成本的储存空间成本,而搬运费与仓储作业量有关,与库存水平无直接的关系,应计入仓储成本。

(4)库存风险成本。

库存风险成本包括过期成本、破损成本、损耗、库存迁移成本等各项费用。具体内容如下:

①过期成本。企业的仓库中有时会出现过时或其他原因,必须以低于正常售价的价格或亏本处理出售库存产品,这时过期成本便出现了。过期成本是由库存不当或库存产品过多引起的,它与库存水平有直接的关系。

其中 亏本处理的过期成本 = 原始成本 − 处理收入

低于正常售价处理的过期成本 = (正常销售单价 − 促销单价) × 销量

②破损成本。库存持有成本中的破损成本是随库存数量变动而发生破损的部分。需指

出的是,在仓储过程中由于装卸搬运或其他仓储作业而导致的产品破损,与库存持有水平无关,因此应计入仓储成本,而非库存持有成本。

③损耗。损耗是指因库存被盗而造成的成本支出。与库存水平相比,由于库存被盗而产生的损耗成本可能与企业的保安措施有着更为紧密的关系,但库存水平越高,产品被盗的数量也可能越多,因此产生的成本也越高。库存风险成本中的损耗随行业不同而不同。值得关注的是,因存储或记录不善、企业发货作业的质量不高也会带来损耗,但这种损耗与库存水平无关,应计入仓储成本。

④移仓成本。当企业对库存水平控制不当或拥有的库存在一地过多,为避免库存过期,把库存产品从该地仓库运到畅销地的仓库,这样就产生了移仓成本。需注意的是在企业物流成本管理时,很多企业把移仓成本计入企业的运输成本。

4)仓储成本的账务处理

仓储成本是物流成本的重要组成部分。要加强仓储成本的管理,就应做好仓储成本的核算,为仓储成本乃至企业的物流成本的预测、决策做准备。

(1)明确仓储成本核算的范围。

进行仓储成本的核算首先应明确是狭义的仓储成本核算,还是广义的仓储成本核算。就物流范围而言,仓储成本是发生在企业内部物流阶段的狭义的仓储成本。广义的仓储成本还包括库存持有成本和生产准备成本等内容。下面仅就狭义的仓储成本进行核算。

(2)确定仓储成本核算的对象和计算期。

仓储成本核算的对象的确定应区分仓储设施设备成本、仓储作业成本和库存持有成本等。一般来说,仓储设施设备成本应以某设施、设备为成本核算对象,如产成品仓库、原材料仓库等;仓储作业成本应以某作业为成本计算对象,如搬卸装运作业、入库作业、分拣作业等。

仓储成本的核算根据企业管理的需要,可以选择在会计期末(一般为月末)结合会计核算工作进行核算。

(3)仓储成本核算账户的设置。

进行仓储成本的核算往往需要设置仓储成本辅助账户,具体需要设置哪些账户,取决于仓储成本核算对象的选取和仓储成本管理的要求。

对于仓储成本的核算可以在"物流成本"一级账户下设置"仓储成本"二级账户,在二级账户下根据核算对象归入人工费、维护费、一般经费三个成本项目。

(4)归集、分配仓储费用和登记账簿。

企业成本核算人员应根据审核无误的原始记录,如工资结算单、领料单、折旧费计提表等,根据原始凭证、记账凭证、会计明细账和其他有关资料,将一定会计期间内应计入本月物流成本的各项仓储费用,从会计核算的有关成本费用账户中分离出来,在各种成本对象之间按照成本项目进行归集和分配,计算出各成本对象的仓储成本,所有各项仓储成本汇总之和为仓储总成本。

若某项仓储费用发生时能分清受益对象的直接费用,可直接计入该成本核算对象;若不能分清受益对象的间接费用,需要采用适合的分配方法进行分配,分配后计入相关对象的成本。

要正确计算各种对象的成本,必须正确编制各种费用分配表和计算表,成本计算过程要有完整的记录,即通过有关的会计科目、明细账或计算表来完成计算的全过程,并且登记各类有关的明细账,计算出各种物流对象的成本。

仓储成本需采用多栏式的明细账进行登记和计算。

例 5-6 某物流企业本月有关账户中记录:工资费用 80000 元,其中仓储作业人员 3 人,工资 5000 元。仓储作业人员兼做零星的装卸搬运。本月仓储作业人员用于仓库保管、装卸搬运的工作时数分别为 220 小时和 30 小时。本月折旧费为 8000 元,其中自有仓储设备的折旧费为 5000 元,本月自有仓储设备的维修费为 2000 元。

经计算编会计分录并计入物流成本辅助账户:

借:物流成本 - 仓储成本 - 人工费　　　　4400
　　- 装卸搬运成本 - 人工费　　　　　　　600
　　贷:应付职工薪酬 - 应付工资　　　　　5000
借:物流成本 - 仓储成本 - 维护费　　　　7000
　　贷:累计折旧　　　　　　　　　　　　7000

5) 仓储成本的控制

仓储成本管理是一项复杂而繁琐的工作,有效控制企业的仓储成本,能极大限度地提高企业的盈利能力和核心竞争力。

(1) 仓储成本控制的含义。

仓储成本控制是指运用成本会计为主的各种管理方法,根据制订的成本标准分配仓储成本和仓储费用,将实际成本和标准成本进行比较,找出差异的原因,进而采取措施在不降低服务质量的前提下降低仓储成本,达到物流总成本最低的目的。

(2) 仓储成本控制的重要性。

①仓储成本控制是企业增加盈利的"第三利润源",直接服务于企业的最终经营目标。增加利润是企业的目标之一,也是社会经济发展的原动力。

②仓储成本控制是加强企业竞争力、求得生存和扩展的主要保障。企业在市场竞争中,降低各种运作成本,提高产品的质量,创新产品设计和增加利润是保持竞争力的有效手段。降低仓储成本可以提高企业价格竞争能力和安全边际率,使企业在经济萎缩时继续生存下去,在经济增长时得到较高的利润。

③仓储成本控制是企业持续发展的基础。只有把仓储成本控制在同类企业的先进水平上,才有迅速发展的基础。仓储成本降低了,可以降低售价以扩大销售,销售扩大了,经营基础稳定了,才有力量去提高产品质量,创新产品设计,寻求新的发展。同时,仓储成本一旦失控,就会造成大量的资金沉淀,严重影响企业的正常生产经营活动。

(3) 仓储成本控制的原则。

①企业道德原则。处理好质量和成本的关系,不能因为片面追求降低储存成本,而忽视储存货物的保管条件和保管质量。处理好国家利益、企业利益和消费者利益的关系,降低仓储成本从根本上说对国家、企业和消费者三者都有利,但是如果在仓储成本控制过程中,采用不适当的手段损害国家和消费者的利益,就是错误的,应予避免。

②全面性原则。仓储成本涉及企业管理的方方面面,因此,控制仓储成本要进行全员、全过程和全方位的控制。

③物流总费用最低原则。仓储成本控制是一个系统工程,包括订货、入库、储存、出库 4 个环节的费用。这些费用涉及不同的部门,各费用具有效益背反的关系。因此各部门之间应相互协调,制订相应的策略,做到使企业物流总成本最低。

④经济性原则。推行仓储成本控制而发生的成本费用支出，不应超过因缺少控制而丧失的收益。同销售、生产、财务活动一样，任何仓储管理工作都要讲求经济效益，为了建立某项严格的仓储成本控制制度，需要发生一定的人力或物力支出，但这种支出要控制在一定范围之内，不应超过建立这项控制所能节约的成本。

⑤重要性原则。只在仓储活动的重要领域和环节上对关键的因素加以控制，而不是对所有成本项目都进行同样周密的控制。遵循重要性原则，将注意力集中重要事项，采取例外管理原则进行控制。

⑥零库存原则。零库存的含义是以仓库储存形式的某种或某些种物品的储存数量很低的一个概念，甚至可以为"零"，即不保持库存。它是一种拉动，首先由供应链终端的需求"拉动"产品进入市场，然后由产品的需求决定零部件的需求，从而达到库存为零。

（4）仓储成本控制的策略。

了解企业仓储成本的构成，对于各个企业来讲，最重要的莫过于如何在企业管理中降低仓储的成本。降低仓储成本要在保证物流总成本最低和不降低企业的总体服务质量和目标的前提下进行。常见的措施如下：

①努力提高仓储工作不同环节的工作效率。现代化的管理设备以及具有较高科技含量的仓储技术都是现代社会提供给我们的有利条件，我们可以借此提高仓储工作不同环节的工作效率。例如我们可以采用计算机管理技术（比如计算机存取系统、计算机定位系统、计算机监控系统以及计算机存取系统等）、现代化货架、仓储条码技术、更加专业的作业设备（比如叉车和新型托盘等）等。不同的工作主体在不同的工作环节会有不同的工作费用，在注重效率原则的同时，也更加注重经济性原则，唯有如此，仓储管理工作才可以真正发挥节约成本的作用。

②提高企业仓库的利用率。我们可以通过最大限度地提高库场的利用率，以此来提高企业的运作效率。比如通过有效利用空间、简化作业流程、更加合理地设计物流通道、缩短生产周期等，真正地降低仓储相关的费用。

③在最大限度上降低仓储过程中的非正常损耗。要想在最大限度上做到降低仓储过程中的非正常损耗，强化仓储货品的质量管理是必需的措施。数量准确、质量完好，是衡量企业仓储管理质量的重要标准。最大限度上降低仓储过程中的非正常损耗，应当做好以下工作：

a. 降低货物损耗方面：入库物品必须经过严格检验；不合格货品禁止入库；手续不全者不发料。

b. 具体管理工作方面：仓储物品分类存放，堆码苫垫应当科学；仓库的相对温度和相对湿度必须严格控制；加强仓库账目管理，做到账账相符、账实相符以及账单相符；入库物品做到定期检查。要想真正做到"数量准确、质量完好"，不管是在人工管理环节，还是在计算机管理环节，都必须认真负责、准确清晰掌握库存实际情况，并做到经常性地核对。

④实现仓储成本的信息化管理。仓储成本的信息化管理是现代仓储企业管理工作发展的必然趋势。仓储企业实现成本的信息化管理可以从以下几个方面努力：

a. 实现虚拟形式的仓库，如果可以采用虚拟的仓储方式就可以避免实际仓储形式带来的弊端，还可以实现原有的仓储功能。网络时代的信息技术和网络技术可以说是各类市场相结合的重要创新，不仅可以解决仓储的费用问题，对于从根本上优化物流系统同样有重大的意义。

b. 仓储信息的企业内部共享,通过仓储信息在企业各部门之间的自由流通和共享,可以有效降低企业的仓储存量,进而实现仓储设备周转速度的加快,最终加快了资金周转的速度,降低货物的损失,还可以提高仓储效率,最终降低仓储过程的成本。

⑤加速周转,提高单位仓容产出。储存现代化的重要课题是将静态储存变为动态储存,周转速度一快,会带来一系列的好处:资金周转快,资本效益高,货损货差小、仓库吞吐能力增加、成本下降等。具体做法诸如采用单元集装存储,建立快速分拣系统,都有利于实现快进快出,大进大出。

⑥采取多种经营,盘活资产。仓储设施和设备的巨大投入,只有在充分利用的情况下才能获得收益,如果不能投入使用或者只是低效率使用,只会造成成本的加大。仓储企业应及时决策,采取出租、借用、出售等多种经营方式盘活这些资产,提高资产设备的利用率。

⑦加强劳动管理。工资是仓储成本的重要组成部分,劳动力的合理使用,是控制人员工资的基本原则。我国是具有劳动力优势的国家,工资较为低廉,较多使用劳动力是合理的选择。但是对劳动进行有效管理,避免人浮于事,出工不出力或者效率低下也是成本管理的重要方面。

⑧降低经营管理成本。经营管理成本是企业经营活动和管理活动的费用和成本支出,包括管理费、业务费、交易成本等。加强该类成本管理,减少不必要支出,也能实现成本降低。当然,经营管理成本费用的支出时常不能产生直接的收益和回报,但也不能完全取消,但是加强管理是很有必要的。

4. 技能训练准备

(1)学生每6人自由结成一个小组,每个小组选一名组长;

(2)教师指导点评;

(3)学生自己安排时间查找资料,计算企业的仓储成本并进行对比分析,找出成本控制的薄弱环节。教师统一评选。

5. 技能训练步骤

(1)6人一组共同进行讨论,算出企业仓储成本。

(2)通过仓储成本计算,找出成本控制的不足之处,每小组派代表陈述。

6. 技能训练注意事项

(1)能计算仓储成本,并能进行仓储成本控制分析。

(2)一丝不苟,认真列出仓储成本计算步骤。

7. 技能训练评价

全员参与讨论和成绩评判工作,但在自己小组发表时回避,即不为本小组评价成绩,总评满分为100分。

每位小组成员成绩 = 本小组成绩 × 报告署名
小组成绩 = 全员评价该小组成绩总和 ÷ 参评人数

报告署名:第一名占总成绩的23%,第二名占20%,第三名占17%,第四名占15%,第五名占13%,第六名占12%。

请完成技能训练后,填写技能训练评价表,见附录1。

8. 技能训练活动建议

(1)最好深入企业调研,获取真实的资料;

(2)针对收集的资料进行仓储成本计算,掌握仓储成本控制的措施。

思考练习

1. 简答题

(1) 仓储成本如何构成?

(2) 各类由仓储作业带来的成本如何构成?

(3) 租赁仓库和公共仓库如何收费?

(4) 什么是库存持有成本?库存持有成本如何构成?

(5) 仓储成本控制应遵循的原则有哪些?

2. 计算题

一家企业在甲地有较大且稳定的仓储空间需求,为获取这一长期稳定的仓储空间,企业有两种选择:一是使用公共仓库,在满足企业需求的情况下,该公共仓库每年要收取企业存储费 50 万元,搬运费 40 万元。另一种方案是自建仓库,自建仓库需要投资 600 万元,使用年限为 10 年,净残值为 50 万元,以平均年限法计提折旧;此外企业为实施存储作业,企业每年要付出 50 万元的运营成本。企业选定的贴现率为 10%,假定不考虑所得税,请问应如何选择仓储空间?

项目二 仓储绩效和绩效评估

教学要点

(1) 通过网络或到企业调研,了解企业的仓储绩效考核指标;

(2) 由小组讨论,对比企业仓储绩效考核执行情况和绩效指标的利用情况;

(3) 针对企业的仓储活动,学会怎样运用绩效考核指标,并进行绩效考核分析,并能提出改进措施。

教学方法

可采用讲授、情境教学、案例教学和分组讨论等方法。

教学内容

仓储绩效评价的内涵;制订仓储绩效评价指标的意义;制订仓储绩效评价指标的原则;仓储绩效评价指标的种类;仓储绩效评价指标的管理;仓储绩效评价指标的分析。

1. 情景设置

诚信物流公司(简称诚信)创建于 2002 年,起步于公路运输,经过 9 年的发展,目前已经成为一家集公路陆运、特种运输、仓储与配送、第三方物流、国际货代为一体的民营企业集团,在全国的 30 个城市设有 7 个分(子)公司和 23 个办事处。近年来,诚信的业务范围急剧扩大,企业实力也在不断增加,并自 2009 年开始跻身全国物流百强企业行列。由于市场竞争激烈,为了获得更好的发展,诚信改变了传统的管理模式,实行绩效管理。但在推行绩效管理的过程中,总经理李军却困扰于诸多难题,而这些都是由物流企业的特点造成的。比如说,诚信现在全国拥有近 2 000 名员工,隶属于各地的分公司,涉及业务不同,素质也参差不齐,该如何有针对性地制订绩效考核的细则?再如,如果公司有一笔收入过百万元的业务是由一个团队完成的,该怎样将业绩细化到每一个人头上?在绩效管理方案初稿的讨论会上,经理们提出的担心与意见让李军措不及防。北京分公司的张经理首先发言:"子公司考核指标太多,很多是结果指标,而不能反映过程,我们不是生产企业,以产量和销售量来论英雄。"市场部王经理说:"总部对各个子公司的十几个考核指标根本就没有操作性。比如市场占有率,这个指标的真实数据很难获得准确数字,子公司一般会根据估算来上报。但由于该指标和绩效挂钩,每家子公司上报的数据水分都很大。"管理部孙经理说:"公司对一些职位的考核指标太复杂了。如果按照绩效考核表中各项记录数据详细考核,恐怕我没有时间干别的事情了。"人力资源部万经理:"公司对行政及客服部门的考核包括(1)服务满意率98%;(2)会议传达、贯彻执行率100%;(3)预算内费用降低10%;(4)档案完好率100%。虽然考核指标有许多定量数据,但很多都无法考核,如服务满意率。"

考核指标的制订尽管遇到很多困难,但经过3次修改,绩效管理方案最终出台。管理办法规定,分(子)公司经理、各部门经理要每月向总经理递交一份报告,总经理根据报告的内容与部门沟通,同时进行绩效辅导。但执行结果很不理想,没有上交月报的经理也都有各自的说法。仓储部赵经理说:"7月的货物吞吐量陡然增加,我们忙得连休息日都没有,哪有时间搞什么绩效辅导。"财务部李经理说:"在财务方面,公司已经连续半年没有出什么问题了,我们还用绩效辅导吗?"杭州分公司王经理说:"总部根本不了解我们那里的情况,好多计划根本就不合适,没有什么作用。"

另外,随着国内公路运输市场的发展,很多企业都推出了各自的公路运输新产品。李军也一直都想研发一项新的业务提高诚信在此领域的市场占有率和利润点,但是新业务的开发已经有半年多的时间了,却仍然没能拿出方案,李军找业务开发部经理孙涛进行了谈话,李军认为,业务部没有完成专家论证阶段的工作,年底不能推出该方案,按考核标准应扣10分。但孙涛认为,这个项目非常难搞,专家论证阶段的工作是重点,其实公司不应该对这个项目进行考核的,因为公司的绩效管理办法中进度考核标准是小试、中试和大试。现在这个项目还没有到小试阶段,不应该对小试前的工作进行考核的。同时认为他们已经尽全力了。结果李军非常生气未再听他们的意见,并提出警告,结果孙涛第二天递交了辞职信,在信中写到:"为了完成公司的目标,由我们3人组成的项目小组很多个周末没有休息,很多个夜晚睡不着觉,但在上次绩效沟通面谈时,您却指出我们任务没有完成,认为我没有责任心和能力。但事实是:第一,在制订项目计划时,对任务难度估计不足,开发过程中遇到一些没有料想到的困难;第二,公司没有及时给予人员的支持;第三,财务部、设备部不配合。"看到孙涛的辞职信,李军感到很窝火。但仔细想一下,还是不能让孙涛辞职,否则这个项目就会被迫搁浅。李军突然感到很委屈,也很困惑。绩效管理被很多管理者视为企业实现高效率的灵丹妙药,很多企业都运用此工具,成功地提升企业的绩效,但为什么到了诚信,它却好像失去了神奇的效果,还险些成为了一颗"毒药"呢?

2. 技能训练目标

能够运用绩效评价指标,进行考核、分析,并提出改进措施。

3. 相关理论知识

1)仓储绩效评价的内涵

绩效是业绩和效率的统称,它包含效率和效果两方面的内容,主要是指在一定经营期内的经营效益和经营者的业绩。绩效的好坏直接影响到企业的发展壮大和经营者的能力。因此，许多企业都是以绩效为标准来考核一个企业经营状况和经营者在任期内的能力表现，这种考核被称为绩效评价。

绩效评价又称绩效评估，是通过运筹学和数量统计的方法，建立一套科学的指标体系，参照统一的评价标准，按照一定程序，对企业一定经营期内经营效益和经营者的业绩进行定量和定性分析，并作出客观、公正和准确的综合评价。

绩效评价通常有两类评价者与被评价者：一类是企业所有者对企业经营者的绩效评价；另一类是企业的经营管理者对属下各级责任者的绩效评价，即在组织内部，高层管理者通过制订预算或编制计划等方式，对下级责任者设定绩效标准，然后讲行绩效考核，据以反映实际的执行情况，并对其作出绩效评价。

仓储绩效评价是企业根据仓储战略规划和发展目标，在一定时期内，利用一定的方法，根据预先取得的评价指标体系和评价标准，对反映企业仓储历史的、当前的和未来的发展状况的有关指标进行综合分析，对企业仓储水平和发展状况进行全面系统评价的过程。

2）制订仓储绩效评价指标的意义

仓储绩效评价指标是指反映仓库生产成果及仓库经营状况的各项指标。它是仓储管理成果的集中体现，是衡量仓库管理水平高低的尺度，利用指标考核仓库经营的意义在于对内加强管理，降低仓储成本，对外接受货主定期服务评价。

（1）对内加强管理，降低仓储成本。

仓库可以利用生产绩效考核指标对内考核仓库各个环节的计划执行情况，纠正运作过程中出现的偏差。具体表现如下：

①有利于提高仓储管理水平。仓库生产绩效考核指标体系中的每一项指标都反映某部分工作或全部工作的一个侧面。通过对指标的分析，能发现工作中存在的问题。特别是对几个指标的综合分析，能找到彼此间联系和关键问题之所在，从而为计划的制订、修改，以及仓库生产过程的控制提供依据。

②有利于落实岗位责任制。指标是衡量每一个工作环节作业质量以及作业效率和效益的尺度，是检查各岗位计划执行情况、实行按劳分配和进行各种奖励的依据。

③有利于仓库设施设备的现代化改造。一定数量和水平的设施和设备是保证仓储生产活动高效运行的必要条件，通过对比作业量系数、设备利用等指标，以便及时发现仓库作业流程的薄弱环节，从而使仓库有计划、有步骤地进行技术改造和设备更新。

④有利于提高仓储经济效益。经济效益是衡量仓库工作的重要标志，通过指标考核与分析，可以对仓库的各项活动进行全面的检查、比较、分析，确定合理的仓库作业定额指标，制订优化的仓储作业方案，从而提高仓库利用率、提高客户服务水平、降低仓储成本，以合理的劳动消耗获得理想的经济效益。

（2）对外进行市场开发、接受客户评价。

仓库还可以充分利用生产绩效考核指标对外进行市场开发和客户关系维护，给货主公司提供相对应的质量评价指标和参考数据。具体表现如下：

①有利于说服客户和扩大市场占有率。货主公司在仓储市场中寻找供应商的时候，在同等价格的基础上，服务水平通常是最重要的因素。这时如果仓库能提供令客户信服的服务指标体系和数据，则将在竞争中获得有利地位。

②有利于稳定客户关系。在我国目前的物流市场中，以供应链方式确定下来的供需关系

并不太多,供需双方的合作通常以 1 年为期限,到期客户将对物流供应商进行评价,以决定今后是否继续合作,这时如果客户评价指标反映良好,则将使仓库继续拥有这一合作伙伴。

3) 制订仓储绩效评价指标的原则

仓储绩效评价指标的制订,应遵循的原则如下:

(1) 科学性。

科学性原则要求所设计的指标体系能够客观地、如实地反映仓储生产的所有环节和活动要素。

(2) 全面性。

全面性原则要求所选择的指标要能涵盖仓储管理的全过程。

(3) 定量分析和定性分析相结合。

定量分析和定性分析相结合原则是将定性分析和定量分析有机地结合起来运用,才能反映仓储工作的全貌和目标。

(4) 可行性。

可行性原则要求所设计的指标便于工作人员掌握和运用,数据容易获得,便于统计计算,便于分析比较。

(5) 协调性。

协调性原则要求各项指标之间相互联系,互相制约,但是不能相互矛盾和重复。

(6) 可比性。

在对指标的分析过程中很重要的是对指标进行比较,如实际完成与计划相比、现在与过去相比、与同行相比等,所以可比性原则要求指标在期间、内容等方面一致,使指标具有可比性。

(7) 稳定性。

稳定性原则要求指标一旦确定之后,应在一定时期内保持相对稳定,不宜经常变动,频繁修改。在执行一段时间后,经过总结再进行改进和完善。

4) 仓储绩效评价指标的种类

仓储绩效评价指标主要有以下几类:

(1) 仓库等设施设备利用指标。

①仓库管理指标。仓库管理指标主要是反映仓库利用情况,包括仓库面积利用率和仓库容积利用率。

$$仓库面积利用率 = 报告期实际占用面积 \div 报告期仓库总面积 \times 100\%$$

式中,报告期货物实际占用面积是指报告期仓库中货物储存堆放所实际占用的有效面积之和;报告期仓库总面积是从指仓库的围墙算起整个仓库所占用的面积。

$$仓库容积利用率 = 报告期平均每日实际使用容积 / 报告期仓库的有效容积 \times 100\%$$

式中,报告期平均每日实际使用容积 = 报告期储存货物体积之和 $\div$ 报告期天数。

报告期储存货物体积之和等于报告期每天储存的货物体积的总和。

②仓储设备管理指标。仓储设备管理指标主要包括仓储设备的利用率和完好率。

仓储设备利用率包括设备荷载利用率和设备时间利用率。

$$设备荷载利用率 = 设备实际荷载量 / 设备技术特征规定的荷载量 \times 100\%$$

$$设备时间利用率 = 设备实际作业总台时 / 设备应作业总台时 \times 100\%$$

式中,总台时是指总台数与每台时数的乘积,计算设备利用率的设备必须是在用的完好设备。

$$仓储设备完好率 = (完好台日/总台日) \times 100\%$$

式中,总台日是指总台数与每台日数(不论设备技术状况好坏,除节假日外)的乘积,完好台日是指设备状况良好,能参加作业的台日。

(2)各类仓储作业活动管理指标。

各类仓储作业活动管理指标包括仓储作业质量指标和仓储作业效率指标。

①仓储作业质量指标。仓储作业质量指标是反映仓储作业质量的标志,通过该类指标的分析,可以全面分析仓储作业的工作质量,用来考核各仓储作业活动的绩效。其具体指标如下:

a. 收发货差错率。收发货差错率是指收发货所发生差错的累计数占收发货总笔数的比率,常以千分率表示。其公式为:

$$收发货差错率 = (报告期收发货差错累计数/报告期收发货总笔数) \times 100\%$$

仓储部的收发差错率应控制在 0.005% 的范围内,对于一些单位价值大或有特殊意义的商品,客户要求仓储部的收发正确率是 100%,否则按合同将给予赔偿。

b. 搬运装卸损失率。搬运装卸损失率是指在一定时期内装卸搬运作业中累计的货物损失与同期仓库吞吐量之比,该指标用以衡量装卸搬运环节的工作量和货损费用。其计算公式为:

$$搬运装卸损失率 = 装卸搬运损失量/期内吞吐量$$

式中,吞吐量是指在计划期内仓库的吞量加上吐量之和,它反映仓库的工作量和周转量,还反映仓库的规模,也反映仓库的劳动强度。吞吐量越大,仓库的工作量越大,劳动强度越高。吞吐量要靠仓库的装卸能力和装卸面积来支持。计算公式为:

$$吞吐量 = 总入库量 + 总出口量$$

c. 业务赔偿费率。业务赔偿费率是指仓储部门在计划期内发生的业务赔偿款占同期业务收入的百分比。此指标反映仓储部门履行仓库合同的质量。其计算公式为:

$$业务赔偿费率 = 业务赔偿总额/业务总收入$$

业务赔偿款是指在因为管理不善,措施不当造成的库存损失或丢失所支付的赔偿款和罚款,以及延误时间等所支付的罚款,而意外造成的损失不计算在内。业务总收入是指在计划期内仓储部门在出入库和储存过程中提供服务等收取的费用。

d. 账实相符率。账实相符率是指在进行货物盘点时,实际盘点的数量与仓储保管货物账面上的数量核对相符的程度。其计算公式为:

$$账实相符率 = 盘点时账实相符件数/盘点时货物账面总件数$$

通过该指标,可以衡量仓库账面货物的真实程度,反映保管工作的完成情况和管理水平,是避免货物损失的重要手段。

②仓储作业效率指标。

a. 平均收发时间。平均收发时间是指仓库保管员收发每一笔货物(即出入库单上的每一笔货物)平均所用的时间。它是反映仓储工作人员工作效率的质量指标。其计算公式为:

$$平均收发时间 = 收发货时间总和/收发货的总笔数$$

收发货时间的计算方法通常规定为:收货时间是指从单、货到齐开始计算,货物经验收入库后,把入库单据送交保管会计为止。发货时间是指自仓库接到发货单开始,经备货、包装、填制装运单等,直到办妥出库手续为止。在库待运时间不列为发货时间。

此指标是用来考核收发货工作人员工作效率的指标,同时也加速在库资金的周转,提高资金的利用率。

b. 全员平均工作量。全员平均工作量是在一定时期内仓库中平均每个职工承担的仓储作业的数量。因核算仓储作业量的内容不同,可以采用不同方法计算全员平均工作量,主要方法有两种。

按保管货物数量计算:
$$全员平均工作量 = 报告期保管商品数量/报告期仓库平均职工人数$$
按收发货物数量计算:
$$全员平均工作量 = 报告期收发商品数量/报告期仓库平均职工人数$$

式中,仓库平均人数是报告期内仓库全部职工人数的序时平均数。仓库全部人员包括从事保管业务的工作人员、行政管理人员和后勤服务人员等全部职工,但不包括从事运输的人员。

c. 保管员平均每人工作量。保管员平均每人工作量是指在一定时期内,平均每个保管人员储存养护货物的数量。其计算方法为:

按保管货物总量计算工作效率:
$$保管员平均每人工作量 = 报告期保管商品总量/报告期保管人员的平均人数$$
按收发商品数量计算工作效率:
$$保管员平均每人工作量 = 报告期收发商品总量/报告期保管人员的平均人数$$
按保管商品收入计算工作效率:
$$保管员平均每人工作量 = 报告期收发商品总收入/报告期保管人员的平均人数$$

式中,报告期保管员的平均人数是一个序时平均数,可以用时点数计算序时平均数的方法计算求得。保管人员是指在仓库中的保管员、保管工人和从事验收、发货等工作的所有人员,但不包括专职的记账员、核算员。

d. 仓库作业效率。此指标是用平均每人每天货物的出入库数量来衡量工作效率。其计算公式为:
$$仓库作业效率(吨/工日) = 期内货物吞吐量/期内仓库工作日数$$

(3)库存管理指标。

①货物储存时间指标。此指标是反映货物在库时间长短,主要用库存商品周转率表示,库存物资周转率是指反映库存物资周转速度快慢的指标。其计算公式为:
$$库存物资周转率 = 计划期内物资出库量/同期内平均库存量$$

库存物资周转率的高低取决于计划期内的出库量和平均库存水平的高低。在给定的平均库存水平的情况下,该指标数值越大,说明库存物资周转速度越快,企业效益越高。

②货物储存数量指标。货物储存量指标制订的目的在于从货物储存上考核企业经营情况。这是最基本的储存分析指标,具体包括货物吞吐量、库存量和商品缺货率。
$$货物吞吐量 = 总入库量 + 总出库量$$

库存量指标包括月平均库存量、季平均库存量和年平均库存量。
$$月平均库存量 = (月初库存量 + 月末库存量)/2$$
$$季平均库存量 = 各月平均库存量之和/3$$
$$年平均库存量 = 各月平均库存量之和/12$$

缺货率反映仓库满足客户需求的能力,其计算公式为:

缺货率＝缺货次数/用户要求次数

此指标用来衡量仓库部门进行库存分析的能力和组织及时补货的能力。

③货物储存质量指标。此指标主要反映在库保管与养护的实际情况。其有利于促使保养人员尽可能采取措施降低货物损耗。该指标主要包括商品损耗率和货物保管损耗率。

a. 商品损耗率。商品损耗率(库存商品自然损耗率)是指在一定的保管条件下,商品在储存保管期内,商品自然损耗量占入库商品总量的比率,以百分数或千分数表示。其公式为:

$$商品损耗率 = (商品自然损耗量/库存商品总量) \times 100\%$$

或

$$商品损耗率 = (商品损耗额/商品保管总额) \times 100\%$$

商品损耗率指标主要用于易挥发、风化、干燥、失重或破碎商品保管工作质量的考核。为了核定商品在保管过程中的损耗是否合理,一般对不同商品规定相应的损耗率标准,又称标准损耗率。若仓库的实际商品损耗率低于该标准损耗率,则为合理损耗;否则为不合理损耗。该指标不仅是考核仓库保管工作质量的依据,也是划清仓库与存货单位责任界限的重要依据。

b. 货物保管损耗率。货物保管损耗率是指在一定时期内平均每吨货物的保管损失金额。它是考核和评价保管人员工作质量的重要依据。其计算公式为:

$$货物保管损耗率 = 货物保管损失金额/平均库存量$$

式中,保管损失包括因货物保管不善而造成霉变残损、丢失短缺、超定额损耗和不按规定验收和错收错付而发生的损失等。有保管期的货物,经仓库预先催办调拨,但存货部门未能及时调拨出库而造成的损失,不能算作仓库保管损失。货物保管损失是仓库的一项直接损失,应加强管理,找出事故的原因和管理中存在的问题,落实岗位责任制。另外应注意该指标分子、分母计算时期和计算口径应保持一致。

(4)综合管理指标。

①仓储成本费用指标。仓储成本费用指标包括评价仓储成本及仓储收入成本率两个指标。

a. 平均仓储费用。平均仓储费用是指在一定时间内平均仓储1吨商品所需支出的费用额,通常以年度或月度为计算期。其计算公式为:

$$平均仓储费用 = 货物仓储费用/平均存储量$$

式中,平均储存量是指月或年平均的货物储存量。若已知某月每天的货物储存量,可采用简单算术平均法求出;若已知某月月初及月末的货物储存量,则可用(月初储存量＋月末储存量)/2 的方法计算。

b. 仓储收入成本率。仓储收入成本率是指在一定时期内货物仓储收入占仓储成本的比率。其计算公式为:

$$仓储收入成本率 = 货物仓储收入/仓储成本 \times 100\%$$

②仓储资金利润指标。

a. 收入利润率。收入利润率是指在一定时期内企业实现的利润总额占仓储营业收入的比率。其计算公式为:

$$收入利润率 = 利润总额/仓储营业收入$$

该指标可以分析仓储企业营业收入和利润的关系,它受储存商品的费率、储存商品的结构,储存单位成本等因素的影响。

b. 人均利润。人均利润是指报告期内仓储企业平均每人实现的利润。其计算公式为:

人均利润＝报告期实现利润总额/报告期全员平均人数

式中,报告期全员平均人数计算采用时点指标计算序时平均数的方法。

c. 资金利润率。资金利润率是指仓储企业在一定时期内实现的利润总额占全部资金的比率。它通常用来反映仓储企业资金利用效果。其计算公式为：

资金利润率＝利润总额÷(固定资产平均占用额＋流动资产平均占有额)

利润总额＝仓储营业利润＋投资净收益＋营业外收入－营业外支出

式中,仓储营业利润＝仓储主营业务利润＋其他业务利润－管理费用－财务费用。

从上述公式可以看出,资金利润率与全部资产平均占有额成反比,与利润总额成正比。企业提高资金利润率的途径一方面可以通过多创造利润,另一方面可以通过尽可能减少资金的占有额。

仓储绩效管理指标从不同的角度反映某一方面的情况,在进行绩效评价时,仅凭某一个指标不能全面反映管理中存在的问题,应综合利用各种管理指标,对所存在的问题进行全面、准确、深刻地分析,找出问题的症结,对症下药,并对考核指标进行完善、改进。另外,还应注意,各仓储企业或仓储部门因服务对象不同,管理的侧重点不同,使用时会产生较大的差异,在实际运用时,应针对具体情况,选择恰当的指标灵活使用。

5) 仓储绩效指标的管理

在制订出仓储绩效考核指标后,为充分发挥指标在管理中的作用,仓储企业和各级管理人员和仓储作业人员应进行相应的管理,具体表现为：

(1) 实行职能部门的归口管理。

指标制订的目的是对企业的仓储绩效进行考核,但是最根本的目的是通过考核发现问题,提高企业的效益。指标的制订目标能否实现,与仓库每个员工的工作有着直接的联系,其中管理者对指标的重视程度和管理方法更为关键。因此企业应将各项指标按仓储职能部门进行分工,实行归口管理,发挥各职能部门的作用。

(2) 指标分解到人。

绩效考核指标除分解到职能部门外,为最大限度发挥其作用,调动职工的积极性,发挥其主人翁的责任感,应将指标分解到每个员工。

(3) 分析指标。

通过指标的分析,才能发现企业在仓储经营活动过程中存在的问题,不断进行改进,提高企业的效益。另一方面通过员工信息的反馈,经过分析,不断完善绩效考核指标。

6) 仓储绩效指标分析的方法

仓储绩效指标分析的方法很多,仓储企业运用较多的方法主要有：

(1) 对比分析法。

对比分析法是也叫比较分析法,是把两个相互联系的指标数据进行比较,从数量上展示和说明研究对象规模的大小,水平的高低,速度的快慢。对比分析法是指标法中最简单,最普遍和最有效的方法。根据选取对象的不同,可以分为以下方法。

①横向对比分析(静态分析法)。横向对比分析是指将在同一时期,不同空间条件下,仓储的有关指标进行对比分析,选取对比的单位一般是同类企业中的先进企业,通过横向比较,找出差距,采取措施,进行改进。

例5-7 甲仓储企业2010年的收发差错率为0.004%,乙企业2010年的收发差错率为0.003%,则横向对比分析,企业的收发差错率乙企业比甲企业低0.001%,证明乙企业仓储工作人员工作质量高。

②纵向对比分析(动态分析法)。纵向对比分析是指统一将企业同类指标在不同的时间条件下进行对比,如以本期与上期或历史最高水平等进行比较,找出差距,采取措施进行改进。

例 5-8 甲仓储企业 2010 年的收发差错率为 0.001%,2009 年的收发差错率为 0.005%,则企业的收发差错率纵向对比分析降低 0.004%,证明仓储工作人员质量有所提高。

③计划完成情况的对比分析。计划完成情况的对比分析是指将同类指标的实际数和计划数进行对比分析,从而反映计划完成情况并进行分析,从中发现问题,采取措施进行改进。

例 5-9 甲仓储企业计划 2010 年的货物吞吐量为 50t,实际 2010 年的货物吞吐量为 45t,则计划完成情况为 45/50 = 90%,没有完成任务。

(2) 因素分析法。

因素分析法也称因素替代法,是对某个综合指标的变动原因按其内在的影响因素,计算和确定各个因素对这一综合指标发生变动的影响程度的一种分析方法。其基本做法是:先找出影响综合指标的因素,然后逐一进行分析,本着先数量指标,后质量指标的原则。先假设某一因素变动,其他因素是同度量因素,进行分析。然后逐个进行替代,某一因素单独变化,从而得到每项因素对该指标的影响程度。

例 5-10 某仓库 6 月份燃料消耗情况因素分析见表 5-5。

某仓库 6 月份燃料消耗情况　　　　　　　表 5-5

指 标	单 位	计 划	实 际	差 额
搬运作业量	t	500	600	+100
单位燃油消耗量	L/t	1	1.1	+0.1
燃油单价	元/L	7	8	+1
燃油消耗额	元	3 500	5 280	1 780

单位作业量变化对燃油消耗额影响:$(600-100) \times 1 \times 7 = 700$ 元。

单位燃油消耗量变化对燃油消耗额影响:$(1.1-1) \times 600 \times 7 = 420$ 元。

燃油单价变化对燃油消耗额的影响:$(8-7) \times 600 \times 1.1 = 660$ 元。

三个因素对总金额的影响合计为 1780 元。

4. 技能训练准备

(1) 学生每 6 人自由结成一个小组,每个小组选一名组长;

(2) 教师指导点评;

(3) 学生自己安排时间查找资料,运用仓储成本考核指标进行考核分析,教师统一评选。

5. 技能训练步骤

(1) 6 人一组共同进行讨论,运用仓储成本考核指标对企业仓储成本进行考核,并提出改进建议。报告署名按照贡献大小排列。

(2) 仓储成本绩效评价报告在课堂发表分小组进行,每小组派代表陈述。

6. 技能训练注意事项

(1) 一丝不苟,认真撰写仓储成本绩效考核报告。

(2) 报告内容要运用绩效评价指标进行计算、对比分析,并提出相应的改进措施。

7. 技能训练评价

全员参与讨论和成绩评判工作,但在自己小组发表时回避,即不为本小组评价成绩,总评满分为100分。

$$每位小组成员成绩 = 本小组成绩 \times 报告署名$$
$$小组成绩 = 全员评价该小组成绩总和 \div 参评人数$$

报告署名：第一名占总成绩的23%，第二名占20%，第三名占17%，第四名占15%，第五名占13%，第六名占12%。

请完成技能训练后填写技能训练评价表，见附录1。

8. 技能训练活动建议

(1) 资料的查阅范围要广泛，内容要全面；

(2) 针对收集的资料进行讨论。

思考练习

1. 简答题

(1) 仓储绩效和仓储绩效指标的含义？

(2) 制订仓储绩效指标的意义？

(3) 制订仓储绩效指标的原则？

(4) 应如何管理仓储绩效指标？

(5) 列出仓储绩效指标的种类？并说出每一指标的含义？

2. 案例分析题

"过去它像钻石一样晶莹璀璨，而今却变得满身污垢、暗淡无光。"正在世人因出色的绩效管理造就了巨无霸索尼并趋之若鹜争相取经的时候，索尼公司前常务董事天外伺朗却在《绩效主义毁了索尼》一文中写道：由于尊崇绩效主义，索尼近几年已经风光不再，并且在一些管理问题上积重难返。而此时，索尼已经走过了它创业的第60个年头。由于批判的是人们奉为"管理圣经"的绩效管理，文章一石激起千重浪，引起商界和管理界的激烈争论。天外伺朗认为，由于过度推崇绩效管理，索尼公司已经发生并存在如下严重问题："业务成果和金钱报酬直接挂钩，职工是为了拿到更多报酬而努力工作，而不再具有过去的奉献精神。"

索尼公司发生并存在严重问题如下：

(1) 为衡量业绩，首先必须把各种工作要素量化，但是工作是无法简单量化的。公司为统计业绩，花费了大量的精力和时间，而在真正的工作上却敷衍了事，出现了本末倒置的倾向。因为要考核业绩，几乎所有人都提出容易实现的低目标。

(2) 因实行绩效主义，索尼公司内追求眼前利益的风气蔓延。这样一来，短期内难见效益的工作，比如产品质量检验以及老化处理工序都受到轻视。

(3) 索尼公司不仅对每个人进行考核，还对每个业务部门进行经济考核，由此决定整个业务部门的报酬。最后导致的结果是，业务部门相互拆台，都想方设法从公司的整体利益中为本部门多捞取好处。

(4) 绩效主义企图把人的能力量化，以此做出客观、公正的评价。但我认为事实上做不到。它的最大弊端是搞坏了公司内的气氛。上司不把部下当成有感情的人看待，而是一切都看指标，用"评价的目光"审视部下，于是大家都极力逃避责任。这样一来就不可能有团队精神。

问题：

请运用所学知识如何解决索尼公司存在的问题？

任务六　特殊货物仓储与仓储安全

内容简介

特殊货物仓储主要包括危险品仓储、冷库管理、油品仓库管理以及粮仓管理。这些仓储对象与普通货物不同,因此在管理上要给予特殊的对待。仓储安全包括仓库治安保卫管理、仓库防火、防台风和防雨汛以及安全作业管理。

教学目标

1. 知识目标
(1) 危险品的概念与种类;
(2) 冷藏的原理与冷库的结构;
(3) 油库的种类和特点;
(4) 粮食储存的特性及粮食安全管理要求;
(5) 治安保卫工作的内容及重要性;
(6) 防火和灭火方法。
2. 技能目标
(1) 掌握不同危险品的标志与包装方式;
(2) 制定危险品仓库的管理制度;
(3) 冷库设施设备的选择及安全作业管理;
(4) 掌握油库的布置与设施;
(5) 制定粮仓安全管理制度;
(6) 能够操作和管理安保设施设备;
(7) 掌握仓库防火、防水、安全作业技术。

案例导入

危险品仓库管理

某公司是一家燃煤发电企业,其正常生产所用的部分物资从属性上说,属于危险化学品(简称危化品)范畴。目前使用的危化品主要有:毒害物品(如液氨、丙酮等)、腐蚀性物品(如硫酸、盐酸、烧碱等)、压缩气体和液化气体(如易燃气体乙炔、氢气、助燃气体氧气等)、易燃液体(如乙醇、丙酮、煤油等)。公司对危化品的危险源进行了评估,其中主要有:酸、碱、氨车的接卸,有可能发生酸碱氨的泄漏,造成伤人、水体污染、土地污染;化学试剂有害气体挥发,造成人员中毒;易燃易爆品未隔离遇火种,发生爆炸;润滑油泄漏,造成地面污染、人员滑倒伤人、对皮肤造成伤害;氧气、乙炔使用未按规定摆放、固定、漏气,发生爆炸伤人。针对这些危险源采取相应的控制措施:制订电业安全工作规程(化学工作)、化学危险品管理规定、化学实验室管理办法、化学药品库管理规定、化学主要危险品事故处理预案、公司危险化学品概述与防范及处理措施、化验人员和仓管人员考取危化品证上岗等。

> **引导思路**

1. 了解危化品的概念和种类。
2. 了解危化品仓储的特殊管理程序。

项目一 特殊货物仓储

> **教学要点**

（1）利用网络，收集仓储企业资料；
（2）由小组讨论，探讨特殊货物仓库管理制度；
（3）拟定一份危险品或冷藏品仓库管理制度。

> **教学方法**

教学可采用讲授、情境教学、案例教学和分组讨论等方法。

> **教学内容**

危险品货物的种类及特性；危险品仓库管理；冷藏品储存的措施；油品仓库管理的主要内容；粮食储存期间的一些主要特性，采取相应保管措施。

一、危险化学品仓库管理

1. 情景设置

2002年上海宝山区一化工仓库曾发生了一起危险品燃烧爆炸事故，上海市消防局30个消防中队、600多名消防官兵迅速到场，经过三个多小时的扑救，大火终于被扑灭。火灾原因是高锰酸钾和工业萘两种危险品包装破损，混合在一起，一位新进员工好心开动铲车想搬动破损的货物，引起了火灾。这个事故的教训是，进入危险品仓库的工作人员，一定要熟悉仓库内储存物品的物理和化学性质，切不可在没有专业知识的情况下，随意搬动物品，因为很多不同性质的危险物品稍有摩擦就可能引发危险。另外，作为仓库主管要不断对工作人员进行培训，包括严格的操作流程。一定要严格按危险品仓储规定操作，绝对不能为了节省成本或是贪图方便，而随意违反规定。

2. 技能训练目标

技能训练目标是能够根据危险品的不同性质订立仓储安全操作岗位责任制度。

3. 相关理论知识

1）危险品的概念与种类

危险品又称为危险化学品、危险货物，是指具有爆炸、易燃、毒害、腐蚀、放射性等特征，在运输、装卸和储存过程中，容易造成人身伤亡和财产毁损而需要特别防护的货物。根据国家《危险货物及品名编写》(GB 6944—86)的规定,将危险品按危险性类别分为9类,即危险品的类别与危险性的种类有关,而包装等级与该类的危险性程度有关。由于某些危险性类别范围较宽而进一步细分为若干项。9个危险性类别在下面列出。它们的编号顺序仅为使用方便,与相应的危险等级无关。

(1) 爆炸品(第1类)。

本类货物系指在外界作用下(如受热、撞击等),能发生剧烈的化学反应,瞬时产生大量的气体和热量,使周围压力急剧上升,发生爆炸,对周围环境造成破坏的物品,也包括无整体爆炸危险,但具有燃烧、抛射及较小爆炸危险,或仅产生热、光、音响或烟雾等一种或几种作用的烟火物品。

(2) 压缩气体和液化气体(第2类)。

本类危险物质是指在50℃下,蒸汽压强高于300kPa;或在20℃标准大气压为101.3kPa下,完全处于气态的物质。蒸汽压强是指液体与其蒸汽处于平衡状态时,饱和蒸汽的压力。在温度一定时,不同物质的饱和蒸汽压强是不同的。在一般情况下,物质的饱和蒸汽压强会随温度的升高而增大。这一类危险物品包括压缩气体、液化气体、溶解气体、冷冻液化气体、气体混合物、一种或几种气体与一种或几种其他类别物质的蒸气混合物、充气制品、六氟化碲和气溶胶。

(3) 易燃液体(第3类)。

凡在常温下以液体状态存在,遇火容易引起燃烧,其闪点(易燃液体挥发出来的蒸汽,在一定温度条件下接触火源,即能发出闪电似得火花,但不能继续燃烧,发生闪光的最低温度称为闪点)在一定温度以下的物质叫易燃液体。如豆油、花生油、乙醚、汽油、酒精等。其特性有:易燃性、挥发性、高度的流动扩散性、爆炸性、与氧化性强酸及氧化剂作用。此外,多数易燃液体都有不同程度的毒性。

(4) 易燃固体、自燃物质、遇水释放易燃气体的物质(第4类)。

此类货物系指燃点低,对热、撞击、摩擦敏感,易被外部火源点燃,燃烧迅速,并可能散发出有毒烟雾或有毒气体的固体,但不包括已列入爆炸品的物质。如赤磷和含磷的化合物、硝基化合物等。

(5) 氧化剂和有机过氧化物(第5类)。

此类货品具有强烈的氧化性,在不同条件下,遇酸、碱、受热、受潮或接触有机物、还原剂即能分解放氧,发生氧化还原反应,引起燃烧。其特性有:氧化性、遇热分解、吸水性、化学敏感性和遇酸分解性。

(6) 毒害品和感染性物品(第6类)。

本项货物系指进入肌体后,累积达一定的量,能与体液和组织发生生物化学作用或生物物理学变化,扰乱或破坏肌体的正常生理功能,引起暂时性或持久性的病理状态,甚至危及生命的物品。其特性有:有毒性、挥发性、燃烧性、溶解性等。

(7) 放射性物质(第7类)。

此类商品能自发不断地放出人体感觉器官不能察觉到的射线;放出的射线有α、β、ν、中子流四种类型,具有不同的穿透能力,能杀伤细胞,破坏人体组织,长时间或大剂量照射,会引起伤残甚至死亡。其中有些物品还具有易燃、毒害、腐蚀等性质。

(8) 腐蚀性物质(第8类)。

此类物品能灼伤人体组织,并对金属等商品造成损坏。其散发的粉尘、烟雾、蒸汽,强烈刺激眼睛和呼吸道,吸入会中毒。如无机酸性腐蚀物品、有机酸性腐蚀物品、碱性腐蚀品等、其特性有：腐蚀性、毒害性、易燃性、氧化性、遇水分解性等。

（9）杂项危险物品（第9类）。

杂项危险物品系指不属于任何类别而在航空运输中具有危险性的物质和物品。本类别包括：航空业管制的固体或液体、磁性物品和杂项物质及物品。

以上是对各种危险品的简单介绍，我们必须了解它们各个不同方面的特点和危险性，采取相应有效的措施，才能在储存过程中保证安全。

2）危险品的标志与包装

（1）危险品的标志。

危险品的外包装上需要有明确、完整的标志和标识。包括危险品的包装标志、储运图示标志、收发货标志，具体有包装容器的等级、编号，危险品的品名、收发货人、质量尺度、运输地点、操作指示，危险品的危险性质、等级的图示等（图6-1）。

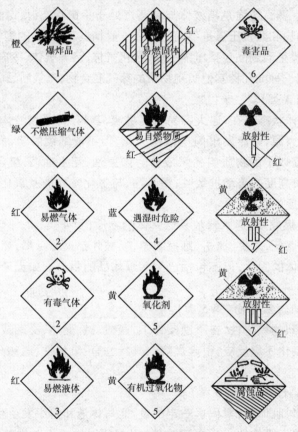

图6-1 危险品标志

（2）危险品包装。

危险品的包装是危险品安全的保障。它可保护危险品不受损害和外界的直接影响，保持危险品的使用价值；防止危险品对外界造成损害，避免发生重大危害事故。形状规则的包装可方便作业和便于堆放储存。固定标准的包装可确保危险品的单元数量的限定。危险品的包装完全根据法规和标准进行，如《危险货物运输包装通用技术条件》（GB 12463—90）等。

危险品的包装要经过规定的性能试验和具有检验标志，具有足够的强度，没有损害和变形、封口严密等。包装使用与危险品不相忌的材料，按包装容器所注明的使用类别盛装危险品。

危险品有上千种，按其危险性质确定包装，可分为通用包装和专用包装两类。通用包装适用于第3、4、5、6类中的大部分货物和第1、8类中的部分货物。其余货物由于其各自特殊危险性质，只能采用专用包装。

①危险品货物的通用包装。

危险品运输规则将危险品的通用包装分为三个等级。在危险品运输规则的总索引表和物质明细表，依据其危险程度指明了所列货物应采用的包装等级要求。显然，根据所列的包装等级反过来即能判断出该危险货物的危险程度。三类包装等级的含义是：

Ⅰ类包装——能盛装高度危险性的货物；

Ⅱ类包装——能盛装中度危险性的货物；

Ⅲ类包装——能盛装低度危险性的货物。

根据正常运输条件下可能遇到的撞击、挤压、摩擦等情况，对危险货物包装进行各种模拟试验，是检验其包装强度的方法。显然，对危险性越大的货物，其包装模拟试验的标准也应该越高。包装等级的划分由其包装模拟试验的标准确定。模拟试验的项目包括跌落试验、渗漏试验、液压试验、堆码试验等。每一类型的包装试验品只需按规定作其中的一项或几项试验。例如：对满载固体拟装货物的铁桶包装进行的跌落试验，规定的试验标准是：Ⅰ类包装的跌落高度是1.8m，Ⅱ类包装是1.2m，Ⅲ类包装是0.8m。试验品如在规定的高度跌落于试验平台后，无影响运输安全的损坏，则视为合格。

②危险货物的专用包装。

第1类的部分爆炸品，因对防火、防震、防磁等特别要求，需要选用物质明细表中规定的或主管部门批准的包装材料、类型和规格的专用包装。除非明细表中有特别规定，第1类爆炸品中其余的物质和物品的包装均应满足上述通用包装要求。

第2类危险货物均需采用耐压容器的专用包装。根据15°C时，容器所承受的压力不同，可进一步分为低压容器（≤2MPa）、中压容器（>2MPa且≤7MPa）和高压容器（>7MPa）三种。本类货物的包装及其试验标准，主要由各国有关的主管机关制定和监管。

第7类危险货物的包装，不但要能防护内装货物，而且要能起到将辐射减弱到容许强度并促进散热等作用。这类货物的包装设计及试验必须符合国际原子能机构（IAEA）有关文件的专门规定。按货物的运输指数（TI），这类货物的包装分为三个等级。Ⅰ类包装（TI约为0）、Ⅱ类包装（TI>0且TI<1）和Ⅲ类包装（TI>1）。其中Ⅰ类包装的图案标志呈现白色，Ⅱ、Ⅲ类包装的图案标志均呈现黄色并须注明其TI数值。这种包装分类方法恰好与危险货物通用包装等级分类方法相反，即危险程度越大，包装等级号也越大。

此外，第3、4、5、8等类中一些特殊危险货物也必须采用专用包装，如：双氧水、黄磷、碳化钙等。应注意的是，曾盛装过危险货物的空容器，除经清洗或处理外，均应保持其原危险货物标志，并视作所装过的危险货物对待。

对有毒商品的包装要明显地标明有毒的标志。防毒的主要措施是包装严密不漏、不透气。例如重铬酸钾（红矾钾）和重铬酸钠（红矾钠），为红色带透明结晶，有毒，应用坚固附桶包装，桶口要严密不漏，制桶的铁板厚度不能小于1.2mm。对有机农药一类的商品，应装入沥青麻袋，缝口严密不漏。如用塑料袋或沥青纸袋包装的，外面应再用麻袋或布袋包装。用作杀鼠剂的磷化锌有剧毒，应用塑料袋严封后再装入木箱中，箱内用两层牛皮纸、防潮纸或塑料薄膜衬垫，使其与外界隔绝。

对有腐蚀性的商品，要注意商品和包装容器的材质发生化学变化。金属类的包装容器，要在容器壁涂上涂料，防止腐蚀性商品对容器的腐蚀。例如包装合成脂肪酸的铁桶内壁要涂有耐酸保护层，防止铁桶被商品腐蚀，从而商品也随之变质。再如氢氟酸是无机酸性腐蚀物品，有剧毒，能腐蚀玻璃，不能用玻璃瓶作包装容器，应装入金属桶或塑料桶，然后再装入木箱。甲酸易挥发，其气体有腐蚀性，应装入良好的耐酸坛、玻璃瓶或塑料桶中，严密封口，再装入坚固的木箱或金属桶中。

对黄磷等易自燃商品的包装，宜将其装入壁厚不少于 1mm 的铁桶中，桶内壁须涂耐酸保护层，桶内盛水，并使水面浸没商品，桶口严密封闭，每桶净重不超过 50kg。再如遇水燃烧的物品如碳化钙，遇水即分解并产生易燃乙炔气，对其应用坚固的铁桶包装，桶内充入氮气。如果桶内不充氮气，则应装置放气活塞。

对于易燃、易爆商品，例如有强烈氧化性的，遇有微量不纯物或受热即急剧分解引起爆炸的产品，防爆炸包装的有效方法是采用塑料桶包装，然后将塑料桶装入铁桶或木箱中，每件净重不超过 50kg，并应有自动放气的安全阀，当桶内达到一定气体压力时，能自动放气。

3）危险品仓储的基本要求

（1）危险品仓库选址。

危险品仓库需要根据危险品的危害特性，依据政府的市政总体规划，选择合适的地点建设。危险品仓库一般设置在郊区较为空旷的地区，远离居民区、供水源、主要交通干线、农业保护区、河流、湖泊等，在当地常年主导风向的下风处。建设危险品仓库必需获得政府经济贸易管理部门审批。

（2）危险品仓库建筑和设施。

危险品仓库的建筑结构需要根据危险品的危险特性和发生危害的性质，采用妥善的建筑形式，并取得相应的许可。建筑和场所需根据危险化学品的种类、特性，设置相应的监测、通风、防晒、调温、防火、灭火、防爆、泄压、防毒、消毒、中和、防潮、防雷、防静电、防腐、防渗漏、防护围堤或者隔离操作等安全设施、设备。仓库和设施要符合安全、消防国家标准的要求，并设置明显标志。

（3）设备管理。

危险化学品的仓库实行专用仓库的使用制度，设施和设备不能用作其他使用。各种设施和设备要按照国家相应标准和有关规定进行维护、保养，进行定期检测，保证符合安全运行要求。对于储存使用剧毒化学品的装置和设施要每年进行一次安全评价；仓储和使用其他危险品的，储存装置每两年进行一次安全评价。对评价不符合要求的设施和设备应停止使用，立即更换或维修。

（4）库场使用。

危险化学品必须储藏在专用仓库、专用场地或者专用储藏室内。危险品仓库专用的要求，不仅包括不能仓储普通货的危险品专区专用，还包括不同危险品种类的专用仓库分类存放，各仓库的存放确定危险品的种类。与危险品仓储需经管理部门批准一样，危险品仓改变用途，或改存放其他危险品，也需要相应的管理部门的审批。

危险品的危害程度还与存放的危险品的数量有关，需要根据仓库危险品的特性和仓库的条件，确定各仓库的存量。例如，黄埔港务公司规定：第 12 仓楼下，堆存限额 1 078t，不能堆放一级易燃液体和一级有机过氧化物。

（5）危险化学品从业人员的要求。

从事危险化学品生产、经营、储存、运输、使用或者处置废弃危险化学品活动的人员，必须接受有关法律、法规、规章和安全知识、专业技术、职业卫生防护和应急救援知识的培训，并经考核合格，方可上岗作业。

4）危险品的保管

(1) 严格和完善的管理制度。

为了保证危险货物仓储的安全，仓库需要依据危险品管理的法律和法规的规定，根据仓库的具体实际和危险品的特性，制定严格的危险品仓储管理各类安全制度、责任制度，安全操作规程，并在实践中不断完善。仓库需要制定的管理制度主要有：危险货物管理规则、岗位责任、安全防护措施、安全操作规程、装卸搬运方案、保管检查要求、垛型和堆积标准、验收标准、残损溢漏处理程序、应急措施等。

保管单位还要根据法规规定和管理部门的要求，履行登记、备案、报告的法律和行政义务。

(2) 出入库管理。

危险货物进入仓库，仓库管理人员要严格把关，认真核查品名标志，检查包装，清点数量。细致地做好核查登记。对于品名、性质不明或者包装、标志不符，包装不良的危险品，仓库员有权拒收，或者依据残损处理程序进行处理，未经处理的包装破损危险品不得进入仓库。剧毒化学品实行双人收发制度。送、提货车辆和人员不得进入存货区，由仓库员在收发货区接受和交付危险货物。

危险货物出库时，仓库员需认真核对危险货物的品名、标志和数量，协同提货人、承运驾驶员查验货物，确保按单发货，并做好出库登记，详细记录危险货物的流向、流量。

(3) 货位选择和堆垛。

危险品的储存方式、方法与储存数量必须符合国家标准。仓库管理人员要根据国家标准、危险特性、包装，根据所制定的管理制度，合适选择存放位置，根据危险货物对保管的要求，妥善安排相应的通风、遮阳、防水、湿度、控温条件的仓库或堆场货位。根据危险品的性质和包装确定合适的堆放垛型和货垛大小，其中桶装危险货不得超过 3 个桶高，袋装货不得超过 4m。库场内的危险货物之间以及和其他设备需保持必要的间距，其中：货垛顶距离灯具不小于 1.5m；货垛距墙不小于 0.5m；货垛之间不小于 1m；每垛占地面积小于 $100m^2$，；消防器材、配电箱周围 1.5m 范围内禁止堆货或放置其他物品；仓库内消防通道不小于 4m，货场内的消防主通道不小于 6m。

危险货物堆叠时要整齐、堆垛稳固，标志朝外，不得倒置。货堆头悬挂标有危险品编号、品名、性质、类别、级别、消防方法的标志牌。

(4) 安全作业。

危险品装卸作业前。应详细了解所装卸危险货物的性质、危险程度、安全和医疗急救等措施，并严格按照有关操作规程和工艺方案作业。根据货物性质选用合适的装卸机具。装卸易爆货物，装卸机械应安置火星熄灭装置，禁止使用非防爆型电气设备。作业前应对装卸机械进行检查，装操搬运爆炸品、有机过氧化物、一级毒害品、放射性物品，装卸搬运机具应按额定负荷降低 25% 使用。作业人员应穿戴相应的防护用品。夜间装卸作业危险货物，应有良好的照明，装卸易燃、易爆货物应使用防爆型的安全照明设备。作业现场需准备必要的安全和应急设备和用具。

危险品包装破损或包装不符合要求的暂停作业，待采取妥善处理措施后方可作业。

化学危险品只能委托有危险化学品运输资质的运输企业承运。对不符合条件的运输工具不予作业。

(5) 妥善保管。

危险品仓库实行专人管理。剧毒化学品实行双人保管制度。仓库存放剧毒化学品时需向当地公安部门登记备案。

仓库管理人员应遵守库场制度，坚守岗位，根据制度规定定时、定线、定项目、定量的进行安全检查和测查，相应的采取通风、降温、排水、排气、增湿等保管措施。

严格限制闲杂人员入库。接待委托人抽样时，应详细查验证件和认真监督，严格按照操作规程操作。

危险货物提离时，应及时清扫库场，将货底、地脚货、垃圾集中于指定的地点且妥善处理，并进行必要的清洗、消毒处理。

(6) 妥善处置。

对于废弃的危险品、危险品废弃物、货底、地脚货、垃圾、仓储停业时的存货、容器等，仓库要采取妥善的处置措施，如随货同行、移交、封存、销毁、中和、掩埋等无害处理措施，不得留有事故隐患。且将处置方案在相应管理部门备案，并接受管理部门的监督。剧毒危险品发生被盗、丢失、误用，立即向当地公安部门报告。

5) 危险品应急处理

危险品应急处理是指发生危险品事故时的处理安排。危险品仓储必须根据库存危险品的特性，仓库的条件，以及法规规定和国家管理机关的要求，制订仓储危险品应急措施。

应急措施包括发生危害时的措施安排和人员的应急职责。具体包括危险判定，危险事故信号，汇报程序，现场紧急处理，人员撤离，封锁现场，人员分工等。

应急措施要作为仓库工作人员的专业知识，务必使每一位员工熟悉，且熟练掌握其分工的职责行为和操作技能。

仓库应该定期组织员工开展应急措施演习。当人员有一定变动时也要进行演习。

4. 技能训练准备

(1) 学生每 6 人自由结成一个小组，每个小组选一名组长；

(2) 教师指导点评；

(3) 学生自己安排时间查找资料，设计危险品仓储安全操作岗位责任制度，教师统一评选。

5. 技能训练步骤

(1) 6 人一组共同进行讨论，撰写危险品仓储管理制度，报告署名按照贡献大小排列；

(2) 危险品仓储管理制度报告的课堂发表分小组进行，每小组派代表陈述。

6. 技能训练注意事项

(1) 一丝不苟，认真撰写危险品仓储管理制度报告；

(2) 报告内容确定要有依据、要准确。

7. 技能训练评价

全员参与讨论和成绩评判工作，但在自己小组发表时回避，即不为本小组评价成绩，总评满分为 100 分。

每位小组成员成绩 = 本小组成绩 × 报告署名
小组成绩 = 全员评价该小组成绩总和 ÷ 参评人数

报告署名：第一名占总成绩的 23%，第二名占 20%，第三名占 17%，第四名占 15%，第五名占 13%，第六名占 12%。

请完成技能训练后填写技能训练评价表。见附录1。
8. 技能训练活动建议
(1)资料的查阅范围要广泛,内容要全面;
(2)针对收集的资料进行讨论。

二、冷藏仓库管理

1. 情景设置

某贸易有限公司原有的食品冷库总面积为 $200m^2$,设计容积为 $1000m^3$,设计载质量为 1000t。由于场地的先天条件不足,冷冻食品的装卸、流通加工、包装和堆码等作业均在库外场地进行,冷冻食品受温差波动影响较大,导致其耐藏性和品质均下降,情况严重时食品变质,必须将其丢弃,造成企业经济上的损失。随着公司业务范围不断扩大,业务量不断增加,原有的冷库已不能满足公司发展的需要,由于场地限制,在原有冷库基础上进行扩建也不可行。因此,公司考虑重新选址,建设结构合理、具备现代物流信息技术和管理手段的配送中心。

2. 技能训练目标

(1)能够根据冷库的要求选择冷库设施与设备。
(2)能够根据要求设计冷库的结构。
(2)制定一个冷库仓储岗位责任制度。

3. 相关理论知识

1)冷藏保管的原理

冷藏是指在保持低温的条件下储存物品的方法。由于在低温环境中,细菌等微生物大大降低繁殖速度,生物体的新陈代谢速度降低,能够延长有机体的保鲜时间,因而对鱼肉食品、水果、蔬菜及其他易腐烂物品都采用冷藏的方式仓储。另外对于在低温时能凝固成固态的液体流质品,采取冷藏的方式有利于运输、作业和销售,也采用冷藏的方式仓储。此外,在低温环境中一些混合物的化学反应速度降低,也采用冷藏方式储藏。

冷藏管理是冷链管理的重要环节。冷链(Cold Chain)管理是指易腐食品从原料(采摘、捕捞、收购等)生产、加工、储藏、运输、销售直到消费前的各个环节始终处于规定的低温环境,以保证食品质量,减少食品损耗的一项系统工程。2006 年的国家标准《物流术语》(GB/T 18354—2006)(以下简称国家标准 2006)定义"冷链是指根据物品特性,为保持其品质而采用的从生产到消费的过程中始终处于低温状态的物流网络。"食品冷链物流系统的基本功能主要包括冷链运输、冷链仓储、冷链配送和冷链物流信息处理。

根据冷藏保管的温度控制的不同,分为冷藏和冷冻两种方式。冷藏是将温度控制在 $0 \sim 5℃$ 进行保存,在该温度下水分不致冻结,不破坏食品的组织,具有保鲜的作用,但是微生物仍然还有一定的繁殖能力,因而保藏时间较短;冷冻则是将温度控制在 $0℃$ 以下,使水分冻结,微生物停止繁殖,新陈代谢基本停止,从而实现防腐。冷冻保管又分为一般冷冻和速冻,一般冷冻采取逐步降温的方式降低温度,达到控制温度停止降温,如 $-20℃$;速冻则是在很短的时间内将温度降到控制温度以下如 $-60℃$,使水分在短时间内完全冻结,然后逐步恢复到控制温度(不低于 $-20℃$)。速冻一般不会破坏细胞组织,具有较好的保鲜作用。冷冻储藏能保持较长的时间不腐烂变质。常见冷藏货物的储藏适宜温度、相对湿度见表 6-1。

常见冷藏货物的储藏适宜温度、相对湿度 表6-1

名称	冷藏温度(℃)	相对湿度(%)	储藏时间	冷冻温度(℃)	相对湿度(%)	储藏时间
牛肉	-1.0~0	86~90	3周	-23.0~-18.0	90~95	6~12月
猪肉	0~+1.2	85~90	3~10天	-24.0~-18.0	85~95	2~8月
冻羊肉	—	—	—	-22.0~-18.0	80~85	3~8月
家禽	0	80	1周	-30.0~-18.0	80	3~12月
冻兔肉	—	—	—	-30.0~-18.0	80~90	6月
蛋	-1.0~-0.5	80~85	8月	-18.0		12月
鱼	-0.5~+4.0	90~95	1~2周	-20.0~-12.0	90~95	8~10月
对虾				-7.0	80	1月
苹果	0~+1.0	90~95	150~180天	—	—	—
梨	0	90~95	210天			
橘子	0~+1.2	85~90	50~70天			
葡萄	-1.0~0	90	60~210天			
青椒	+9.0~+12.0	90~95	30~45天			
番茄	+13.0~+17.0	90~95	30~45天			
黄瓜	+12.0~+13.0	95	15天			
菠菜	0	95~100	85~90天			

2) 冷库库房与设备的选择

以库房形式分,冷库分为普通平库、高货架库房、多层楼库;以建筑材料分,冷库分为钢结构冷库和混凝土冷库等。冷库库房的选择要考虑建筑规模、土地价格、库房用途等诸多因素。我国20世纪80年代以前建设的冷库多数是混凝土结构的普通平库和多层楼库。这是由当时的建筑材料、叉车提升高度和以储存为目的的冷库需求所决定。20世纪80年代以后建设的冷库以彩钢板结构、高货架、高货台为主要特征。这主要是因为保温建筑材料的发展、食品卫生要求的提高和库房快速流转要求所带来的结果。

出于平均每平方米建筑费用和制冷效率等方面的考虑,越来越多的冷库选择了高货架库房,平均高度在9m以上。这就要求在冷库中安装货架,以提高库房利用率。冷库货架高度的选择一般不低于3层,但一般也不高于12m。低于3层的货架效率受到影响,而12m的高度主要是受到现有叉车提升高度的限制。如果是自动化货架冷库,高度一般可以达到20~25m。冷库中货架形式可以选择可调节式驶入式货架或单层或双层选货架。在选择安装移动式货架时要注意货品包装的完整性和冷库是否容易结霜,以免影响货架的移动。

要选择适合于冷库运作的叉车。冷库所有的叉车配有低温状态下的保护装置、特殊的电路板和防结霜及短路发生的装置等。另外。叉车在不使用时要放在预冷间或充电房,不要长时间放在冷库中。

冷库中使用的托盘要选择耐低温的材料。木托盘对温度敏感较小，但木托盘不适合食品物流对卫生和环境的要求，应减少使用。塑料托盘的选择要注意其适用温度，要选择在低温状态下性能良好的耐低温塑料托盘。

3）冷库的结构

冷库可以分为生产性冷库和周转性冷库，生产性冷库是指进行冷冻品生产的冷库，是生产的配套设施；周转性冷库则是维持冷货低温的流通仓库。冷库按控制的温度和制冷方式不同分为冷冻仓库、冷藏仓库、气调冷库和流动的冷藏车、冷藏集装箱等。固定的冷库由冷藏库房、冷冻库房、分发间、制冷设备机房等组成。库房采用可封闭式的隔热保冷结构，内装有冷却排管或冷风装置与制冷设备相接。库内装有温度、湿度测量设备，湿度控制设备，通风换气设备等，以及货位、货架、货物传输、作业设备等。

（1）冷却和结冻间。

冷却和结冻间也称为预冷加工库间。货物在进入冷藏或者冷冻库房前，先在冷却或者结冻间进行冷处理，将货物均匀的降温到预定的温度。对于冷藏货物，降温至 $2 \sim 4℃$；冷冻货物则迅速地降至 $-20℃$ 使货物冻结。因而冷却和结冻间具有较强的制冷能力。货物在冷却和结冻间采用较为分散的状态存放，以便均匀降温。由于预冷作业只是短期的作业，货物不堆垛，一般处于较高的搬运活性状态，多数直接放置在搬运设备之上，如放置在推车之上或托盘上。

（2）冷冻库房。

冷冻库房指经预冷达到冷冻保存温度的冷冻货物较长期间地保存的库房。货物经预冷后，转入冷库堆垛存放。冷冻货物的货垛一般较小，以便降低内部温度，货垛底部采用货板或托盘垫高，货物不直接与地面接触，避免温度波动时水分再冻结后造成货物与地面粘连。库内采用叉车作业为主，因而大都采用成组垛。冷冻库房具有冷冻温度的保持能力，长期将温度控制在需要的保存温度范围内。

（3）冷藏库房。

冷藏库房是冷藏货物存储的场所。货物在预冷后，达到均匀的保藏温度时，送入冷藏库房码垛存放，或者少量货物直接存入冷藏间冷藏。冷藏货物仍具有新陈代谢和微生物活动，还会出现自升温现象，因而冷藏库还需要进行持续的冷处理。冷藏库一般采用风冷式制冷，用冷风机降温。为了防止货垛内升温，保持货物的呼吸所需的新鲜空气流通，冷藏库一般采用行列垛的方式码垛存放，垛形较窄、较长，或者使用货架存放。由于冷藏存期较短，货物在库内搬运活性较高，托盘成组堆垛较为理想。

（4）分发间。

由于冷库的低温不便于货物分拣、成组、计量、检验等人工作业，另外为了冷冻库和冷藏库保冷、湿度控制，减少冷量耗损，需要尽量缩短开门时间和次数，以免造成库内温度波动太大。因而货物出库时采取迅速地将冷货从冷藏或冷冻库移到分发间，在分发间进行作业，从分发间装运。分发间也进行降温，但直接向库外作业，温度波动较大，因而分发间不能存放货物。

4）冷库仓储管理

作为一种专业化的仓库，冷库具有较为特殊的布局和结构、用具，货物也较为特殊。冷库的管理技术、专业水平要求较高。冷库存放的大多数为食品，管理不善不仅造成货损事故，还会发生食物不安全事故，影响人民身体健康。

(1) 冷库使用。

冷库分为冷冻库、冷藏库,应按库房的设计用途使用,两者不能混用。库房改变用途时,必须按照所改变的用途进行制冷能力、保冷材料、设施设备改造,完全满足新的用途。

冷库要保持清洁、干燥,经常清洁、清除残留物和结冰,库内不得出现积水。冷库在投入使用后,除非进行空仓维修保养,必须保持制冷状态。即使没有存货,冷冻库保持在-5℃,冷藏库控温在露点以下。

要按照货物的类别和保管温度不同分类使用库房。食品库不得存放其他货品,食品也不能存放在非食品库房。控制温度不同的货物不能存放在同一库房内。

(2) 货物出入库。

货物入库时,除了通常仓储所进行的查验、点数外,要对送达货物的温度进行测定、查验货物内部状态,并进行详细的纪录,对于已霉变的货物不接受入库。货物入库前要进行预冷,保证货物均匀地降到需要的温度。未经预冷冻结的货物不得直接进入冷冻库,以免高温货物大量吸冷造成库内温度升高,影响库内其他冻货。

货物出库时应认真核对货物,由于冷库内大都储存相同的货物,要核对货物的标志、编号、所有人、批次等区别项目,防止错取、错发。对于出库时需要升温处理的货物,应按照作业规程进行加热升温,不得采用自然升温。

(3) 冷货作业。

为了减少冷耗,货物出入库作业应选择在气温较低的时间段进行,如晨早、傍晚、夜间。出入库作业时集中仓库内的作业力量,尽可能缩短作业时间。要使装运车辆离库门距离最近,缩短货物露天搬运距离;防止隔车搬运。在货物出入库中出现库温升温较高时,应停止作业,封库降温。出入库搬运应采用推车、叉车、输送带等机械搬运,采取托盘等成组作业,提高作业速度。作业中不得将货物散放在地坪,避免货物、货盘冲击地坪、内墙、冷管等,吊机悬挂质量不得超过设计负荷。

库内堆码严格按照仓库规章进行。合理选择货位,将存期长的存放在库里端,存期短的货物存放在库门附近,易升温的货物接近冷风口或排管附近。根据货物或包装形状合理采用垂直叠垛或交叉叠垛,如冻光猪采用肉皮向下、头尾交错、腹背相连、长短对弯、码平码紧的方式堆码。货垛要求堆码整齐、货垛稳固、间距合适。货垛不能堵塞或者影响冷风的流动,避免出现冷风短路。堆垛完毕在垛头上悬挂货垛牌。

堆垛间距要求:①低温冷冻库货垛距顶棚0.2m;②高温冷藏库货垛距顶棚0.3m;③距顶排水管下侧0.3m;④距顶排水管横侧0.3m;⑤距未装设墙冷排管的墙壁0.2m;⑥距冷风机周围1.5m。

拆垛作业时应从上往下取货,禁止在垛中抽取。取货时要注意防止因货物冻结粘连强行取货而扯坏包装。

(4) 冷货保管。

冷库内要保持清洁干净,地面、墙、顶棚、门框上无积水、结霜、挂冰,随有随扫除,特别是在作业以后,及时清洁。制冷设备、管系上的结霜、结冰及时清除,以提高制冷功能。

定时和经常测试库内温湿度,严格按照货物保存所需的温度控制仓库内温度,尽可能减少温度波动,防止货物变质或者解冻变软发生倒垛。

按照货物所需要的通风要求,进行通风换气。通风换气的目的是为了保持库内有合适的氧分和湿度,冷库一般采用机械通风的方式进行通风换气,要根据货物保管的需要控制通风次数和通风时间,如冷藏库每天2~4次,每次换气量为冷藏间体积的1~2倍,或者使库内二氧化碳含量达到适合的范围。库藏通风意味着外部的空气进入库内,也将空气中的热量、湿度带入库内,因而要选择合适的时机通风换气。冷藏货物二氧化碳含量控制表见表6-2。

冷藏货物二氧化碳含量控制表 表6-2

品名	梨	青香蕉	柑橘	苹果	柿子	西红柿
二氧化碳容积百分比(%)	1.2~2	1.6	2~3	8~10	5~10	5~10

当货物存期届满、接近保存期到期、出现性质变化、变质等时,及时通知存货人处理。

5)冷库安全

冷库虽然说不会发生爆炸、燃烧等恶性危险事故,但冷库的低温、封闭的库房对人员还是会产生伤害,低温会造成设备的材料强度、性能降低,需引起足够的重视。

(1)防止冻伤。

进入库房的人员,必须做好保温防护、穿戴手套、工作鞋。身体裸露部位不得接触冷冻库内的物品,包括货物、排管、货架、作业工具等。

(2)防止人员缺氧窒息。

由于冷库特别是冷藏库内的植物和微生物的呼吸作用使二氧化碳浓度增加,或者冷媒泄漏入库内,会使得库房内氧气不足,造成人员窒息。人员在进入库房前,尤其是长期封闭的库房,需进行通风,排除可能的氧气不足。

(3)避免人员被封闭库内。

库门应设专人开关,限制无关人员进库。人员入库,应在门外悬挂告示牌。作业工班需明确核查人数的责任承担人,在确定人员都出库后,才能摘除告示牌。

(4)妥善使用设备。

库内作业应使用抗冷设备,且进行必要的保温防护。不使用会发生低温损害的设备和用具。

4. 技能训练准备

(1)学生每6人自由结成一个小组,每个小组选一名组长;

(2)教师指导点评;

(3)学生自己安排时间查找资料,设计冷库仓储岗位责任制度,教师统一评选。

5. 技能训练步骤

(1)6人一组共同进行讨论,撰写冷库仓储管理制度,报告署名按照贡献大小排列;

(2)冷库仓储管理制度报告的课堂发表分小组进行,每小组派代表陈述。

6. 技能训练注意事项

(1)一丝不苟,认真撰写冷库仓储管理制度报告;

(2)报告内容确定要有依据、要准确。

7. 技能训练评价

全员参与讨论和成绩评判工作,但在自己小组发表时回避,即不为本小组评价成绩,总评满分为100分。

每位小组成员成绩=本小组成绩×报告署名

小组成绩=全员评价该小组成绩总和÷参评人数

报告署名:第一名占总成绩的23%,第二名占20%,第三名占17%,第四名占15%,第五

名占13%,第六名占12%。

请完成技能训练后填写技能训练评价表。见附录1。

8. 技能训练活动建议

(1)资料的查阅范围要广泛,内容要全面;

(2)针对收集的资料进行讨论。

三、油品仓库管理

1. 情景设置

截至2009年底,我国汽车保有量已达7619万辆,与2008年相比增加1152万辆,增长17.81%。汽车保有量的增长,对成品油销售企业的供应提出了挑战。首当其冲的就是油库的油品周转量不断扩大,对现有技术设备和人员在安全管理方面提出了更高的要求。某油品公司需要建设一个$5000m^3$的油库,请同学布置油库的结构,根据国家有关规定设计一个完善严格的管理制度,如安全操作规程、岗位责任、安全防护措施等。

2. 技能训练目标

能够根据要求布置油库的结构。

3. 相关理论知识

1)油品仓库的种类

油品仓库(石油库)是指专门用于接收、储存发放液体性的原油或成品油的仓库。

(1)按容量等级划分,见表6-3。

按容量等级分级油库　　表6-3

等级	总容量 TV(m³)	等级	总容量 TV(m³)
一级	100000 ≤ TV	四级	1000 ≤ TV < 10000
二级	30000 ≤ TV < 100000	五级	TV < 1000
三级	10000 ≤ TV < 30000		

注:表中总容量指油库储油的公称容量和桶装油品设计存放量之和,不包括零位罐、高架罐、放空罐以及油库自用油品储存的容量。

不同等级的油库安全防火要求有所不同。容量愈大,等级愈高,防火安全要求愈严格;油品的轻组分愈多,挥发性愈强,防火安全要求也愈严格。总库容5万m^3以上的油库为大型建设项目。

(2)按火灾危险性划分,见表6-4。

按火灾危险性划分油库　　表6-4

类别		油品闪点*(℃)	举例
甲		28以下	原油、汽油
乙		28~60以下	喷气燃料、灯用煤油、-35号轻柴油
丙	A	60~120	轻柴油、重柴油、20号重油
	B	120以上	润滑油、100号重油

注:*闪点:是指在规定条件下,加热油品所溢出的蒸汽和空气组成的混合物与火焰接触发生瞬间闪火时的最低温度,闪点一般以℃表示。

(3)按建筑形式的不同分类。

①人工洞油库(简称山洞油库),是指油罐等主要设备安装在人工开挖的山洞内的油库。

②地下油库,是指其油罐内最高液面低于附近地面最低高程 0.2m 的油库。特点:较好的隐蔽性,起源于军事。

③地面油库,是指其油罐底面等于或高于附近地面最低高程,且油罐的埋入深度小于其高度一半的油库。目前多数油库属于此类,是分配和供应油库的主要形式。

④半地下油库,是指其油罐底部埋入地下且深度不小于罐高一半,罐内液面不高于附近地面最低高程 2m 的油库。

(4)按管理和业务关系的不同分类。

公共油库:民用油库(分配油库、储备油库和中转油库);军事油库(储备油库、供应油库和野战油库)。

企业附属油库:是指企业为满足自身生产需要而设置的储存设施。它可分为油田原油库、炼油厂油库、交通企业自备油库以及一些大型企业的附属油库等。

2)油品仓库的结构

油品仓库的结构应根据防火和工艺要求,以保证油品仓库安全,便于油库管理而进行分区布局。按其作业要求可分为收发区、储油区、油罐车作业区、辅助作业区等几个部分。生活区要求设在库区以外,以利于油库的安全管理。

(1)收发区。

收发区有铁路收发区和水路收发区,铁路收发区主要进行铁路油罐车的油品装卸作业。区内设施有铁路专用线、油品拆卸栈桥、装卸油罐管、相应的输油管道以及装卸泵房等。铁路收发栈桥应布置在油库的边缘地带,不可与库内道路交叉,并应与其他建筑物保持一定的距离。水路收发区是向油船进行油品装卸作业的区域,其主要设施有码头、运输船、装卸油管等。对于油桶的装卸,还需要配备专用的机械设备。

(2)储油区。

储油区为油品安全储存的区域。主要设施为油罐,此外还有用于防火、防静电和安全监视设备,以及降低油品损耗的设备。区内油罐的排列是:与装卸房较近处安排重质油罐,较远则布置轻质油罐,各种油罐之间须留有足够的安全距离。

(3)油罐车作业区。

作业区和桶装油发放区是向用户直接供油的场所。这里一般设有油罐车灌油间、灌桶间、桶装站台、桶装油库、油品调配间等。该区设在油库出入口附近以及交通便利之处。

(4)辅助作业区。

区内安置有油库生产配套的辅助设施,如锅炉房、机修间、化验室等。

3)油品仓库管理

油品仓库是专用于接收、存储、发放液体性的原油和成品油的仓库。由于油品具有易爆、易燃、易蒸发、易产生静电等特征,并且具有一定的毒性,因此属危险品,需要采用特殊的仓储方式,故严格管理相当重要。在日常管理中应强调"以防为主"的方针,使任何作业均在安全情况下进行。油库管理主要涉及以下内容:

(1)出入库管理。

在油品入库时,要对油品进行计量化验,以证明其质量的合格和数量相符。油品接卸时,要派专人巡视管线,谨防混、溢、跑、漏油情况的出现,严禁从车上摔下,若需沿滑板滑下时,应避免前后两桶的相撞。在油品从油桶向油罐倒装时,应注意防止桶罐间的撞击。

对于出库的油品要严格执行"四不发"规定,即:油品变质不发,无合格证不发,对经调配加工过的油品无技术证明和使用说明的不发,车罐、船舱或其他容器内不洁净不发。在站台、码头上待装油品应用遮布遮盖,以防渗入雨水。

（2）保管过程中的管理。

在油品保管期间,对油品接卸、转运时,应按其性质不同分组进行,实行按组专泵、专管。在输油完毕后,应及时用真空泵进行管道清扫。油品储藏时,根据牌号和规格分开存放。对储油罐应尽可能的保持较高的装满率,并且少倒罐,以防止氧化,减少蒸发。在夏季还需要采取降温措施。桶装油品在露天存放时,如采用卧放,应桶底相对,桶口置于上方,双行并列,一般堆放两层;立放时,桶口朝上。堆场地面高出周围地面 0.2 m,便于排水。油品库存应按照"先进先出"的原则进行,对于性质不稳定的油品应尽可能缩短储存期。在油品保存期内,要定期对油品进行化验,整装油品半年一次,散装油品三个月一次。油类保管要求见表 6-5。

油类保管要求　　　　　　　　表 6-5

油　类	保　管　要　求
汽油	储运时要远离火种、热源,避免阳光直晒; 应储存在专用的油罐内,储运时为防止静电聚集,须设有释放静电的设施
煤油	应储存在阴凉、通风的仓库内; 远离火种、热源,库温不易超过 30℃;避免反复接触
柴油	储运时要远离火种、热源,避免阳光直晒; 储运过程中为防止静电聚集,还须有释放静电设施,并设置消防器材;储运容器应注明种类、规格、等级;不要敞开保管,保管期限一般不超过 1 年
重油	储运时要远离火种、热源,避免阳光直晒; 储运过程中为防止静电聚集,还须有释放静电设施,并设置消防器材;同时还需要防止水分、杂质混入,以免冻结或堵塞雾化器

（3）降低油品损耗管理。

由于自然蒸发,各环节撒油以及容器内黏附等原因,均会造成油品数量上的损失,这在油品储存中被看作"自然损耗"。但是,油品仓储管理的主要任务之一就是尽可能减少这类损耗。降低油品损耗的主要措施有:

①加强对储油、输油设备容器的定期检查、维修和保养,做到不渗、不漏、不跑油,如发现渗漏容器应立即将其倒空。

②严格按操作规程,控制安全容量,不溢油,不洒漏。

③合理安排油罐的使用,尽量减少倒罐,以减少蒸发损失。

④发展直达运输的散装业务,尽量减少中间的装卸、搬运环节。

⑤对地面油罐可采取一些措施来降低热辐射造成的蒸发。如在油罐表面涂刷强反光涂料,向罐顶洒水等。

⑥油库建立损耗指标计划和统计制度,制订鼓励降低损耗的措施,以保证降低损耗的指

标落实。

4）安全管理

（1）建立健全油库安全管理措施。

①安全教育，及时组织演练。

②签订《安全生产合同》，明确员工的权利、义务和责任。

③落实对消防设施的配置、维修、保养和管理工作。

④加强对进入油库人员和车辆的管理。

⑤坚持设备巡检制度。

⑥定期组织安全工作大检查，制定整改措施并及时落实整改。加强安全检查是预防和杜绝隐患及事故发生最为有效的手段。日常工作中，严格实行四级安全检查制度。

⑦设立警示标志，举办系列安全活动。库区严禁烟火，应设立警示牌；在油库显要位置、泵房、消防间等场所，悬挂安全标语、张贴主题宣传画、安全挂图；派发安全宣传资料、安全书籍；举行安全图片展览、安全讲座、安全知识竞赛。

⑧油库各岗位要做好相关记录，以备核查。

为进一步做好油库安全管理工作，必须加强员工日常工作考核，必须制订完善的考核机制，真正将安全意识扎根于员工的脑海中，融化在员工的血液里。

（2）防止静电事故。

油料在储运、装卸、加注、调和等过程中，会与油罐、油管、油罐车、加油车、过滤器等接触、摩擦而产生静电。当静电积累到一定程度时，其周围产生的电场强度就可能超过空间介质一定的浓度，就会发生静电着火，引发火灾爆炸事故。这不仅会造成油料的巨大浪费和损失，也会造成人员的伤亡和装备的毁损，甚至可能造成整个油库的毁损。静电事故多发生在装车或油罐收油过程。

油库防止静电事故，其安全措施主要包括：

①减少静电的产生，加速静电的泻放；

②防止静电的集聚；

③消除火花放电现象；

④防止爆炸性气体形成；

⑤预防人体静电。

（3）防雷。

根据不同保护对象，对直击雷、雷电感应、雷电侵入波均应采取适当的安全措施。

4. 技能训练准备

（1）学生每6人自由结成一个小组，每个小组选一名组长；

（2）教师指导点评；

（3）学生自己安排时间查找资料，布置油库结构，设计油库管理制度，教师统一评选。

5. 技能训练步骤

（1）6人一组共同进行讨论，布置油库结构，撰写油库管理制度，报告署名按照贡献大小排列；

（2）油库结构报告的课堂发表分小组进行，每小组派代表陈述。

6. 技能训练注意事项

（1）一丝不苟，认真撰写油库结构、油库管理制度报告；

(2)报告内容确定要有依据、要准确。
7. 技能训练评价
全员参与讨论和成绩评判工作,但在自己小组发表时回避,即不为本小组评价成绩,总评满分为100分。

$$每位小组成员成绩 = 本小组成绩 \times 报告署名$$
$$小组成绩 = 全员评价该小组成绩总和 \div 参评人数$$

报告署名:第一名占总成绩的23%,第二名占20%,第三名占17%,第四名占15%,第五名占13%,第六名占12%。

请完成技能训练后填写技能训练评价表。见附录1。

8. 技能训练活动建议
(1)资料的查阅范围要广泛,内容要全面;
(2)针对收集的资料进行讨论。

四、粮仓管理

1. 情景设置

某粮食主产区国家直属粮库建设了一座大型散装粮仓。粮堆是一个生态体系。粮食在整个储藏周期内,容易受到周围环境因素的影响。储存期间的粮食质量变化,主要是粮食受外界的影响和自身呼吸导致发热、霉变、虫害和品质指标的劣变。试用所学到的知识,积极探索科技储粮的新途径、新方法,推进计算机信息化管理实现绿色储粮的方法,降低储粮温度,防治害虫,延缓品质变化,保证各级储备粮质量良好。

2. 技能训练目标
(1)通过学习,探讨科技储粮的新途径;
(2)为粮仓建立质量管理档案。

3. 相关理论知识

1)粮食存储的特性

粮食存储是仓储最古老的项目,"仓"在古代就是表示粮食的储藏场所。粮食包括小麦、玉米、燕麦、大麦、大米、豆类和种子等。粮食仓储是实现粮食集中收成、分散消耗的手段,同时也是国家战略物资储备的主要物资。粮食作为大宗货运输,需要较大规模的集中和仓储。为了降低粮食的储藏成本、运输成本、提高作业效率,粮食主要以散装的形式运输和仓储,进入消费市场流通的粮食才采用袋装包装。

(1)呼吸性和自热性。

作为有生植物,粮食仍然还处于具有新陈代谢的状态,能够吸收氧气和释放二氧化碳。通过呼吸作用,能产生和散发热量。当大量的粮食堆积时,释放的二氧化碳就会使空气中的氧气含量减少,造成人体的窒息;大量堆积的粮食,所产生的热量不能散发,致使粮堆内部温度升高。另外粮食中含有的微生物也具有呼吸和发热的能力。粮食的自热不能散发,在大量积聚后,还会发生自燃。粮食的呼吸性和自热性与含水率有关,含水率越高、自热能力越强。

(2)吸湿性和散湿性。

粮食本身含有一定的水分,但空气干燥时,水分会向外散发;当外界湿度大时,粮食又会吸收水分,在水分足够时还会发芽,芽胚被损害的粮食颗粒就会发霉。因吸湿性粮食在吸收水分后不容易干燥,而储存在干燥环境中的粮食也会因为散湿而形成水分的局部集结而致霉。

(3) 吸附性。

粮食的吸收水分、呼吸的性能,能将外界环境中的气味、有害气体、液体等吸附在内部,不能去除。粮食受异味污染,就会无法去除异味而损毁。

(4) 易受虫害。

粮食本身就是众多昆虫幼虫、老鼠的食物。未经杀虫的粮食中就含有大量的昆虫和虫卵、细菌,在温度、湿度合适时就会大量繁殖,形成虫害。虽经杀虫的粮食,也会因为吸引虫鼠造成二次危害。

(5) 散落流动性。

散装粮食因为颗粒小,颗粒之间不会粘连,在外力(重力)作用下,具有自动松散流动的散落特性,当倾斜角足够大时就会出现流动性。粮食的散落流动性可以采用流动作业的工艺方式。

(6) 扬尘爆炸性。

干燥粮食的麸壳、粉碎的粮食粉末等在流动、作业时会扬尘,伤害人的呼吸系统;能燃烧的有机质粮食扬尘在一定的浓度时,一般为 $50\sim65g/m^3$ 空气中,遇火源会发生爆炸。根据资料显示,美国 1958—1975 年发生粮谷粉尘爆炸事故达 139 起。

2) 粮食的质量指标

粮食的质量可以通过感官鉴定和试验分析的方法确定,通过感官鉴定粮食的颜色、气味和滋味来判定质量;通过试验测定容重、水分、感染度确定质量。

(1) 颜色。

各种粮食都有自身的颜色特点,如玉米的金黄色、大米的透明白色等。当粮食变质、陈旧时,颜色会变得灰暗、混浊。确定颜色的方法是将粮食样品铺一层在黑色的纸上,在太阳的散射光线下,加以观察确定。

(2) 气味和滋味。

新鲜的粮食具有特有的清香和滋味,一般储粮的气味清淡或具有一定熏蒸气味。变质的粮食具有恶臭味或其他特殊气味和滋味发苦。鉴别气味除了直接嗅感粮仓气味外,还可以用手捧一把粮食,通过气息温热,即可感受其气味;粮食在一只手向另一只手翻转几次,并加以吹风,如果气味很快减轻或消失,则认为粮食品质近于标准。或者采取取样品加热嗅味,确定气味。如果有异味的粮食在热水中浸泡两到三分钟,异味仍未消失,表明粮食质量不佳。

(3) 容重。

通过一定容积(如 1L)的粮食重量判定粮食的质量的方法。容重是一项综合指标,由于水分、细度、形状、表面、温度、杂质含量、颗粒完好程度都会影响容重。测定的容重要与标准容重进行比较确定优劣。

(4) 湿度。

对通过标准取样程序所取得粮食的样品,测定水分含量确定质量。水分含量包括粮食、杂质和其他水分在内。水分含量是粮食仓储保管的最重要的指标之一,防止霉变、自热、干燥粉碎都需要对湿度进行控制。粮食含水率标准见表 6-6。

粮食含水率标准　　　　　　　　　　　　　　表 6-6

粮食种类	含 水 率	粮食种类	含 水 率
大米	15% 以下	赤豆	16% 以下
小麦	14% 以下	蚕豆	15% 以下
玉米	16% 以下	花生	8.5% 以下
大豆	15% 以下	花生果	10% 以下

(5) 感染度。

感染度表示粮食被昆虫、霉菌感染的程度。其中虫害感染度根据 1kg 粮食中含有的害虫(壁虱目和象鼻虫)个数来确定。壁虱目或象鼻虫在 1~20 个或 1~5 个为第一等感染;在 20 个以上或 6~10 个为第二等感染;壁虱目呈现毡状或象鼻虫 10 个以上为第三等感染。出现一等以上壁虱目感染、一等象鼻虫感染,就需要采用熏蒸的方式灭虫。

3) 粮仓安全管理

(1) 干净无污染。

粮仓必须保持足够的清洁干净。首先仓库所建设的粮仓需要达到仓储粮食的清洁卫生条件,尽可能采用专用的粮筒仓;通用仓库拟使用于粮食仓储,应是能封闭的,仓内地面、墙面进行硬化处理,不起灰扬尘、不脱落剥离,必要时使用木板、防火合成板固定铺垫和镶衬;作业通道进行防尘铺垫。金属筒仓应进行除锈防锈处理,如采用电镀、喷漆、喷塑、内层衬垫等,确保无污染物、无异味时方可使用。

在粮食入库前,应对粮仓进行彻底清洁,清除异物、异味,待仓库内干燥、无异味时,粮食才可入库。对地面条件不满足要求的,应采用合适的衬垫,如用帆布、胶合板严密铺垫。兼用粮仓储藏粮食时,同仓内不能储存非粮食的其他货物。

(2) 保持干燥、控制水分。

保持干燥是粮食仓储的基本要求,粮仓内不得安装日用水源,消防水源应妥善关闭,洗仓水源应离仓库有一定的距离,并在排水下方。仓库旁的排水沟应保持畅通,决无堵塞,特别是在粮仓作业后,必须彻底清除撒漏入沟粮食,哪怕是极少量。

对粮仓内随时监控湿度,严格控制湿度在合适的范围之内。仓内湿度升高时,要检查粮食的含水率,含水率超过要求时,及时采取除湿措施。粮仓通风时,要采取措施避免将空气中的水分带入仓内。

(3) 控制温度、防止火源。

粮食本身具有自热现象,而在温度、湿度较高时,自热能力也越强。在气温高、湿度大时需要控制粮仓温度,采取降温措施。每日要测试粮食温度,特别是内层温度,及时发现自热升温。当发现粮食自热升温时,及时降温,采取加大通风、进行货堆内层通风降温、内层释放干冰等,必要时进行翻仓、倒垛散热。

粮食具有易燃特性,飞扬的粉尘遇火源还会爆炸燃烧。粮仓的防火工作有较高的要求。在粮食出入库、翻仓作业时,更应避免一切火源出现,特别要注意对作业设备运转的静电、粮食与仓壁、输送带的摩擦静电的消除。加强吸尘措施,排除扬尘。

(4) 防霉变。

粮食霉变除了因为细菌、酵母菌、霉菌等微生物的污染分解外,还会因为自身的呼吸作用、自热而霉烂。微生物的生长繁殖需要较适宜的温度、湿度和氧气含量。在温度 25~

37℃、湿度75%~90%生长繁殖最快霉菌,霉菌和大部分细菌需要足够的氧气,酵母菌则是可以进行有氧呼吸、无氧呼吸的兼性厌氧微生物。

粮仓防霉变以防为主,首先应是严把入口关,防止已霉变的粮食入库;避开潮湿货位,如通风口、仓库排水口、漏水撒雨的窗、门口,远离会被雨淋湿的外墙、地面妥善衬垫隔离;加强仓库温湿度控制和管理,保持低温和干燥;经常清洁仓库,特别是潮湿的地角,清除随空气飞扬入库的霉菌;以及清洁仓库外环境,消除霉菌源。

经常检查粮食和粮仓,发现霉变,立即清出霉变部分粮食,进行除霉和单独存放或另行处理,并针对性地在仓库采取防止霉变扩大措施。

应充分使用现代防霉技术和设备,如使用过滤空气通风法、紫外线灯照射、释放食用防霉药物等。但是用药物时需避免使用对人体有毒害的药物。

(5)虫鼠害。

粮仓的虫鼠害主要表现在直接对粮食的耗损、虫鼠排泄物和尸体对粮食的污染、携带外界污染物入仓、破坏粮仓设备降低保管条件、破坏包装物造成泄漏、昆虫活动对粮食的损害等。

危害粮仓的昆虫种类很多,有多种甲虫、蜘蛛、白蚁等。这些昆虫往往繁殖力很强,能在很短时间内造成大量的损害。

粮仓防治虫鼠害的方法:

①保持良好的仓库状态,及时用水泥等高强度填料堵塞建筑破损、孔洞、裂痕,防止虫鼠在仓内隐藏。库房各种开口隔栅完好,保持门窗密封。

②防止虫鼠随货入仓。对入库粮食进行检查、确定无害时方可入仓。

③经常检查、及时发现虫害鼠迹。

④使用药物灭杀。使用高效低毒的药物不直接释放在粮食中进行驱避、诱食杀灭,或者使用无毒药物直接喷洒、熏蒸除杀。

⑤使用诱杀灯、高压电灭杀。合理利用高温、低温、缺氧等手段灭杀。

4. 技能训练准备

(1)学生每6人自由结成一个小组,每个小组选一名组长;

(2)教师指导点评;

(3)学生自己安排时间查找资料,探讨科技储粮绿色途径,教师统一评选。

5. 技能训练步骤

(1)6人一组共同进行讨论,撰写科技储粮绿色途径,报告署名按照贡献大小排列;

(2)科技储粮绿色途径报告的课堂发表分小组进行,每小组派代表陈述。

6. 技能训练注意事项

(1)一丝不苟,认真撰写科技储粮绿色途径报告;

(2)报告内容确定要有依据、要准确。

7. 技能训练评价

全员参与讨论和成绩评判工作,但在自己小组发表时回避,即不为本小组评价成绩,总评满分为100分。

$$每位小组成员成绩 = 本小组成绩 \times 报告署名$$
$$小组成绩 = 全员评价该小组成绩总和 \div 参评人数$$

报告署名:第一名占总成绩的23%,第二名占20%,第三名占17%,第四名占15%,第五

名占13%,第六名占12%。

请完成技能训练后填写技能训练评价表。见附录1。

8. 技能训练活动建议

(1) 资料的查阅范围要广泛,内容要全面;

(2) 针对收集的资料进行讨论。

思考练习

1. 简答题

(1) 简述危险品仓库的管理方法。

(2) 危险品仓储的基本要求有哪些?

(3) 冷藏库商品的储存应注意哪些问题?

(4) 粮食储存有哪些特性?针对这些特性应采取哪些措施?

2. 案例分析题

上海港城危险品仓储有限公司成立于1999年。对于危险品仓储企业来说,"安全质量"是企业的生命线,是工作的重中之重。为此,公司强化管理,规范服务,建立健全"生产业务管理"、"安全质量管理"、"消防保卫管理"等一系列规章制度。为落实好有关规章制度的执行,公司紧接着又出台了有关装卸操作工艺的"安全操作规程"和"安全质量一票否决制",设置了安全质量"高压线"和与经济挂钩的"捆绑制",同时在采购保管修理环节也加大了监管力度。本着科学务实的态度,公司结合安全质量的具体措施编制宣传专刊,对员工进行安全教育培训,开展安全宣传月活动,使"安全质量第一"的观念深入人心。公司还积极引进高新技术,在公司四周安装了红外线报警装置,所有的仓库、货棚、堆场都安装了自动喷淋降温装置,电视监控系统覆盖了全公司现场的9个生产环节,实行24小时全天候录像。这样,就使公司的每一个环节形成了强有力的链接,为高效快捷地工作提供了最安全的保障。

科学规范的管理最终通过优质的服务来体现。作为浦东地区第一家危险品储运企业,港城公司起步之初就对社会公开服务承诺,定期开展书面"客户意见征询",对外服务窗口均设置"客户意见簿",不定期召开客户恳谈会,开展优质服务擂台赛和服务明星提升活动等。

问题:

作为一家危险品储运企业,港城公司是如何正确处理安全与生产的关系的?

项目二 仓储安全

教学要点

(1) 利用网络,搜集仓储企业资料;

(2) 通过小组讨论,探讨仓储企业安全保卫工作管理制度;

(3) 拟定一份仓储企业安全保卫工作管理制度。

教学方法

可采用讲授、情境教学、案例教学和分组讨论等方法。

教学内容

了解安全管理的重要性；掌握治安保卫、防火、防水、防虫鼠害的管理和方法；了解操作安全的管理方法。

一、治安保卫管理

1. 情景设置

治安保卫工作是社会治安综合治理的组成部分，是一件事关国计民生的大事。某仓储企业，依照"因地制宜，自主管理，积极防范，保障安全"的方针，为给企业创造一个良好生产经营环境，以《国有企业治安保卫工作暂行规定》为依据，建立一种责任明确，既有专业管理系统维护企业治安安全，又有全体职工参与的保卫工作的系统化管理模式，建立健全各项治安安全保卫制度，组织协调和负责企业治安安全管理活动，落实治安防范措施，预防和减少违法犯罪，消除治安灾害隐患，保护国有资产和职工人身安全，维护企业正常的生产经营秩序。

2. 技能训练目标

通过学习，制定一个精细化管理的治安保卫管理制度。

3. 相关理论知识

1）治安保卫管理的内容

仓库的治安保卫工作是仓库为了防范、制止恶性侵权行为、意外事故对仓库及仓储财产的侵害和破坏，维护仓储环境的稳定，保证仓储生产经营的顺利开展所进行的管理工作。治安保卫工作的具体内容就是执行国家治安保卫规章制度、防盗、防抢、防骗、防破坏、防火、防止财产侵害、维持仓库内交通秩序、防止交通意外事故等仓库治安灾难事故，协调与外部的治安保卫关系，维持仓库内的安定局面和员工人身安全。

治安保卫管理是仓库管理的重要的组成部分，不仅涉及财产安全、生命安全，执行国家的治安保卫管理法规和政策，同时也是仓库履行仓储合同义务的组成部分，降低和防止经营风险的手段。治安保卫工作良好的开展，才能确保企业的生产经营顺利进行，因而是仓库实现经营效益的保证，在生产效率和提高经营效益与安全保卫发生冲突时，要以治安保卫优先。仓库治安保卫管理的原则为：坚持预防为主、确保重点、严格管理、保障安全和谁主管谁负责。

2）治安保卫管理组织

仓库的法定代表人或主要负责人为仓库的治安保卫责任人，为治安保卫管理工作的领导。同时还要由仓库最高层领导中的一员分管负责，由其领导建立起仓库治安保卫的完整组织。治安保卫的管理机构由仓库的整个管理机构组成，高层领导负责整个仓库的治安保卫管理工作；各部门、机构的领导是本部门的治安责任人，负责本部门的治安保卫管理工作，对本部门的治安保卫工作负责；治安保卫的职能机构协助领导的治安保卫管理工作，指导各部门的治安保卫管理，领导治安保卫执行机构。仓库治安保卫执行机构由专职保卫机构和兼职安全员相结合的组织方式。

专职保卫机构既是仓库治安保卫的执行机构，也是仓库治安保卫管理的职能机构。专职保卫机构根据仓库规模的大小、人员的多少、任务的繁重程度、仓库所在地的社会环境确定机构设置、人员配备。一般设置保卫科、保卫队、门卫队等。专职保卫机构协助仓库主管领导的工作,制定仓库治安保卫规章制度、工作计划,督促各部门领导的治安保卫工作,组织全员的治安保卫学习教育和宣传,协调对外的治安保卫工作,保持与当地公安部门的联系,协助公安部门在仓库区内的治安管理活动,管理治安保卫的器具,管理专职保卫员工。

治安保卫的兼职制度是实行治安保卫群众管理制度的体现,选择部分责任心强、所从事的岗位对治安保卫敏感、具有较好的精力和体力的员工兼任安全员。兼职安全员主要承担所在部门和组织的治安保卫工作,协助部门领导的管理工作,督促部门执行仓库治安保卫管理的制度,组织治安保卫教育学习、检查预防工作。

3) 治安保卫管理制度

治安保卫工作是仓储长期性的工作,需要采取制度性的管理措施。通过规章制度确定工作要求、工作行为规范、明确岗位责任,通过制度建立管理系统,及时畅顺地交流信息,随时堵塞保卫漏洞,确保及时、有效的保卫反应。

仓库需要依据国家法律、法规,结合仓库治安保卫的实际需要,以保证仓储生产高效率进行、实现安全仓储、防止治安事故的发生为目的,以人为本的思想,科学地制定治安保卫规章制度。仓库所订立的规章制度不得违反法律规定,不能侵害人身权或者其他合法权益,避免或者最大限度地减少妨碍社会秩序,有利于促进安全生产。

为了使得治安保卫规章制度得以有效执行,规章制度需要有相对的稳定性,使每一位员工家喻户晓,以便按照执行、照章办事。但是随着形势的发展、技术的革新、环境的变化,规章制度也要适应新的需要进行相应修改,使之更符合新形势下的仓库治安保卫工作的需要。规章制度的修改,意味着新一轮的制度学习和宣传贯彻的开始。

仓库治安保卫的规章制度既有独立的规章制度,如安全防火责任制度,安全设施设备保管使用制度,门卫值班制度,车辆、人员进出仓库管理制度,保卫人员值班巡查制度等;也有合并在其他制度之中,如仓库管理员职责,办公室管理制度,车间管理制度,设备管理制度等规定的治安保卫事项。

4) 治安保卫工作的内容

仓库的治安保卫工作主要有防火、防盗、防破坏、防抢、防骗、员工人身安全保护、保密等工作。治安保卫工作不仅有专职保安员承担的工作,如门卫管理、治安巡查、安全值班等;还有大量的工作由相应岗位的员工承担,如办公室防火防盗、财务防骗、经营保密、仓库员防火、锁门关窗等。

仓库主要的治安保卫工作及要求如下:

(1) 守卫大门和要害部位。

仓库需要通过围墙或其他物理设施隔离,设置一至两个大门。仓库大门是仓库与外界的连接点,是仓库地域范围的象征,也是仓储承担货物保管责任的分界线。大门守卫是维持仓库治安的第一道防线。大门守卫负责开关大门,限制无关人员、车辆进入,接待入库办事人员并实施身份核查和登记,禁止入库人员携带火源、易燃易爆物品入库,检查入库车辆的防火条件,指挥车辆安全行驶、停放,登记入库车辆,检查出库车辆、核对出库货物和物品放行条和实物、并收留放行条,查问和登记出库人员携带的物品,特殊情况下查扣物品、封闭大门、封锁通道。

对于危险品仓、贵重物品仓、特殊品储存仓等要害部位,需要安排专职守卫看守,限制人员接近、防止危害、防止破坏和失窃。

（2）巡逻检查。

由专职保安员不定时、不定线、经常地巡视整个仓库区的每一个位置的安全保卫工作。巡逻检查一般安排两名保安员同时进行，携带保安器械和强力手电筒。查问可疑人员，检查各部门的防卫工作，关闭确实无人的办公室、仓库门窗、电源，制止消防器材挪作他用，仓库内有无发生异常现象，停留在仓库内过夜的车辆是否符合规定等。巡逻检查中发现不符合治安保卫制度要求的情况，采取相应的措施处理或者通知相应部门处理。

（3）防盗设施、设备使用。

仓库的防盗设施大至围墙、大门，小到门锁、防盗门、窗，仓库根据法规规定和治安保管的需要设置和安装。仓库具有的防盗设施如果不加以有效使用，都不能实现防盗目的。承担安全设施操作的仓库员工应该按照制度要求，有效使用配置的防盗设施。

仓库使用的防盗设备除了专职保安员的警械外，主要有视频监控设备、自动警报设备、报警设备，仓库应按照规定使用所配置的设备，专人负责操作和管理，确保设备的有效运作。

（4）治安检查。

治安责任人应经常检查治安保卫工作，督促照章办事。治安检查实行定期检查与不定期检查相结合的制度，班组每日检查、部门每周检查、仓库每月检查，及时发现治安保卫漏洞、不安全隐患，采取有效措施及时消除。

（5）治安应急。

治安应急是仓库发生治安事件时，采取紧急措施，防止和减少事件所造成的损失的制度。治安应急需要通过制订应急方案，明确确定应急人员的职责，发生事件时的信息（信号）发布和传递规定，以及经常的演练来保证实施。

4. 技能训练准备

（1）学生每6人自由结成一个小组，每个小组选一名组长；

（2）教师指导点评；

（3）学生自己安排时间查找资料，探讨制定精细化治安保卫管理制度，教师统一评选。

5. 技能训练步骤

（1）6人一组共同进行讨论，撰写精细化治安保卫管理制度，报告署名按照贡献大小排列；

（2）精细化治安保卫管理制度报告的课堂发表分小组进行，每小组派代表陈述。

6. 技能训练注意事项

（1）一丝不苟，认真撰写精细化治安保卫管理制度报告；

（2）报告内容确定要有依据、要准确。

7. 技能训练评价

全员参与讨论和成绩评判工作，但在自己小组发表时回避，即不为本小组评价成绩，总评满分为100分。

每位小组成员成绩 = 本小组成绩 × 报告署名

小组成绩 = 全员评价该小组成绩总和 ÷ 参评人数

报告署名：第一名占总成绩的23%，第二名占20%，第三名占17%，第四名占15%，第五名占13%，第六名占12%。

请完成技能训练后填写技能训练评价表，见附录1。

8. 技能训练活动建议

(1) 资料的查阅范围要广泛，内容要全面；

(2) 针对收集的资料进行讨论。

二、仓库消防

1. 情景设置

某再生物资回收公司，其生产区域、仓库、员工生活区域混在一起，严重违反国家消防安全管理规定。国家国内贸易局的一次调查报告表明，仓库火灾起因多种多样，造成火灾损失的原因主要有：①管理混乱，库内吸烟或其他明火造成的火灾；②避雷系统缺乏或安装不当造成雷击引起的火灾；③旧电器打火造成的火灾；④仓库建筑或布局违反防火规定；⑤消防器材配置不足、品种少；⑥防火制度不落实，义务消防队人员缺乏训练；⑦对商品性能缺乏了解，扑救初期火灾时乱了手脚，造成火势扩大。试针对以上引起火灾的原因，学习了本课程后，做一个消防安全教育讲座。

2. 技能训练目标

搜集资料，举办一个消防安全教育讲座。

3. 相关理论知识

1) 仓库火灾知识

(1) 火灾的危害。

仓库火灾是仓库的灾难性事故，不仅造成仓储货物的损害，还损毁仓库设施，燃烧和燃烧产生的有毒气体直接危及人命安全。仓库储存大量的物质，物质存放密集，机械、电气设备大量使用，管理人员偏少，具有发生火灾的系统性缺陷。仓库的消防工作，是仓库安全管理的重中之重，也是长期的、细致的、不能疏忽的工作。

(2) 燃烧三要素。

火是燃烧一种方式，一种剧烈的氧化反应。燃烧具有放热、发光和生成新物质的三个特征。火的发生必须具备三要素：具有可燃物、助燃物以及着火源。

可燃物是指在常温条件下能燃烧的物质，包括一般植物性物料、油脂、煤炭、蜡、硫磺、大多数的有机合成物等。

助燃物指支持燃烧的物质，包括空气中的氧气、释放氧离子的氧化剂。

着火源则是物质燃烧的热能源，无论是明火源还是其他火源实质上就是引起易燃物燃烧的热能，该热能引起易燃物气化，形成易燃气体，易燃气体在火源的高温中燃烧。着火源是引起火灾的罪魁祸首，是仓库防火管理的核心。

仓库火灾的着火源主要有：

①明火与明火星。有生产、生活活动使用的炉火、灯火、气焊气割的乙炔火、火柴、打火机火焰，未熄灭的烟头、火柴梗的火星，车辆、内燃机械的排烟管火星，飘落的未熄灭烟花爆竹等。

②电火。由于电线短路、用电超负荷、漏电引起的电路电火花，电器设备的电火花、电器设备升温引起燃烧等。

③化学火和爆炸性火灾。由于一些化学反应会释放大量热能、甚至直接发生火焰燃烧，而发生火灾。如活泼轻金属遇水的反应和燃烧，硫化亚铁氧化燃烧、高锰酸钾与甘油混合燃

烧等。具有爆炸危险的货物在遇到冲击、撞击或热源,发生爆炸而引起火灾。一定浓度的易燃气体、易燃物的粉尘,遇到火源也会发生爆炸。

④自燃。是指物资自身的温度升高,达到自燃点时,无需外界火源,就发生燃烧的现象。容易发生自燃的物质有:粮食谷物、煤炭、棉花、化纤、干草、鱼粉、部分化肥、油污的棉纱等。

⑤雷电与静电。雷电是带有不同电荷的云团接近时瞬间放电而形成的电弧,电弧的高能量能引起可燃物资燃烧。静电则是因为摩擦、感应使物体表面电子大量集结,向外以电弧的方式传导的现象,同样也能使易燃物燃烧。液体容器、传输液体的管道、工作的电器、运转的输送带、高压电气、强无线电波等都会产生静电。

⑥聚光。太阳光的直接照射会使物体表明温度升高,如果将太阳光聚合,形成强烈的光束就会使易燃物升温而燃烧。玻璃的折射、镜面的反射光都可能出现聚光现象。

⑦撞击和摩擦。金属或者其他坚硬的非金属,在撞击时会出现火化,引起接近的易燃物品的燃烧。物体长时间摩擦也会升温导致燃烧。

⑧人为纵火破坏。人为恶意将火源引入仓库所造成的火灾。人为故意引火构成纵火罪,纵火人要受到刑事惩罚。

(3)仓库火灾的种类。

火灾的分类是为了有效地防止火灾和针对性地灭火。防火工作重视按着火源进行分类,分为直接着火源和间接着火源,如明火源、电火源、化学火源、自燃等。从灭火的方法角度又要重视可燃物的不同,需要采用不同的灭火方法,而对火灾进行分类。

①普通火。普通可燃固体所发生的火灾,如木料、棉花、化纤、煤炭等。普通火虽然说燃烧扩散较慢,但燃烧较深入,货堆内部都在燃烧。灭火后重燃的可能性极高。普通火较适合用水扑灭。

②油类火。各种油类、油脂发生燃烧。油类属于易燃品,即易燃烧,且还具有流动性,着火的油的流动,会迅速扩大着火范围。油类轻于水,会漂浮在水面,随水流动,不能用水灭火,只能采用泡沫、干粉等灭火。矿油类储藏在专用的油库,在普通仓库中不得存放矿油类,但普通仓库中会存放食用油类。

③电气火。电器、供电系统漏电所引起的火灾,以及具有供电的仓库发生火灾,其特征是在火场中还有供电存在,具有人员触电的危险;另外由于供电系统的传导,还会在电路的其他地方产生电火源。因而发生火灾,要迅速地切断供电,采用其他安全方式照明。

④爆炸性火灾。具有爆炸性的货物发生火灾,或者火场内有爆炸性物品,如发生化学爆炸的爆炸危险品,会发生物理爆炸的密闭容器等。爆炸不仅会加剧火势,扩大燃烧范围,更危险的是直接对人命的伤害。发生这类火灾首要的工作是保证人身安全,迅速撤离人员。

2)防火与灭火方法

燃烧三要素中的可燃物、助燃物、着火源(温度)共同作用才能燃烧,缺少一个要素都不能形成火灾。防火工作就是使三者分离,不会互相发生作用。而灭火的方法也就是围绕着这个原理进行,将其中一种或两种要素分离。

(1)防火方法。

①控制可燃物。通过减少或者不使用可燃物、将可燃物质进行难燃处理来防止火灾。如仓库建筑采用不燃材料建设,使用难燃电气材料等,易燃货物使用难燃包装,用难燃材料苫盖可燃物等。通过通风的方式使可燃气体及时排除,洒水减少可燃物扬尘等措施。

②隔绝助燃物。对于易燃品采取封闭、抽真空、充装惰性气体、不燃液体浸泡的方式,表

面涂刷不燃漆、不燃涂料的方式使易燃物不与空气直接接触来防止燃烧。

③消除着火源。通过使得发生火灾的着火源不在仓库内出现,来实现防火的目的。由于仓库不可避免储藏可燃物,隔绝空气的操作需要较高的成本,仓库防火的核心就是防止着火源。消除着火源也是灭火的基本方法。

(2)灭火方法。

灭火则是可燃物已发生燃烧时,采取终止燃烧的措施。

①冷却法。将燃烧物的温度降低到燃点以下,使之不能气化,从而阻止燃烧。常用的冷却法有用大量冷水、干冰等降温。

②窒息法。使火附近的氧气含量减少,使燃烧不能继续。窒息法有封闭窒息法,如将燃烧间密闭;充注不燃气体窒息法,如采用二氧化碳、水蒸气等;不燃物遮盖窒息法,如用黄沙、惰性泡沫、湿棉被等覆盖着火物灭火。

③隔绝法。将可燃物减少、隔离的方法。当发生燃烧时,将未着火的货物搬离,从而避免火势扩大。隔绝法是灭火的基本原则,一方面减少货物受损,另一方面能起到控制火势。当发生火灾时,首要的工作就是将火场附近的可燃物搬离或者采用难燃材料隔离。

④化学抑制法。通过多种化学物质在燃烧物上的化学反应,产生降温、绝氧等效果消除燃烧。

⑤综合灭火法。火灾的危害性极大,而且当火势凶猛时,基本无法控制。发生火灾时要及时采取各种能够采用的灭火方式共同使用,提高灭火的能力。如采取封闭库房和库外喷水降温同时进行,货场搬离附近货物的隔绝法和释放灭火剂同时进行。

在共同使用多种灭火方式时,要注意避免所采用的手段互相干扰,降低灭火效果。如采用泡沫灭火时,不能用水冲,除非有大量的水源要代替不足的泡沫。酸性灭火剂不能与碱性灭火剂共同使用。另外还得防止造成人员伤害,如释放惰性气体时,必须先把现场人员撤离。

(3)消防设施和灭火器。

①仓库建筑的防火规范。仓库必须依据《中华人民共和国消防法》、国家标准《建筑设计防火规范》(GB 50016—2006)和仓库的拟定用途确定合乎规范的耐火等级、层数和占地面积、库房容积和防火间距,在仓库建设后不得改变。

仓库应按照国家有关防雷设计规范的规定,设置防雷装置,需要定期检查,防止损害,保证有效。防雷装置接地电阻不大于10Ω,接闪器圆钢直径不小于$8mm$,扁钢、角钢厚度不小于$4mm$。

仓库区内必须设置消防通道,消防通道不小于$4m$。

②消防水系统。库房内应设室内消防给水,同一库房内应采用统一规格的消火栓、水枪和水带,水带长度不应超过$25m$。超过四层的库房应设置消防水泵接合器。对于面积超过$1000m^2$纤维及其制品的仓库,应设置闭式自动喷水灭火系统。消防水可以由水管网、消防水池、天然水源供给,但必须要有足够的压力和供水量。寒冷季节,要采取必要的防冻措施防止消防水系统损坏。

③灭火器和灭火剂。灭火器是一些轻便的容器,内装灭火剂。发生火灾时,使用灭火器内的灭火剂扑灭火源。灭火器布置在仓库的各个出入口附近位置,是应急灭火的最重要的灭火器材。

灭火器根据容器内盛装的灭火剂命名,分为清水灭火器、泡沫灭火器、二氧化碳灭火器、干粉灭火器、1211灭火器等。不同的灭火器要有针对性的使用,才能起到安全灭火的目的。

水是最常用的灭火剂,能起着降温冷却、隔绝空气、冲击火焰的灭火作用。除了电气火灾、油和轻于水且不溶于水液体、碱金属外,其他火灾都可以用水扑灭。

泡沫,又分为化学泡沫和空气泡沫。由于泡沫较轻,覆盖在可燃物表面,起着阻隔空气的作用,从而使燃烧终止。泡沫主要用于油类火灾,也可以用于普通火灾的灭火。

二氧化碳,又称为干冰灭火器。利用液态的二氧化碳在气化时大量吸热,造成降温冷却,以及二氧化碳本身的窒息作用灭火。二氧化碳最适用于电器设备、气体,以及办公地点、封闭舱室的灭火。二氧化碳及时气化,不留痕迹,不会损坏未燃烧的物品。但二氧化碳对人体同样具有窒息作用,在使用时要注意防冻和防窒息。

干粉,如碳酸氢钠粉等干燥、易流动、不燃、不结块的粉末。其主要起着覆盖窒息的作用,还能减少燃烧液体的流动。干粉在使用后也容易清洁,不污染燃烧物。

卤代烷1211,"1211"即二氟一氯一溴甲烷,一种物色透明的不燃绝缘液体。通过氮气高压存储在高压钢瓶内。灭火时对着着火物释放,通过降温、隔绝空气、形成不燃覆盖层灭火。其灭火效率极高,比二氧化碳高约3~4倍,适合于油类火灾、电气火灾的扑灭。

沙土,对于小面积火灾,使用沙土覆盖灭火是一种有效的手段。由于沙土本身惰性、不燃,较为沉重,具有较好的覆盖镇压能力,适合于氧化剂、酸碱性物质、遇水燃烧物质的灭火,同时沙土能吸附液体,阻止液体流动,也是扑灭液体火灾的重要材料。

(4) 常见灭火器的使用。

①干粉灭火器。在距离燃烧处上风向5m处,放下灭火器,一手紧握喷枪,另一手拨开气瓶把手上的保险销,提起提环或者压下把手或者拧开手轮(气瓶结构不同),随即提起灭火器。当干粉喷出后,对准火焰的根部扫射,逐步前移。扫射移动速度不应太快,不能对着火焰中心喷射,以免火焰扩散。

②泡沫灭火器。在距离燃烧物6m处,拔除手把上的保险销,一手持喷枪,另一手握紧开启把手打开密封或刺穿储气瓶密封片,空气泡沫既可从喷枪口喷出。喷射泡沫是不能直接喷射在燃烧的液体表面,应经一定缓冲后(容器内壁等),流动堆积在燃烧液体表面。

③二氧化碳灭火器。二氧化碳灭火器操作方法与干粉灭火器相同(均为储压式气瓶)。灭火时的喷口(喇叭口)应顺风在火焰侧面从上朝下喷射,保持一定的角度。使用干冰灭火器时,手只能持喇叭筒上的把手,不能直接持软管和喇叭筒,以免冻伤。

3) 仓库消防管理

仓库消防管理的方针是"预防为主、防消结合"。重视预防火灾的管理,以不存在火灾隐患为管理目标。

仓库的消防管理工作包括仓库建设时的消防规划、消防管理组织、岗位消防责任、消防工作计划、消防设备配置和管理、消防检查和监督、消防日常管理、消防应急、消防演习等。

严格按照《仓库防火安全管理规则》布置仓库建筑和配置消防设备,并通过当地消防管理部门的验收。在任何情况下仓库的消防场地和设施都不得改作其他使用。仓库要与当地消防管理部门商定仓库消防管理的责任区域,确定保持联系的方法。

仓库的消防管理是仓库安全管理的重要组成部分,由仓库的法定代表人或者最高领导人承担管理责任人,各部门、各组织的主要领导人担任部门防火管理责任人,每一位员工都是其工作岗位的防火责任人。形成仓库领导、中层领导、基层员工的消防组织体系,实行专职和兼职相结合的制度,使消防管理工作覆盖到仓库的每一个角落。

仓库根据需要可以组织专职消防机构和消防队伍,承担仓库消防工作的管理支持、检查和督促,应急消防,员工消防培训,消防值班,公共场所的消防管理,仓库消防设备管理和维护。同时组织兼职消防队伍,承办各工作部门的消防工作、检查所在部门的消防工作、及时发现消防隐患。

消防工作采用严格的责任制,采取"谁主管谁负责,谁在岗谁负责"的制度。每个岗位每个员工的消防责任明确确定,并采取有效的措施督促执行。仓库需订立严格和科学的消防规章制度,制定电源、火源、易燃易爆物品的安全管理和值班巡逻制度,确保各项规章制度被严格执行。制定合适的奖惩制度,激励员工做好消防工作。

仓库内的工作人员需要经过消防培训,考核合格方可上岗。仓库还需要定期组织员工消防培训,并结合进行消防演习,确保每一位仓库员工熟悉岗位消防职责。经常性开展防火宣传,保持员工的高度防火警惕性。

仓库的消防设备要有专人负责管理,坚决制止挪用或损坏消防设备。根据各类消防设备的特性,定期保养和检查、充装。定期检查防雷系统,保证处于有效状态。

4) 仓库防火

(1) 严格把关,严禁火种带入仓库。

库区内严禁吸烟、严禁用明火炉取暖。存货仓库内严禁明火作业。库房内不准设置和使用移动式照明灯具。库房内不得使用电炉、电烙铁等电热器具和电视机、电冰箱等家用电器。库房内不得作为办公场所和休息室。

(2) 严格管理库区明火。

库房外使用明火作业,必须按章进行,在消除可能发生火灾的条件下,经主管批准,在专人监督下进行,明火作业后彻底消除明火残迹。库区内的取暖、烧水炉应设置在安全地点,并有专人看管。库区及周围 50m 范围内,严禁燃放烟花爆竹。

(3) 电气设备防火。

库区内的供电系统和电器应经常检查,发现老化、损害、绝缘不良时,及时更换。每个库房应该在库房外单独安装开关箱,保管人员离库时,必须拉开电闸断电。使用低温照明的不能改为高温灯具、防爆灯具不得改用普通灯具。

(4) 作业机械防火。

进入库区的内燃机械必须安装防火罩,电动车要装设防火星溅出装置。蒸汽机车要关闭灰箱和送风器。车辆装卸货物后,不准在库区、库房、货场内停放,更不得在库内修理。作业设备会产生火花的部位要设置防护罩。

(5) 入库作业防火。

装卸搬运作业时,作业人员不得违章采用滚动、滑动、翻滚、撬动的方式作业,不使用容易产生火花的工具。避免跌落、撞击货物。对容易产生静电的作业,要采取消除静电措施。货物入库前,要专人负责检查,确定无火种隐患后,如无升温发热、燃烧痕迹、焦味等,方准入库。对已升温的货物,要采取降温措施后才能入库。

(6) 安全选择货位。

货物要合适进行分类、分垛储存。对于会发生化学反应的货物应远离对方,消防方法不同的货物不得同仓储存。根据货物的消防特性选择合适的货位,如低温位置、通风位置、光照位置、方便检查位置、干燥位置、少作业位置等。

(7) 保留足够安全间距。

货垛大小合适,间距符合要求。堆场堆垛应当分类、分堆、分组和分垛,按照防火规范的防火距离的要求保留间距。库房内按类分垛;每垛占地面积不宜大于100m²,垛与垛间距不少于1m,垛与墙间距不少于0.5m,垛与梁、柱的间距不小于0.3m,货垛与水暖取暖管道、散热器间距不小于0.3m,库内主要通道的宽度不小于2m。

在照明灯具下方不得堆放物品,其垂线下方与存货品间距不得小于0.5m,电器设备周围间距保留1.5m,架空线路下方严禁堆放货物。不得占用消防通道、疏散楼梯存放货物和其他物品,不得围堵消防器材。

(8) 货物防火保管。

对已入库货物的防火保管是仓库保管的重要工作,仓库管理人员应经常检查仓库内的防火情况,按防火规程实施防火作业。经常检查易自燃货物的温度,做好仓库通风,对货场存放较久的货物时常掀开部分苫盖通风除湿。气温高时对易燃液体、易燃气体采取洒水降温。烈日中苫盖好货物,阻止阳光直射入仓库或反射入仓库照射货物。经常查看电气设备工作状态,及时发现不良情况。仓库保管中发现不安全情况及时报告,迅速采取有效措施,消除隐患。

(9) 及时处理易燃杂物。

对于仓库作业中使用过的油污棉纱、油手套、油污垫料等沾油纤维、可燃包装、残料等,应当存放在库外的安全地点,如封闭铁桶、铁箱内,并定期处理。

仓库作业完毕,应当对仓库、通道、作业线路、货垛边进行清理清扫,对库区、库房进行检查,确定安全后,方可离人。

(10) 危险品仓库消防。

危险品仓库对消防工作有更高的要求,严禁一切火源入库,汽车、拖拉机不得进入,仓库内使用防爆作业设备,使用防爆电气,特别危险的仓库不接入电,人员穿戴防静电服装作业,且不得在库内停留。

4. 技能训练准备

(1) 学生每6人自由结成一个小组,每个小组选一名组长;

(2) 教师指导点评;

(3) 学生自己安排时间查找资料,制作45分钟的消防安全教育讲座,教师统一评选。

5. 技能训练步骤

(1) 6人一组共同进行讨论,撰写消防安全教育讲座报告,报告署名按照贡献大小排列;

(2) 消防安全教育讲座报告的课堂发表分小组进行,每小组派代表陈述。

6. 技能训练注意事项

(1) 一丝不苟,认真撰写消防安全教育讲座报告;

(2) 报告内容确定要有依据、要准确。

7. 技能训练评价

全员参与讨论和成绩评判工作,但在自己小组发表时回避,即不为本小组评价成绩,总评满分为100分。

$$每位小组成员成绩 = 本小组成绩 \times 报告署名$$

$$小组成绩 = 全员评价该小组成绩总和 \div 参评人数$$

报告署名:第一名占总成绩的23%,第二名占20%,第三名占17%,第四名占15%,第五

名占13%,第六名占12%。

请完成技能训练后填写技能训练评价表,见附录1。

8. 技能训练活动建议

(1)资料的查阅范围要广泛,内容要全面;

(2)针对收集的资料进行讨论。

三、安全作业

1. 情景设置

某仓储企业有相当一部分员工是农民工、退休人员,文化程度较低,总体素质差,专业知识缺乏,责任心不强,他们只知道仓库货物不要失窃,不要少数量就行;仓库正式老职工,原来安全知识法规就不扎实,加之年长日久知识老化,平时又缺乏必要的安全知识充电和培训。仓库里的专用设备、车辆(包括仓库内叉车、吊车、行车)等维修保养不及时,有些维修配件只图便宜,不求效果。试用所学的知识制定一个安全作业岗位责任制度。

2. 技能训练目标

搜集资料,为仓储企业制定一个安全作业岗位责任制度。

3. 相关理论知识

1)仓库操作与安全管理的重要性

仓库的作业包含有对运输工具装卸货物、出入库搬运、堆垛上架、拆垛取货等操作过程。仓库作业构成仓库生产的重要环节。且随着仓库功能的扩展,仓库作业的项目会更多、作业量更大。

仓库货物作业的安全特性如下:

(1)作业对象的多样性。

除了少数专业仓库从事单一的货物作业外,绝大多数仓库仓储的货物都是种类众多、规格繁多,仓库需面对多种多样的货物作业。为了降低物流成本,货物的包装都在向着大型化、成组化、托盘化、集装化方向发展。但由于我国的包装标准化普及程度较低,各种货物的包装尺度、单量差别很大。

(2)作业场地的多变性。

仓库作业除了部分配送中心、危险品仓库在确定的收发货区进行装卸外,大多数仓库都是直接在库房门口或仓内、货场货位进行装卸作业,而搬运作业则延伸至整个仓库的每一个位置,因而仓库作业的环境极不确定。

(3)机械作业与人力作业并重。

我国现代仓库的发展主要是普及机械化作业,实现机械化。但仓库作业的多样和多变使得人力作业不可缺少,而仓库的机械作业主要是采用通用机械设备,需要一定的人力协助。我国的国情也确定了人力作业仍会是仓库作业的重要方式。通用机械作业的稳定性较差,而人力作业容易直接造成人身伤害。

(4)突发性和不均衡。

仓库作业因货物出入库而定。货物到库,仓库组织卸车搬运、堆垛作业,客户提货则进行拆垛、搬运装车作业。由于货物出入库的不均衡,仓库作业也就具有阶段性和突发性的特性,闲忙不均。

（5）任务紧迫性。

为了缩短送提货运输工具的停库时间，迅速将货物归类储藏，仓库作业不能间断。每次作业都要完成阶段性作业，方可停止。

2) 安全作业管理

作业安全涉及货物的安全、作业人员人身安全、作业设备和仓库设施的安全。这些安全事项都是仓库的责任范围，所造成的损失都是100%由仓库承担。因而说仓储作业安全管理就是经济效益管理的组成部分。仓库需要特别重视作业安全管理，特别是重视作业安全的预防管理，完全避免发生作业安全事故。正确认识生产效率与安全作业的关系，将生产效率的提高建立在安全作业的基础上。作业安全管理从作业设备和场所、作业人员两方面进行管理，一方面消除安全隐患、减小不安全的系统风险；另一方面提高人员的安全责任心和安全防范意识。

（1）安全操作管理制度化。

安全作业管理应成为仓库日常管理的重要项目，通过制度化的管理保证管理的效果。制定科学合理的各种作业安全制度、操作规程和安全责任制度，并通过严格的监督，确保管理制度得以有效和充分的执行。

（2）加强劳动安全保护。

劳动安全保护包括直接和间接施行于员工人身的保护措施。仓库要遵守《劳动法》的劳动时间和休息规定，每日8h、每周不超过44h的工时制，依法安排加班，保证员工有足够的休息时间，包括合适的工间休息。提供合适和足够的劳动防护用品，如高强度工作鞋、安全帽、手套、工作服等，并督促作业人员使用和穿戴。

采用较高安全系数的作业设备、作业机械，作业工具适合作业要求，作业场地必须具有合适的通风、照明、防滑、保暖等适合作业的条件。不进行冒险作业和不安全环境的作业，在大风、雨雪影响作业时暂缓作业。避免人员带伤病作业。

（3）重视作业人员资质管理和业务培训、安全教育。

新参加仓库工作和转岗的员工，应进行仓库安全作业教育，对所从事的作业进行安全作业和操作培训，确保熟练掌握岗位的安全作业技能和规范。从事特种作业的员工必须经过专门培训并取得特种作业资格，方可进行作业，且仅能从事其资格证书限定的作业项目操作，不能混岗作业。

安全作业宣传和教育是仓库的长期性工作，作业安全检查仓库安全作业管理的日常性工作，通过不断的宣传、严格的检查，严厉地对违章和忽视安全行为进行惩罚，强化作业人员的安全责任心。

3) 安全操作基本要求

（1）人力操作。

①人力作业仅限制在轻负荷的作业。男工人力搬举货物每件不超过80kg，距离不大于60m；集体搬运时每个人负荷不超过40kg；女工不超过25kg。

②尽可能采用人力机械作业。人力机械承重也应在限定的范围，如人力绞车、滑车、拖车、手推车等不超过500kg。

③只在适合作业的安全环境进行作业。作业前应使作业员工清楚明白作业要求，让员工了解作业环境，指明危险因素和危险位置。

④作业人员按要求穿戴相应的安全防护用具，使用合适的作业工具进行作业。采用安

全的作业方法,不采用自然滑动和滚动、推倒垛、挖角、挖井、超高等不安全作业,人员在滚动货物的侧面作业。注意人员与操作机械的配合,在机械移动作业时人员需避开。

⑤合适安排工间休息。每作业 2h,至少有 10min 休息时间,每作业 4h 有,1h 休息时间,并合理安排生理需要时间。

⑥必须有专人在现场指挥和安全指导。严格按照安全规范进行作业指挥。人员避开不稳定货垛的正面、塌陷、散落的位置,运行设备的下方等不安全位置作业;在作业设备调位时暂停作业;发现安全隐患时及时停止作业,消除安全隐患后方可恢复作业。

(2)机械安全作业。

①使用合适的机械、设备进行作业。尽可能采用专用设备作业,或者使用专用工具。使用通用设备,必须满足作业需要,并进行必要的防护,如货物绑扎、限位等。

②所使用的设备具有良好的工况。设备不得带"病"作业,特别是设备的承重机件,更应无损坏,符合使用的要求。应在设备的许用负荷范围内进行作业,决不超负荷运行。危险品作业时还需降低 25% 负荷。

③设备作业要有专人进行指挥。采用规定的指挥信号,按作业规范进行作业指挥。

④汽车装卸时,注意保持安全间距。汽车与堆物距离不大于 2m,与滚动物品距离不得小于 3m。多辆汽车同时进行装卸时,直线停放的前后车距不得小于 2m,并排停放的两车侧板距离不得小于 1.5m。汽车装载应固定妥当、绑扎牢固。

⑤移动吊车必须在停放稳定后方可作业。叉车不得直接叉运压力容器和未包装货物。移动设备在载货时需控制行驶速度,不得高速行驶。货物不能超出车辆两侧 0.2m,禁止两车共载一物。

⑥载货移动设备上不得载人运行。除了连续运转设备外如自动输送线,其他设备需停止稳定后方可作业,不得在运行中作业。

4. 技能训练准备

(1)学生每 6 人自由结成一个小组,每个小组选一名组长;

(2)教师指导点评;

(3)学生自己安排时间查找资料,研究制定安全作业岗位责任制度,教师统一评选。

5. 技能训练步骤

(1)6 人一组共同进行讨论,撰写安全作业岗位责任制度报告,报告署名按照贡献大小排列;

(2)安全作业岗位责任制度报告的课堂发表分小组进行,每小组派代表陈述。

6. 技能训练注意事项

(1)一丝不苟,认真撰写安全作业岗位责任制度报告;

(2)报告内容确定要有依据、要准确。

7. 技能训练评价

全员参与讨论和成绩评判工作,但在自己小组发表时回避,即不为本小组评价成绩,总评满分为 100 分。

每位小组成员成绩 = 本小组成绩 × 报告署名
小组成绩 = 全员评价该小组成绩总和 ÷ 参评人数

报告署名:第一名占总成绩的 23%,第二名占 20%,第三名占 17%,第四名占 15%,第五名占 13%,第六名占 12%。

请完成技能训练后填写技能训练评价表,见附录1。
8. 技能训练活动建议
(1)资料的查阅范围要广泛,内容要全面;
(2)针对收集的资料进行讨论。

思考练习

1. 简答题
(1)仓库治安管理有什么内容?仓库如何组织治安管理工作?
(2)什么是火灾的三要素?仓库有哪些主要的着火源?
(3)仓库火灾有哪些类别?
(4)仓库如何防火和灭火?常用哪些消防灭火设备?如何使用常用灭火器?
(5)仓库须遵循怎样的消防管理方针,采取怎样的组织和管理原则?
(6)仓储作业有怎样的安全特性?如何开展仓库安全作业管理?
(7)怎样做到仓库安全作业?
2. 案例分析题

某日,诸暨市某蚊香厂仓库发生一次重大火灾,使该厂20余间库房过火面积达八百多㎡,库内大批成品蚊香、包装盒、包装袋全部被烧光,直接经济损失五十多万元。这日早上4:50,该厂一职工起床小便,发现库房内烟雾很大,感到情况不妙,库房内定已失火,于是他边跑边喊"救火"……梦中被叫醒的同事听到着火,立即起床组织自救,然而此时厂内停电,消防泵不能启动,丧失了把火灾熄灭在初始阶段的大好机会,又由于蚊香、包装盒、包装袋等都属易燃可燃物品,火势蔓延迅速,等到市消防大队接到报警,赶到火灾现场时,整个仓库已在一片火海之中,大火已处猛烈阶段,火舌不断翻滚,直逼相邻的原料仓库和办公宿舍大楼,情况十分危险。消防官兵立即采取阻截包围的灭火战术,先阻止火势蔓延,后一举歼灭,然而厂内消防水源缺乏,只能从距火场二百多米远处,用手抬机动消防泵向消防车供水。这时,该厂电工已闻讯赶到,立即启动发电机,供电厂内消防水泵,利用室内消火栓出水,并将被压火苗翻开。消防官兵采取四面包围和上下合击的战略战术,在烈火和浓烟中奋战三个多小时,使火魔低下了头,保住了该厂的原料仓库和办公宿舍大楼,减少了火灾损失。据了解,该蚊香厂在近两年中已发生过三次火灾。前二次是蚊香车间失火,损失不是很大,未能引起厂领导班子的重视,思想麻痹大意,然而这次发生仓库被火魔吞尽的重大火灾,使该厂领导人吃到苦头,不得不好好反省:为何小洞不补,大洞吃苦?该厂正在采取措施,加强消防安全工作,决心不让此类火案发生。这里,也要提醒那些易发生火灾的场所的管理者,应该加强防范,更不可烧了还不加反省。亡羊补牢,未必晚矣!

问题:
(1)阅读该案例,分析该厂造成火灾损失的原因。
(2)试述如何正确处理好安全和效益的关系。

任务七 库存控制

内容简介

控制和保持库存是每个企业所面临的问题。库存过多或过少都不利于企业的经营。过多,将占用大量的资金,使企业资金链断裂;过少,不能及时满足市场供应的需要,有可能失去客户。因此,库存的管理与控制是企业物流领域的一个关键问题,对企业物流整体功能的发挥起着非常重要的作用,目前许多企业都在通过各种物流管理手段、信息技术和物流技术手段,提高物流效率与物流水平,追求"零库存"管理的创新。

教学目标

1. 知识目标
(1)了解库存控制的概念和作用;
(2)掌握在不同情况下库存控制的方法。
2. 技能目标
能够运用订货点技术和电脑软件进行库存控制。

案例导入

小张最近被某企业任命为主管采购和库存的负责人。在他担任这个职位前,该公司在材料采购与库存管理方面存在很多问题。一是为了减少库存费用,缓解流动资金的紧张,节约成本,公司每次都会减少采购数量。可最后经财务核算,每年该企业的库存费用与其他管理完善的企业相比,费用还是较高;二是对于所有原材料与零部件的采购均定期进行;三是对于产品与原料及零部件的保管,不管其价值及使用状况,都混放在同一个仓库按相同的方法进行保管。结果,一方面,保管人员数量居高不下,人工工资大幅增加;另一方面,对于重要物资的库存信息,仓管部门又不能及时准确提供。如果你是小张,你应该如何采用措施改进这些存在的问题?

引导思路

(1)企业为什么要进行库存控制管理?
(2)库存控制管理都包括哪些方法?

项目一 ABC 分类法

教学要点

熟悉 ABC 分类法的原理及应用方法。

教学方法

可采用讲授、情境教学、案例教学和软件模拟等方法。

教学内容

1. 情景设置

导入案例中小张所在公司对于产品、原材料及零部件的保管不分价值及使用状况，混放在同一仓库，并按相同的方法进行保管。同时，重要物资的库存信息，仓管部门也不能及时准确提供。出现这种情况，一般可以采用ABC分类法管理库存。工作步骤如下：

(1) 对库存物料进行排队：对库存物料按品种项目比例和资金比例这两个指标来分类。具体来说，需要编制库存品种和资金序列表。

(2) 对库存货物分类：根据ABC的分类标准将库存物料分为ABC三类。

(3) 确定管理和控制方法：对库存物料进行ABC分类后，对不同级别的物料进行不同的管理和控制。

2. 技能训练目标

使学生能应用ABC分类法进行库存管理。

3. 相关理论知识

1) 概念与由来

ABC分类法又称帕累托分析法或巴雷托分析法、柏拉图分析、主次因分析法、分类管理法、重点管理法、平常我们也称之为"80对20"规则。它是根据事物在技术或经济方面的主要特征，进行分类排队，分清重点和一般，从而有区别地确定管理方式的一种分析方法。

ABC分类法是由意大利经济学家维尔弗雷多帕累托首创的。1879年，帕累托在研究个人收入的分布状态时，发现20%的人口控制了80%的财富，他将这一关系概况为重要的少数、次要的多数，用图表示出来，就是著名的帕累托图。该分析方法的核心思想是在决定一个事物的众多因素中分清主次，识别出少数的但对事物起决定作用的关键因素和多数的但对事物影响较少的次要因素。后来，帕累托法被不断应用于管理的各个方面。

在库存中，往往有数万种以上的存货，对每种存货都进行详细的库存分析是不经济的，因为通过不断地盘点、发放订货、接受订货等工作来控制库存要消耗大量的时间和资源。当资源有限时，企业很自然地就会试图采用最好的方式，利用有限的资源来对库存进行控制，此时，企业的库存重点应该集中于重要物品。在库存系统中帕累托原理同样适用（少量物品占用了大量投资），在库存中往往少数几种物品的年消耗金额占总消耗的大部分，为了有效地进行库存控制，对于贵重物品应少量采购和严格控制，而对于低价物品就可以大量采购和稍加控制。

2) ABC分类的原理、依据及库存策略

(1) ABC分类的原理。

ABC分类法的基本原理是：按照所控制对象价值的不同或重要程度的不同将其分类。通常根据年耗用金额（存货价值或数量×成本）将物品分为三类：A类存货的品种种类占总品种数的10%左右，但价值占存货总价值70%左右的；B类存货的品种种类占总品种数的20%左右，价值占存货总价值20%左右；C类存货的品种种类占总品种数的70%左右，价值占存货总价值的10%左右。具体内容见表7-1。

ABC 分 类 法 表 7-1

存货类别	A 类存货	B 类存货	C 类存货
品种种类所占总品种数的比例	约 10%	约 20%	约 70%
价值占存货总价值的比例	约 70%	约 20%	约 10%

某类存货的总价值大小是衡量其重要程度的尺度,也就是说,一种价格虽低但用量极大的物品可能比价格虽高但用量极少的物品重要。当根据物品的年耗用金额来对其进行排队的时候,常会发现少数物品品种占用了大量资金,而大多数物品品种占用的资金却很少。

（2）ABC 分类的依据。

在进行 ABC 分类时,通常根据年使用费用的多少来分类,对于费用使用高的物料,可以给予最大的关注,宜采用永续盘存法来保证精确地控制库存。因为,对于这类物料,哪怕多一个小时的存货,都会增加不少开支。而价廉且用量较少的物料,多保存三个月存货带来的费用增加,也不如精确地控制它们所需要的费用大。

在库存管理中,ABC 分类法一般是以库存价值为基础进行分类的,它并不能反映库存品种对利润的贡献度、紧迫性等情况,而在某些情况下,C 类库存缺货所造成的损失也可能是十分严重的。因此,在实际运用 ABC 分类时,需具体、灵活地根据实际情况来操作。也就是说,ABC 分类的标准并不唯一,分类的目标是把重要的物品与不重要的物品分离开来,其他指标也同样可以用来对存货进行分类。其他指标有:①缺货后果;②供应的不确定性;③过时或变质的风险。

另外,ABC 分析理论上要求分为 3 类,但在实际应用中可以根据实际情况分为 5 类或 6 类。另外,在进行 ABC 分析时,所选择的分析时间也非常重要,应选择能反映真实情况的时间段,通常会以年为分析的时间周期,即时间段。

（3）ABC 分类的库存策略。

将物品进行 ABC 分类,其目的在于根据分类结果对每类物品采取适宜的库存控制措施。A 类物品应尽可能从严控制,保持完整和精确的库存记录,给予最高的处理有限权等,而对于 C 类物品,则可以尽可能简单地控制。例如,从订货周期来考虑的话,A 类物品可以控制得紧些,每周订购一次;B 类物品可以两周订购一次;C 类物品则可以每月或每两个月订购一次。

对不同类别的存货其库存控制策略是不同的,一般情况下,ABC 各类物品的库存控制策略见表 7-2。

3）ABC 分类的具体步骤

不同类别存货的库存控制策略 表 7-2

存货类别	库存控制策略
A 类	严格控制,每月检查一次
B 类	一般控制,每三个月检查一次
C 类	自由处理

（1）收集数据。

按分析对象和分析内容,收集有关数据。例如,打算分析产品成本,则应收集产品成本因素、产品成本构成等方面的数据;打算分析针对某一系统价值工程,则应收集系统中各局部功能、各局部成本等数据。

（2）处理数据。

对收集来的数据资料进行整理,按要求计算和汇总。

（3）制 ABC 分析表。

ABC 分析表栏目:第一栏为物品名称;第二栏为品目数累计,即每一种物品皆为一个品目数,品目数累计实际就是序号;第三栏为品目数累计百分数,即累计品目数对总品目数的百分比;第四栏为物品单价;第五栏为平均库存;第六栏是第四栏单价乘以第五栏平均库存,为各种物品平均资金占用额;第七栏为平均资金占用额累计;第八栏平均资金占用额累计百分数;第九栏为分类结果。具体见表7-3。

ABC 分 类 表　　　　　　　　　　　　　　　　　　　　　　　表7-3

物品名称	品目数累计	品目数累计百分数	物品单价	平均库存	平均资金占用额	平均资金占用额累计	平均资金占用额累计百分比	分类结果
①	②	③	④	⑤	⑥=④×⑤	⑦	⑧	⑨

制表按下述步骤进行:将第2步已求算出的平均资金占用额,以大排队方式,由高至低填入表中第六栏。以此栏为准,将相当物品名称填入第一栏、物品单价填入第四栏、平均库存填入第五栏、在第二栏中按1,2,3,4…编号,则为品目累计。此后,计算品目数累计百分数、填入第三栏;计算平均资金占用额累计,填入第七栏;计算平均资金占用额累计百分数,填入第八栏。

(4)根据ABC分析表确定分类。

按ABC分析表,观察第三栏累计品目百分数和第八栏平均资金占用额累计百分数,将累计品目百分数为5%~15%,而平均资金占用额累计百分数为60%~80%的前几个物品,确定为A类;将累计品目百分数为20%~30%,而平均资金占用额累计百分数也为20%~30%的物品,确定为B类;其余为C类,C类情况正和A类相反,其累计品目百分数为60%~80%,而平均资金占用额累计百分数仅为5%~15%。

(5)绘ABC分析图。

根据ABC分析表确定A、B、C三个类别,在图上标明A、B、C三类,制成ABC分析图。如图7-1所示。

4)ABC分类的应用

例7-1　某企业有10种物资,其成本和价值见表7-4。

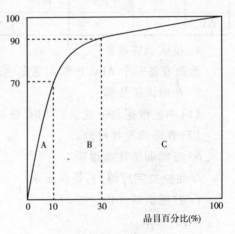

图7-1　ABC分析图

各物品的成本和价值　　　　　　　　　　　表7-4

物资编号	年消耗额(个)	单位成本(元)	价值(元)	占全部库存价值的比例(%)
1	5000	1.50	7500	2.9
2	1500	8.00	12000	4.7
3	10000	10.50	105000	41.2
4	6000	2.00	12000	4.7
5	7500	0.50	3750	1.5
6	6000	13.60	81600	32.0
7	5000	0.75	3750	1.5
8	4500	1.25	5625	2.2
9	7000	2.50	17500	6.9
10	3000	2.00	6000	2.4

将第2步已求算出的平均资金占用额,以大排队方式,由高至低填入表7-5中第六栏。计算各种物品年耗用金额占总金额百分比并进行累计,计算结果见表7-5。

ABC 分类计算结果 表 7-5

物品名称①	品目数累计②	品目数累计百分数③	物品单价④	平均库存⑤	平均资金占用额⑥=④×⑤	平均资金占用额累计⑦	平均资金占用额累计百分比⑧	分类结果⑨
3	1	10	10.50	10000	105000	105000	41.2	A
6	2	20	13.60	6000	81600	186600	73.3	A
9	3	30	2.50	7000	17500	204100	80.1	B
2	4	40	8.00	1500	12000	216100	84.8	B
4	5	50	2.00	6000	12000	228100	89.5	B
1	6	60	1.50	5000	7500	235600	92.5	C
10	7	70	2.00	3000	6000	241600	94.8	C
8	8	80	1.25	4500	5625	247225	97.1	C
5	9	90	0.50	7500	3750	250975	98.5	C
7	10	100	0.75	5000	3750	254725	100.0	C
合计	—	—	—	—	254725	—	—	—

4. 技能训练准备

教师准备一个 ABC 技能训练案例。

5. 技能训练步骤

(1) 学生根据教师提供的 ABC 技能训练案例,完成相应练习;

(2) 教师修改并打分。

6. 技能训练注意事项

学生独立完成练习,答案正确。

7. 技能训练评价

教师打分。

8. 技能训练活动建议

(1) 教师提供的案例要有代表性;

(2) 学生独立判断、独立完成。

思考练习

1. 简答题

(1) 简述 ABC 分类法的基本原理。

(2) 简述 ABC 分类法的具体步骤。

2. 案例分析题

以下是一家规模较大的连锁超市配送中心货物周转量统计表,见表 7-6。依据货物的周转量,需要对入库的货物进行物动量分类,为配送中心的规范管理提供依据。其中,A 类为高物动量,其累计库存周转量百分比在 70% 以下;B 类为一般物动量,其累计库存周转量百分比在 70%~90%;C 类为低物动量,其累计库存周转量百分比 90% 以上。对 A 类货物实行重点管理,对 B 类货物实行次重点管理,C 类则进行一般管理。

工货物周转量统计表　　　　　　　表 7-6

品名	编号	周转量合计（箱）
巧克力	F002	1000
方便面	F001	200
王老吉	D001	250
香皂	W004	50
色拉油	F003	160
花露水	W003	80
漱口水	W005	20
葡萄酒	D002	10
沐浴露	W002	5
洗发水	W001	100
合计	—	1875

问题：
运用 ABC 分类法进行货物库存管理。

项目二　独立库存控制技术

教学要点

（1）熟悉定量订货法与定期订货法的原理；
（2）熟悉定量订货法与定期订货法订货量的确定；
（3）熟悉定量订货法与定期订货法的操作步骤；
（4）掌握两者的适用范围。

教学方法

可采用讲授、情境教学、案例教学和小组讨论等方法。

教学内容

一、库存的基本概念

1. 情景设置

某公司 2008 年库存费用 86 万元，该公司在此之前一直未进行科学的库存控制，仓库内某些货物经常出现短缺或积压现象，造成库存成本上升，同时影响公司生产运营。2009 年，该公司认识到库存控制的重要性，引进系统的库存控制技术，至 2009 年末，经公司财务核算，2009 年库存费用仅 53 万元，且有效地保障了公司的正常生产运营。

这个案例说明科学合理的库存控制技术可以使企业运营成本大幅下降，也让我们意识到库存控制的重要性。

2. 技能训练目标

使学生意识到库存的重要性，能够识别不同类型的库存。

3. 相关理论知识

1）库存的基本概念

所谓库存是指暂时闲置的用于将来可用的资源。一般情况下，人们设置库存的目的是防止短缺，就像水库里储存的水一样。库存无论是对制造业，还是对服务业都十分重要。

这里所说的资源，不仅包括工厂里的各种原材料、毛坯、工具、半成品和成品，而且包括银行里的现金，医院里的药品、病床，运输部门的车辆等。资源的闲置就是库存，与这种资源是否存放在仓库中没有关系，与资源是否处于运动状态也没有关系。例如，汽车运输的货物处于运动状态，但这些货物为了未来需要而暂时闲置的，就是库存，是一种在途库存。

传统上，制造性库存是指生产制造企业为了实现产成品生产所需要的资源，如原材料、产成品、备件、低值易耗品以及在制品。在服务业中，库存一般指用于销售的有形商品以及用于管理及服务的耗用品。

库存的存在，既有有利的一面，同时也有不利的一面。库存有利的一面包括：①能够使企业实现规模经济；②能够平衡供给和需求；③能够预防不确定性、随机的需求变动以及订货周期的不确定性；④库存可以在供应链中起到缓冲的作用；⑤库存能够消除供需双方在地理位置上的差异。库存的弊端包括：①占用了大量的资金；②发生了库存成本；③带来其他一些管理上的问题。

在企业生产中，尽管库存是出于种种经济考虑而存在，但是库存也是一种无奈的结果，它是由于人们无法预测未来的需求变化，才不得已采用的应付外界变化的手段。在制造业和仓储业中，库存分析的目的是为了规范以下两个问题：①应该什么时候进行采购；②订购量应该为多少。许多公司都在努力与供应商建立长期供需关系，以便该供应商能为企业全年的需求提供服务。

2）库存分类与库存成本构成

（1）库存分类。

①按库存产品在生产过程和配送过程中所处的状态分类。按库存物品在生产过程和配送过程中所处的状态，库存可以分为原材料库存、在制品库存、维修库存和产成品库存。

a. 原材料库存。原材料库存是指企业存储的在生产过程中所需要的各种原料、材料，这些原料和材料必须符合企业生产所规定的要求。有时，也将外购件库存划归为原材料库存。在生产企业中，原材料库存一般由供应部门来管理控制。

b. 在制品库存。在制品库存包括产品生产过程中不同阶段的半制品。在制品库存由生产部门来管理控制。

c. 维修库存。维修库存包括用于维修与养护的经常消耗的物品或备件，如润滑油和机器零件；不包括产成品的维护活动所用的物品或备件。维修库存一般由设备维修部门来管理控制。

d. 产成品库存。产成品库存是准备让消费者购买的完整的或最终的产品。这种库存通常由销售部门或物流部门来管理控制。

一般情况下，生产企业有原材料库存、在制品库存、维修库存和产成品库存。商业企业如储运、配送、批发与零售企业,通常只有产成品库存。公用事业单位一般是提供服务的,因此比较常见的是维修库存(如用于地铁列车的车辆零配件)。

② 按库存的作用分类。按库存的作用,库存可分为周转库存、储备库存、调节库存和在途库存4种。

a. 周转库存。周转库存是指生产企业或流通企业为进行生产或流通周转而进行的一些临时的、不断流转的设备,包括仓库储备和临时堆放。例如流通企业的商品仓库,以及柜台上存放的货品,不断地销售出去,又不断地进行补充。生产企业的原材料库、中间品库、成品库,以及生产工序旁的临时堆放,不断地被领用消耗,又不断地采购进货补充。这些储备物资都是周转库存,没有这些物资,流通企业的销售没办法进行,生产企业的生产也没法进行,这些库存物资就是保证生产或流通顺利进行的前提条件。周转库存是在生产和流通作业的各个环节上为保证上下各个作业环节能顺利开展而进行的临时性储备,是生产和流通的前提条件。周转库存追求的目标,是要提高库存周转率、降低库存成本、提高经济效益。而为提高经济效益最重要的一点,就是要进行库存量的控制。周转库存物资的数量不能少,也不能多,要努力追求一个合适的数量。

b. 储备库存。储备库存是指为预防日后的不测事件而进行的有计划的物资储备。例如为预防战争、灾害而进行的粮食储备、钢材储备等,如国家储备仓库。这种仓库单纯以储存保管为目的,一般实行较长时间的仓储,短时间内不打算动用,除非碰上紧急情况。即使动用,也要以新换旧,保持物资的使用价值。储备库存是有意识有计划的储备,所以储备库存追求的目标,主要是要争取达到既定的储备数量,保护好物资的使用价值。在经济效益上的考虑,主要靠提高库容利用率、降低保管损耗来降低库存成本、节省费用。

c. 中转库存。中转库存是指为衔接不同运输方式、不同运输环节而设立的物资中转运输储存。例如火车运输换汽车运输、轮船运输换汽车运输、京广铁路运输换陇海铁路运输时,在交接口往往设有中转物资仓库,进行运输中转储存用,中转仓库也是要收仓储费或中转费的。中转库存主要是为运输服务,在不同运输方式或不同运输环节的衔接处设立仓库,为中转物资的集散、组配、暂时储存等作业提供场所。中转库存追求的目标,主要是追求提高中转作业效率、集散快、节省费用、降低中转成本。

d. 在途库存。在途库存是指从一个地方到另外一个地方处于运输过程中的物品。虽然在途库存在没有到达目的地之前,还不能用于销售或发货,但可以将在途库存视为中转库存的一部分。这种库存是一种客观存在,而不是有意设置的。在途库存的大小取决于运输时间以及该期间内的平均需求。

由此可见,周转库存要进行库存量的控制,而储备库存、中转库存和在途库存不需要进行库存量的控制。这是因为周转库存都是为生产或流通环节服务的,而生产企业、流通企业是为了追求经济效益的。为了降低成本、提高经济效益,它们希望库存保持一个合适的水平。库存不能太小,因为库存太小了,则会产生缺货,影响生产或销售。不能满足生产或销售的需要,直接影响企业的经济效益,这显然不好。但库存也不能太大,因为太大了,要占用库存,需要人保管,要承担一定的保管费用;另外,储存的物资,从价值形态上看,它却是一种资金的积压。而作为资金的积压,一是占用了流动资金,而是这些占用资金还要付银行利息。这些费用就构成了企业的负担,增加了企业的生产成本或流通成本,降低了经济效益。而且超量库存还存在库存风险,因为库存积压品,在市场需求日新月异的今天,很容易成为过时滞销淘汰产品,变成"死"库存。积压越多,费用越高,浪费越大,风险越高。所以库存量太大,对企业来说显然是很不好的。所以,企业的周转库存量不能过小,也不能过大,一定要适量。也就是说,周转库存一定要进行库存控制,才能使企业的利润最大化。

(2)库存成本的构成。

库存成本是建立在库存系统时或采取经营措施所造成的结果。库存系统的成本主要包括有购入成本、订货费用、储存(保管)费用以及缺货成本。

①购入成本。某物品的购入成本包括两种含义:当物品从外部购买时,购入成本指单位购入价格与购入数量的乘积;当物品由企业内部制造时,指单位生产成本与生产数量的乘积。单位成本始终要以进入库存时的成本来计算,对于外购物品来说,单位成本应该包括购价加上运费。对于自制物品来说,单位成本则包括直接人工费、直接材料费和企业管理费用等。

②订购成本(或称订货费用)。在进货过程中发生的全部费用,包括差旅费,各种手续费,通信费,招待费以及因为订货而支付给订货人员有关费用等。订货费用与订货次数成正比,而与每次订货量的多少无关。

③储存(保管)成本。即在保管过程中所发生的一切费用,例如出入库时的装卸、搬运、验收、堆码检验费用;保管用具用料费用;仓库房租水电费;保管人员有关费用;保管过程中因货损货差等支付的费用;还包括被保管物资作为流动资金的积压应支付的银行利息费用等。显然,保管费用的大小与被保管物资数量的多少和保管时间的长短有关。

④缺货成本。所谓缺货,就是当用户来买货时,仓库没有现货供应,就叫缺货。缺货会造成缺货损失,也就是缺货费用。缺货对供应商对客户都会造成不同程度的经济损失。对供应商来说,失去了销售机会,减少了盈利收入;或违背了合同条约,遭受罚款;或加班加点,紧急补救;多次缺货,还会失去信誉,失去客户,从而失去市场竞争能力。对客户来说,增加了采购费用(需要到别的地方采购),或停工待料,影响了正常的生产运营。在最简单的情况下,可以认为缺货成本与缺货量成正比,缺货量越大,缺货成本越高。

3)独立需求库存与相关需求库存

(1)独立需求库存。

独立需求库存是指用户对某种库存物品的需求与其他种类的库存无关,表现出对这种库存需求的独立性。独立需求由市场状况决定,与生产过程无关,一般来自用户的对企业产成品和服务的需求为独立需求。从库存管理的角度来说,独立需求库存是指那些随机的、企业自身不能控制而且是由市场所决定的需求对应的库存,这种需求与企业对其他库存产品所作的生产决策没有关系,如用户对企业最终完成品、维修备件等的需求。

独立需求最为明显的特征就是需求的对象和数量不确定,只能通过预测方法粗略地估计。对于独立需求库存,由于其需求时间和数量都不是企业本身所能控制的(例如,汽车的需求就是独立需求),只能采用"补充库存"的管理控制机制,将不确定的外部需求问题转化为内部库存水平的动态监控和补充的问题。

(2)相关需求库存。

相关需求库存是指产品与更高层次上的产品需求相关联,前者的需求由后者决定,根据这种相关性,企业可以精确地计算出它的需求量和需求时间。一般生产制造企业内部物料转化各环节之间发生的需求为相关需求。相关需求也称为非独立需求,它可以根据对最终产品的独立需求精确地计算出来。用户对企业产成品的需求一旦确定,与该产品有关的零部件、原材料的需求也就随之确定,对这些零部件、原材料的需求就是相关需求,而且相关需求的数量和需求时间是可以通过计算精确地得到的。

例如,对于汽车制造企业来说,一旦确定汽车的需求量,轮胎的需求量就可以随之确定。假如 2005 年 1 月某汽车厂接到 A 型车的订单为 100 辆,则可以推算出为完成 100 辆 A 型车的装配需求需要轮胎 500 个(按设计要求每辆车需要装配 4 个轮胎,并要求出厂时配备一个备用轮胎)。在这个例子中,轮胎的需求就是相关需求,它直接由汽车的需求所确定。相关需求可以是垂直方向的,也可以是水平方向的。产品与其零部件之间垂直相关,与其附件和包装物之间则水平相关。

独立需求库存问题和相关需求库存问题是两类不同的库存问题。另外,相关需求和独立需求都是多周期需求,对于单周期需求,是不必考虑相关与否的。企业里产成品库存的管理控制问题属于独立需求库存问题,在制品库存和原材料库存管理控制问题属于相关需求库存问题。

4. 技能训练准备

提前联系厂家进行库存相关内容的参观实习。

5. 技能训练步骤

(1)对学生进行实习内容、实习流程、实习要求的介绍;

(2)现场参观相关厂家库存相关内容;

(3)撰写实习报告;

(4)学生陈述实习报告。

6. 技能训练注意事项

(1)参观实习中注意安全并遵守厂家相应规章制度。

(2)态度认真,报告内容全面、真实、准确。

7. 技能训练评价

请完成技能训练后填写技能训练评价表。见附录 2。

8. 技能训练活动建议

(1)参观的厂家库存控制要有代表性;

(2)参观不同类型的厂家。

二、库存控制方法

1. 情景设置

随着人们生活水平的提高以及对身体健康重视程度的提高,新一代饮水机——离子水机成了人们感兴趣的商品。某商场家电部开始经销这种离子水机。但是离子水机价钱高,一台离子水机的单价为 4860 元。商场需要节省流动资金的占用,所以实行库存控制,按订货点采购机制运行。订货提前期为 10 天,安全库存大概取 5 天的销售量。商场平均日销售量为 2 台,所以订货点取 20 台,安全库存取 10 台,订货批量取一个月的销售量 60 台。但是这些参数通常还要根据旺季和淡季销售情况的变化进行稍微的调整。

这样实施的结果,商场基本上没有出现缺货的现象,费用成本小、资金占用少、资金周转率比较快。

2. 技能训练目标

(1)能应用定量订货法确定存储物资的订购批量;

（2）能应用定期订货法确定存储物资的补充周期。

3. 相关理论知识

1）定量订货方法

库存控制的基本目的，是以最低的成本建立起满足生产和销售需要的库存。最为常用的是定量订货模型和定期订货模型。

在生产经营中，企业需要不断消耗各类物资。随着生产活动的进行，库存物资不断减少，为了保证生产经营的正常进行，需要不断购进或生产出新的物资，补充减少的库存。

定量订货，是指当库存量降低到某一确定数值时，开始订购数量预先确定的新的物资，补充库存，而订货的日期，时间不定。因此，定量订货首先要确定订货时所需要的库存水平，即订货点。同时，为了节省费用，降低成本，还需要确定一个合适的订货批量，通常称为安全订货批量。

（1）经济订货批量。

库存成本由产品成本、保管费用、订货费用和短缺成本4部分组成。我们暂时不考虑短缺成本。一个时期内的需求量确定之后，产品成本便确定了。而每次订货的订购量越大，订货次数就越少，保管费用增加，订货费用减少；相反，每次订货的订购数量越少，订货次数就越多，保管费用减少，订货费用增加。经济订货批量，就是使总库存成本最小时的订货批量。

①关于经济订货批量的假设。

a. 需求量已知且稳定不变，库存量随时间均匀下降。比如，某种部件的需求量是每天50个，则250个部件按每天50个均匀下降，不会发生忽多忽少的现象。

b. 交货期为预先知道的常数。订货者可以确切知道从订货到货物到达的这一段时间内，需要多少库存。

c. 瞬时补充库存。从订购物资到达至全部库存恢复到最高水平这一过程瞬间完成，不占用任何时间区间。不存在一边进货，一边使用的问题。

d. 单位产品价格或成本为常数。不存在批量优惠或生产的规模经济问题。

e. 保管费用以平均库存为基础进行计算。

f. 对产品的任何需求都将得到满足，不存在订不到货或生产能力不足的约束。

上述假设，特别是前4个假设，与实际情况并不完全相符。为了讨论问题的方便，同时考虑到有时这些假设是实际情况的很好的近似，或对实际问题不会产生大的影响，我们采用了这些假设。

②经济批量的计算。

按照上述假设，库存消耗与补充状况如图7-2所示。

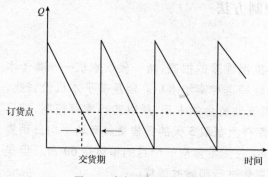

图7-2 库存的消耗与补充

总库存成本（TC）= 订货费用 + 保管费用 + 产品成本

若总需求量为 D，订货批量为 Q，则订货次数为 D/Q，订货费用为 $(D/Q) \times S$。S 是一次订货所需的费用。

保管费用 = 平均库存水平 × 某期间内单位库存费用

按照假设 a，需求率稳定不变，库存随时间均匀下降，平均库存为 $Q/2$。

因此，保管费用 = $(Q/2) \times H$，H 为单位产品库存成本。

产品成本 = 产品需求总量 × 单位产品成本 = $D \times C$

C 为单位产品成本。

总库存成本：$TC = (D/Q) \times S + (Q/2) \times H + D \times C$

经济订货批量（EOQ）是使总成本 TC 最小时的 Q 值，利用微分法进行求解，对决策变量 Q 求一阶偏导数，并令其为零，可得 Q 的最优解 EOQ，见式(7-1)。

$$EOQ = \sqrt{\frac{2DS}{H}} \qquad (7-1)$$

这就是经济订货批量公式。

订货点，见式(7-2)。

$$R = \bar{d} \times L \qquad (7-2)$$

式中：$\bar{d}$——每日需求量。

L——交货期。

例 7-2 一工厂对某种物资的年需求量 $D = 4000$ 件；订货费用 $S = 5$ 元/次；单位产品成本 $C = 10$ 元；保管费用为单位产品成本的 10%；交货期 $L = 5$ 天。求经济订货批量和订货点。

解：已知 $D = 4000$ 件，$S = 5$ 元/次，$H = 0.10 \times 10$ 元 $= 1$ 元，则

$$EOQ = \sqrt{\frac{2DS}{H}} = \sqrt{\frac{2 \times 4000 \times 5}{1}} = 200 \text{ 件}$$

日平均需求量 $\bar{d} = D/365 = 4000/365 \approx 11$（件/天）

所以，

$$R = \bar{d} \times L = 11 \times 5 = 55 \text{（件）}$$

经济订货批量为 200 件，订货点为 55 件。

（2）不确定情况下的安全库存与订货点。

①安全库存与服务水平。

为了使模型更接近实际，我们放弃假设 a，不再认为每日需求量是常数，而是有涨有落，围绕某一平均值 $\bar{d}$ 起伏变化。如果仍像以前那样，按平均日需求量确定订货点，就可能因为需求的涨落，实际需求量超过预期的平均需求量而导致库存不足，使生产或服务陷于停顿。这样，一方面企业要因无法及时供货，履行合同而向顾客支付违约金；另一方面还面临顾客流失，利润下降的危险，这些损失，构成库存的短缺成本。

通过建立安全库存，可以使缺货的可能大大减小。我们说大大减小，就是说并不是建立一个很大的安全库存，完全排除缺货现象，而是用一定的安全库存使可能的缺货水平保持在一个可以接受的水平上。

安全库存的大小，主要由缺货造成的经济损失（即短缺成本）决定，但这一数值很难直接从企业的会计报表中获得。为解决这一问题，人们通过确定一定的服务水平来决定安全库存的大小。所谓服务水平，是指顾客需求的满足程度。比如，每 100 个前来拜访的顾客，有 95 个可以得到及时的服务满意而去，另外 5 个则由于缺货等原因不得不等待或离去，这时的服务水平便为 95%。服务水平越高，顾客的满意程度越高，企业信誉越好。但要达到的服务水平越高，所付出的代价也越大（安全库存要大幅度增加，库存费用增大）。服务水平与库存费用的关系如图 7-3 所示。因此，我们必须同时考虑利润和成本的关系，确定一个合理的服务水平。

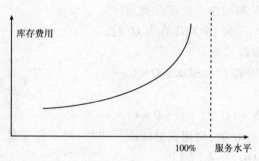

图 7-3 服务水平与库存费用的关系

② 安全库存的确定。

一般来讲,日需求量的起伏变化呈正态分布,我们可根据历史数据或预测分析,求得日需求量的期望值 $\bar{d}$ 及其标准差 σ_L,进而利用正态分布表求得给定服务水平下的安全库存。

比如,某物品日需求量为 $\bar{d}$,标准差为 σ_L,给定的服务水平为 P,从正态分布表上查得对应的 z 值,便可求得所要求的安全库存 $z\sigma_L$。z 为达到所需要的服务水平而所要求的标准差的个数。

例 7-3 某产品日平均需求量 $\bar{d}=200$;交货期 $L=4$ 天;标准差 $\sigma_{Lt}=150$,求达到 95% 服务水平的安全库存。

解:从正态分布表上查知,$P=95\%$ 时,$z=1.65$,
交货期 4 天内的均方差:

$$\sigma_L^2 = \sigma_{L1}^2 + \sigma_{L2}^2 + \sigma_{L3}^2 + \sigma_{L4}^2 = 4 \times 150^2,$$

$$\sigma_L = \sqrt{4 \times 150^2} = 300$$

安全库存 $= z\sigma_L = 1.65 \times 300 = 495$

在这个例子中,我们认为每天的需求量之间相互独立,4 天需求量的期望值

$$\bar{d}_L = \sum_{t=1}^{4} \bar{d}_t = 4 \times 200 = 800$$

4 天需求量期望值的方差

$$\sigma_L^2 = 4 \times 150^2 = 90\,000$$

考虑安全库存后的订货点,为交货期内的平均耗用量加上安全库存,见公式 (7-3)

$$R = \bar{d}L + z\sigma_L \tag{7-3}$$

例 7-4 基本条件同例 3,增加如下数据:订货费用 $S=20$ 元/次;产品单位成本 $C=10$ 元;保管费用 $H=2$ 元/件·年。求经济订货批量和订货点。

解:年需求量 $D = \bar{d} \times 365 = 200 \times 365 = 73000$

$$EOQ = \sqrt{\frac{2DS}{H}} = \sqrt{\frac{2 \times 73000 \times 20}{2}} = 1208.3 \approx 1208 (件)$$

$$R = \bar{d}L + z\sigma_L = 200 \times 4 + 495 = 1295 (件)$$

2) 定期订货方法

定期订货,是指订货时间和周期预先确定,订货数量根据库存情况临时确定的订货方式。采用这种订货方式,管理人员定期对库存状况进行检查,并通过订货使库存恢复到目标库存所要求的水平上。目标库存是以满足订货间隔(包括交货期在内)内的需求为标准制订的。每次订货量的大小,取决于订货时剩余库存量的大小。

订货量 = 目标库存 − 剩余库存

定期订货系统完全由时间间隔 T 和目标库存 M 决定。

定期订货同样要考虑安全库存的问题。因此,其目标库存应为满足进货间隔期 T 和交货期 L 之内的平均需求量及为保证一定服务水平而建立起来的安全库存之和,见公式 (7-4)

$$\left.\begin{array}{l} M = m + S \\ m = \bar{d}(T+L) \\ S = z\sigma \end{array}\right\} \tag{7-4}$$

式中：m——$T+L$ 时期内的平均需求量；

$\bar{d}$——每日平均需求量；

σ——时间间隔 $T+L$ 之内需求变换的标准差；

z——一定服务水平所对应的正态分布的标准差个数；

S——安全库存。

定期订货的时间间隔 T，可由经济订货批量和每日平均需求量近似求得，即：

$$T = \text{EOQ}/\bar{d}$$

例 7-5 某产品的经济订货批量为 $\text{EOQ}=1000$；日均需求量 $\bar{d}=200$；标准差 $\sigma_{\bar{d}}=150$；交货期 $L=4$ 天；所要求的服务水平为 95%。求目标库存 M 和进货间隔期 T。

解：

$$T = \text{EOQ}/\bar{d} = 1000/200 = 5(天)$$

$$T + L = 5 + 4 = 9(天)$$

$$\sigma = \sqrt{9 \times 150^2} = 450$$

$$z(95\%) = 1.65$$

所以 $M = 200 \times (T+L) + z\sigma = 200 \times 9 + 1.65 \times 450 = 2542(件)$

这一定期订货系统需要每 5 天检查一次库存，并将库存水平恢复到 2542 件这一目标库存水平。

3）考虑折扣因素的经济订货批量

基本模型是假定价格不随批量而变动的，但在实际应用中，供应商为了吸引顾客购买更多的商品，往往规定在购买数量达到或超过某一数量标准时给予顾客价格上的优惠，这个事先规定的数量标准称为折扣点。在数量折扣的条件下，由于折扣之前的单位购买价格与折扣之后的单位购买价格不同，因此必须对基本的经济订货批量模型进行必要的修正，在这种情况下，除了考虑订货成本和储存成本之外，还应考虑采购成本。

如果按基本模型计算出的经济订货批量大于折扣点，就采用经济订货批量；如果计算出的经济订货批量小于折扣点，比较经济订货批量和折扣点时所产生的库存总费用，如果采用折扣点时产生的订货费用小于采用经济订货批量时所产生的订货费用时，就采用折扣点进行订货，反之亦然。

4. 技能训练准备

教师准备一个企业的库存环境模型。

5. 技能训练步骤

（1）学生独自根据教师提供的模拟的企业库存环境，制订相应的库存订货方法的报告。

（2）学生每人对其制订的报告发表陈述。

（3）教师对每个学生的结果逐一点评，并打分。

6. 技能训练注意事项

（1）学生要考虑全面，认真选择订货方法。

（2）报告内容确定要有依据、要准确。

7. 技能训练评价

全员参与讨论和成绩评判工作，但在自己小组发表时回避，即不为本小组评价成绩，总评满分为 100 分。

$$每位小组成员成绩 = 本小组成绩 \div 6$$

$$小组成绩 = 全员评价该小组成绩总和 \div 参评人数$$

请完成技能训练后填写技能训练评价表。见附录1。
8. 技能训练活动建议
（1）教师模拟制订的企业库存环境要有代表性、全面性。
（2）各小组可对报告内容进行讨论。

思考练习

1. 简答题
（1）简述库存的概念及作用。
（2）简述库存成本的构成。
（3）简述定量订货系统原理。
（4）简述定期订货系统原理。

2. 计算题
（1）某公司以单价10元每年购入8000单位的某种商品，订购成本为每次30元，每单位每年储存成本为3元，则经济订货批量、年总成本、年订购成本和年储存成本各为多少？

（2）某企业每年需要耗用1000件某种物资，现已知该物资的单价为20元，同时已知每次的订货成本为5元，每件物资的年存储费率为20%。
① 试确定该物资的经济订货批量；
② 试确定该物资的年订货总成本；
③ 试确定该物资的年存储总成本。

（3）某制造公司每年以单价10元购入8000单位的某种物品，每次订货的订货成本为30元，每单位物资的年存储费率为10%，若前置时间（交货期）为10日，一年有250个工作日，试求该物资的经济订货间隔期。

项目三 相关库存控制技术

教学要点

（1）掌握MRP的原理；
（2）掌握MRP的运行程序。

教学方法

可采用讲授、情境教学、案例教学和软件模拟等方法。

教学内容

一、MRP与库存管理

1. 情景设置
京凯公司是一家生产电子产品的公司，产品特点是多品种，大批量，在没有应用计算机管理系统之前,管理工作十分繁杂,管理人员经常加班仍不能满足企业的要求。在没有使用计算机管理之前,PMC部每次下生产计划都要人工计算生产用料单,花费大量的时间清查现有库存,计算缺料等;材料品种多,进库、出库、调拨的频繁操作也使得仓库的管理工作量十分巨大,人工误差导致库存数量的不准也影响到生产发料;停工待料现象经常发生,因而也影响到生产交货不及时。各个部门各自为政,信息流通滞后,严重影响经营决策,整个企业的管理比较混乱。

公司于2002年年初开始实施MRP管理系统,实施后,PMC人员下一个生产计划单由原来的2天变为十几秒钟,自动生成的生产发料单又快又准,材料仓的进货可在第一时间自动补充生产缺料也使得生产得以及时顺利进行,管理人员再不用为下生产计划单而忙得团团转,生产状况得到极大的改善。

库存管理体系建立后,加强了重点物资的管理,通过对库存超储,积压处理等功能的实施,减少了库存的积压,有效地控制了库存资金的占用。公司内多个库房准确的动态库存数据随时为生产计划提供有效的信息。

2. 技能训练目标

使学生掌握并学会使用MRP软件进行库存控制。

3. 相关理论知识

1) 相关需求与MRP

独立需求是指将要被消费者消费或使用的制成品的库存,如自行车生产企业的自行车库存。制成品需求的波动受市场条件的影响,而不受其他库存品的影响。这类库存问题往往建立在对外部需求预测的基础上,通过一些库存模型的分析,指定相应的库存策略来对库存进行管理。这些内容在上一内容模块中已经讨论过。

相关需求是指将被用来制造最终产品的材料或零部件的库存。自行车生产企业为了生产自行车还要保持很多原材料和零部件的库存,如车把、车梁、车轴、车条等。这些物料的需求彼此之间具有一定的相互关系,例如一辆自行车需要有两个车轮,如生产1000辆自行车,就需要有$1000 \times 2 = 2000$个车轮。这些物料的需求不需要预测,只有通过相互之间的关系来进行计算。这里的自行车称为父项,车轮称为子项(或组件)。

20世纪60年代计算机应用的普及和推广,人们可以应用计算机拟定生产计划,美国生产管理和计算机应用专家首先提出了物料需求计划,IBM公司则首先在计算机上实现了MRP处理。

物料需求计划(简称MRP)是计算生产最终产品所用到的原材料、零件和组件的系统。MRP的基本形式是一个计算机程序,它根据总生产进度计划中规定的最终产品的交货日期,决定了在指定时间内生产指定数量的各种产品所需各种物料(构成最终产品的装配件、部件、零件)的数量和时间。当作业不能按时完成时,MRP系统可通过重新计算,对采购和生产进度时间与数量加以调整,使各项作业的优先顺序符合实际情况。

MRP用于在各种有加工车间环境的工业企业中(加工车间环境是指用相同的生产设备生产成批量的产品)。对于以装配作业为中心的企业,MRP具有很高的使用价值,但在加工企业中其使用价值最低。还有需要注意的是,在每年只生产少量产品且产品的技术含量很高的企业,经验显示,由于它的提前期太长和太不确定,对于MRP来说,其产品结构太复杂以致难以控制,像这样的企业由项目管理学中的网络计划来控制效果会更好些。

2) MRP 的基本原理

MRP 的基本原理是由主生产进度计划(MPS)和生产品的层次结构逐层逐个求出主生产品所有零部件的出产时间、出产数量,把这个计划叫做物流需求计划。其中,如果零部件靠企业内部生产的,需要根据各自的生产时间长短来提前安排投产时间,形成零部件投产计划;如果零部件需要从企业外部采购的,则要根据各自的订货提前期来确定提前发出各自订货的时间、采购的数量,形成采购计划。确定按照这些投产计划进行生产和按照采购计划进行采购,就可以实现所有零部件的出产计划,从而不仅能够保证产品的交货期,而且还能够降低原材料的库存,减少流动资金的占用。MRP 的逻辑原理图如图 7-4 所示。

由图 7-4 可以看出,物料需求计划 MRP 是根据主生产进度计划(MPS)、主产品结构文件(BOM)和库存文件形成的。

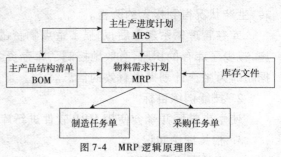

图 7-4 MRP 逻辑原理图

主产品就是企业用以供应市场需求的产成品。例如,汽车制造厂生产的汽车,电视机厂生产的电视机,都是各自企业的主产品。

主产品的结构文件 BOM 主要反映出主产品的层次结构、所有零部件的结构关系和数量组成,根据这个条件,可以确定主产品及其各个零部件的需要数量、需要时间和它们相互间的装配关系。

主生产进度计划 MPS 主要描述主产品及由其结构文件 BOM 决定的零部件的出产进度,表现为各时间段内的生产量,有出产时间、出产数量或装配时间、装配数量等。

产品库存文件包括了主产品和其所有零部件的库存量、已订未到数量和已分配但还没有提走的数量。制订物料需求计划有一个指导思想,就是要尽可能减少库存,产品优先从库存物资中供应,库存中有的,就不再安排生产和采购;仓库中有但数量不够的,只安排不够的那一部分数量生产或采购。

由物料需求计划再产生产品投入计划和产品采购计划,根据产品投产计划和采购计划组织物资的生产和采购,生成制造任务单和采购任务单,交制造部门生产或交采购部门去采购。

3) MRP 系统

(1) MRP 系统的目标。

MRP 系统的主要目标是控制库存水平,确定产品的生产优先顺序,满足交货期的要求,计划生产系统的负荷,并使其达到均衡等,可以归纳为以下几点:①采购适当品种和数量的零部件,在适当的时间订货,维持可能最低的库存水平。②保证计划生产和向用户提供所需要的各种材料、零件和产品。③计划充分且负荷均衡,对于未来的负荷在计划中作适当的考虑。④规划制造活动、交货日期和采购活动。

正是由于 MRP 系统可以同时实现上述目标,采用 MRP 系统对工业企业控制生产产品所需要的各种相关需求物料的库存就具有特别重要的意义。在 MRP 系统中可根据最终产品的交货期,反过来推算相关需求的零部件的生产进度和数量。

(2) MRP 系统的输入。

MRP 系统主要输入三个文件:主生产进度计划 MPS、主产品结构文件 BOM 和库存文件

(有时候也称库存状态文件)。

① 主生产进度计划 MPS。主生产进度计划一般是主产品的一个产出时间进度表,主产品是企业生产的用以满足市场的最终产品,一般是整机或具有独立使用价值的零件、部件、配件等。它们一般是独立需求产品,靠市场的订货合同、订货单或市场预测来确定其未来一段时间(一般是一年)的总需求量,包括需求数量、需求时间等。把这些资料再根据企业生产能力状况经过综合调配平衡,把它们具体分配到各个时间单位中去,这就是主产品出产进度计划。这个主产品出产进度计划是 MRP 系统中最主要的输入信息,也是 MRP 系统运行的主要依据。

主产品出产进度计划来自企业的年度生产计划。年度生产计划覆盖的时间长度一般是一年,在 MRP 中用 52 周表示。但是主产品的出产进度计划可以不一定是一年,要根据具体的主产品的出产时间来确定。但是有一个基本原则,及主产品出产进度计划所覆盖的时间长度要不少于其组成零部件中具有的最长的生产周期。否则,这样的主产品出产进度计划不能进行 MRP 系统的运行,因此是无效的。

例如,有一个产品 A 出产计划表,见表 7-7。

产品 A 的出产进度 表 7-7

时期(周)	1	2	3	4	5	6	7	8
产量(件/周)	22	15	20	—	60	—	15	—

② 主产品结构文件 BOM。主产品结构文件不简单地是一个物料清单,它还提供了主产品的结构层次、所有各层零部件的品种数量和装配关系。它一般用一个自上而下的结构树表示,每一层都对应一定的级别,最上层是 0 级,即主产品级。0 级的下一层是 1 级,对应主产品的一级零部件,这样一级一级往下分解,……,一直分解到最末一级 n 级,一般是最初级的原材料或者外购零部件。每一层各个方框都标有 3 个参数:

a. 组成零部件名。

b. 组成零部件的数量,指构成相连上层单位产品所需要的本零部件的数量。

c. 相应的提前期,所谓提前期,包括生产提前期和订货提前期。所谓生产提前期,是指从发出投产任务单到产品生产出来所花的时间。而订货提前期是指从发出订货到所订货物采购回来入库所花的时间。提前期的时间单位要和系统的时间单位一致。有了这个提前期,就可以由零部件的需要时间而推算出投产时间或采购时间。

③ 库存文件(有时候也称库存状态文件)。

库存文件包含有各个品种在系统运行前期初的静态资料,但它主要提供并记录 MRP 运行过程中实际库存量的动态变化过程。由于库存量的变化,是与系统的需求量、到货量、订货量等各种资料变化相联系的,所以,库存文件实际上提供和记录各种物料的所有各种参数随时间的变化。这些参数有:

a. 总需要量:是指出产品及其零部件在每一周的需要量。其中主产品的总需要量与主生产进度一致,而主产品的零部件的总需要量根据主产品出产进度计划和主产品的结构文件推算而出。

总需要量中,除了以上生产装配需要用品以外,还可以包括一些维护用品,如润滑油、油漆等。既可以是相关需求,也可以是独立需求,合起来记录在总需要量中。

b. 计划到货量:是指已经确定要在指定时间到达的货物数量。它们可以用来满足生产和装配的需求,并且会在给定时间到货入库。它们一般是以临时订货、计划外到货或者物资调剂等得到的货物,但不包括根据这次 MRP 运行结果产生的生产任务单生产出来的产品或根据采购订货单采购回来的外购品。

c. 库存量:是指每个周库存物资的数量。由于在一周中,随着到货和物资供应的进行,库存量是变化的,所以周初库存量和周末库存量是不同的。因此规定这里记录的库存量都是周末库存量。它在数值上等于:

$$库存量 = 本周周初库存量 + 本周到货量 - 本周需求量$$
$$= 本周周末库存量 + 本周计划到货量 - 本周需求量$$

另外在开始运行 MRP 以前,仓库中可能还有库存量,叫期初库存量。MRP 运行是在期初库存量的基础上进行的,所以各个品种的期初库存量作为系统运行的重复参数必须作为系统的初始输入要输入到系统之中。

库存量是满足各周需求量的物资资源。在有些情况下,为了防止意外情况造成的延误,还对某些关键物资设立了安全库存量,以减少因紧急情况而造成的缺货。在考虑安全库存的情况下,库存量中还应包含安全库存量。

(3) MRP 系统的输出。

MRP 输出包括了主产品库存量及其零部件在隔周的净需求量、计划订货接受和计划订货发出三个文件。

①净需求量。净需求量是指系统需要外界在给定的时间提供的给定物料的数量。这是物资资源配置最需要回答的主要问题,即到底生产系统需要什么物资,需要多少,什么时候需要。净需要量文件很好地回答了这些问题,不是所有零部件每一周都有净需求量的,只有发生缺货的周才发生净需要量,也就是说某个品种某个时间的净需要量就是这个品种在这一个时间的缺货量。所谓缺货,就是上一周的期末库存量加上本期的计划到货量小于本期的总需要量。净需要量的计算方法是:

$$本周净需要量 = 本周总需要量 - 本期计划到货量 - 本周周初库存量$$
$$= 本周总需要量 - 本周计划到货量 - 上周周末库存量$$

MRP 在实际运行中,不是所有的负库存量都有净需求量的。净需求量可以这样简单的确定:在现有库存量一栏中第一个出现的负库存量的周,其净需求量就等于其负库存量的绝对值。在其后连续出现的负库存量各周中,各周的净需求量等于其本周的负库存量减去前一周的负库存量。

②计划接受订货量。计划接受订货量是指为了满足净需要量的需求,应该计划从外界接受订货的数量和时间。它告诉人们,为了保证某种物资在某个时间的净需求量得到满足,人们提供的供应物资最迟应当在什么时候到达,到达多少。这个参数的用处,除了用于记录满足净需求量的数量和时间之外,还为它后面的参数"计划发出订货"服务的,是"计划发出订货"的参照点(两者数量完全相同,时间上相差一个提前期)。计划接受订货量的时间和数量与净需求量完全相同。

$$计划接受订货量 = 净需要量$$

③计划发出订货量。计划发出订货量是指发出采购订货单进行采购或发出生产任务单进行生产的数量和时间。其中发出订货的数量,等于"计划接受订货"的数量,也等于同周的"净需要量"的数量。计划发出订货的时间考虑生产或订货提前期,为了保证"计划接受订货"或者"净需要量"在需要的时刻及时得到供应,而提前一个提前期而得到的一个时

间,即:

$$计划发出订货时间 = 计划接受订货时间 - 生产(或采购)提前期$$
$$= 净需求量时间 - 生产(或采购)提前期$$

4) MRP 的发展——MRP Ⅱ

(1) MRP Ⅱ 简介。

在企业的管理中,生产管理只是一个方面,它所涉及的仅仅是物流,而与物流密切相关的还有资金流。这在许多企业中是由财务人员另行管理的,这就造成了数据的重复录入与存储,甚至造成数据的不一致。于是,在 20 世纪 80 年代,人们把生产、财务、销售、工程技术、采购等各个子系统集成为一个一体化的系统,并称之为制造资源计划系统,英文缩写也是 MRP,为了区别于物流需求计划(缩写亦为 MRP)而记为 MRP Ⅱ。

MRP Ⅱ 并不是一种与 MRP 完全不同的新技术,而是在 MRP 的基础上发展起来的一种新的生产管理方式。MRP Ⅱ 在内容和能力上有了很大扩充,它涵盖了整个企业生产经营活动,包括销售、生产、库存、生产作业计划与控制等,能对所有的生产资料、库存、人力资源、设备、财务、销售等进行综合计划和管理。

(2) MRP Ⅱ 的功能。

①基础数据管理。基础数据管理是指 MRP Ⅱ 系统中所涉及的有关产品结构、零件明细、材料消耗、工艺路线、工时定额等生产技术数据管理。它的主要功能包括:a. 物料清单管理;b. 工艺路线管理;c. 资源数据管理。

②库存管理。库存管理是指对生产过程中涉及的材料库、标准件库、电机库、毛坯库、半成品库等的管理。MRP Ⅱ 系统在减少库存占用中具有明显的经济效益,这在国外已被充分证明。

③经营计划管理。经营计划管理子系统主要是销售与主生产计划管理的制订,一般分为若干个子系统。销售合同以及产品需求预测是制订生产计划的依据,主生产计划又是制订物料需求计划的依据。这里销售合同管理、成品库管理、产品的发货等均是与各个企业及其产品密切相关的,MRP Ⅱ 系统部能提供一个通用模式,但可以根据用户的需求,在一个适用模式的基础上再开发。

④主生产计划。主生产计划不同于年度综合计划,也不同于季度生产计划。主生产计划规定了最终产品的出产数量与时间。一般而言,主生产计划的时间单位为"周"。

⑤物料计划。物料计划是 MRP Ⅱ 系统的核心部分,它体现了 MRP Ⅱ 系统逻辑的主要部分。这部分有三个子系统:物料需求计划子系统、细能力平衡子系统及车间任务下达子系统。三个子系统密切相关,将主计划以零件计划的形式下达到车间及所属的加工中心。

⑥车间作业计划与控制。生产进度计划、物料需求计划的下达和执行,都是通过车间作业计划与控制子系统完成的。车间作业计划与控制的功能有两个,一是根据物料需求计划系统的输出制订车间内部作业计划,生成最终装配计划、加工订单与派工单,对生产进度进行调度及物料发放;另一个是根据生产现场信息编制完工报告。

⑦物料采购计划。物料采购供应主要解决两个问题:一是产品合同确定后,马上能汇总对标准件与材料的需求量;二是当产品投产时,以及掌握其标准件与材料的需求量及库存情况,并可以进行供应商管理。

⑧成本核算与财务管理。产品成本核算统计是企业较为困难而又量大的工作。从 MRP

Ⅱ系统一体化来考虑,这两部分都是与前面的子系统想联系的。MRPⅡ系统不同于其他软件,它是一个整体资源共享、优化的系统,上面的子系统都实施了,有了较好的数据基础,才能实施这两个模块。

此外,MRPⅡ系统还有设备管理、人力资源管理、输入/输出控制等功能。

5) ERP与库存管理

(1) ERP的提出。

到了20世纪90年代,现实社会开始发生革命性变化,即开始从工业经济时代步入知识经济时代,随着经济全球化进程的加快,IT技术的发展与广泛应用,人类社会经济发展发生了重大变化,企业所处的时代背景与竞争环境发生了很大变化,主要表现在以下几个方面:创新过程不断发生变化,知识经济时代的创新是连续的;取得竞争优势在不断变化,竞争优势来自对创新的追求;需求的迅速变动与生产过程的调整,创造过程也是在创造需求;竞争空间的扩大。

在以上情形下,企业管理一方面要在现有基础上,考虑进一步提高效率,以适应市场竞争并取得竞争优势;另一方面还要适应持续创新过程造成的市场需求的变化及其对企业生产流程不断调整的要求,考虑企业怎样才能在更广阔的竞争范围内取得竞争优势。

(2) ERP的核心思想。

企业资源计划(简称ERP)是美国公司于1990年提出的,其核心管理思想就是实现对整个供应链的有效管理,主要体现在以下三个方面:体现对整个供应链资源进行管理的思想;体现精益生产和敏捷制造的思想;体现事先计划与集中控制的思想。

(3) ERP的基本原理。

ERP系统能够自动完成一个组织功能领域的各项任务(财务、人力资源、销售、采购和物料分配),并能将这些不同领域的数据资源储存在一个数据库中。ERP除了MRPⅡ已有的生产资源计划,制造,财务、销售、采购等功能外,还有质量管理,实验室管理,业务流程管理,产品数据管理,存货、分销与运输管理,人力资源管理和定期报告系统等。ERP系统的运行目的是通过信息共享和相互交流提高企业各部门之间的合作和交流。

ERP系统与典型的MRPⅡ系统在技术要求如用户界面、相关数据库、四代语言的使用、计算机软件开发工具、客户/服务器结构等方面存在差异。

从系统功能上来看,ERP系统虽然只是比MRPⅡ系统增加了一些功能子系统,但更为重要的是这些子系统的紧密联系以及配合与平衡。正是这些功能子系统把企业所有的制造场所、营销系统、财务系统紧密结合在一起,从而实现全球范围内的多工厂、多地点的跨国经营运作;其次,传统的MRPⅡ系统把企业归类为几种典型的生产方式来进行管理,如重复制造、批量生产、按订单装配、按库存生产等,对每一类型都有一套管理标准。

而20世纪80年代末与90年代初,企业为了紧跟市场的变化,纷纷从单一的生产方式向混合型生产发展,而ERP则能很好地支持和管理混合型制造环境,满足了企业的这种多元化经营需求;最后,MRPⅡ是通过计划的及时滚动来控制整个生产过程,它的实时性较差,一般只能实现事中控制。而ERP强调企业的事前控制能力,它可以将设计、制造、销售、运输等通过集成来并行地进行各种相关的作业,为企业提供了对质量、适应变化、客户满意、绩效等关键问题的实时分析能力。

(4) ERP的局限性。

尽管ERP的核心思想是供应链管理,但是目前大多数ERP系统还主要用于企业内部流程的优化,并把注意力集中于如何使企业自身运转更加有效。而企业的收益不仅取决于企业内部流程的加速运转和自动化,还将取决于企业将这种效率传播给由它的供应商以及客户组成的整个业务系统的能力,即把效率传播给它的整个供应链的能力。但是现在的 ERP 还达不到这个目标,其存在的问题体现在以下几个方面:ERP 系统无法满足企业个性化管理的需求;ERP 虽然是面向供应链管理,但其重心仍在企业内部,在现在激烈的买方市场竞争中,客户已经成为决定企业兴衰的关键;随着互联网时代的到来,电子经营的兴起,数字经济已经影响到社会经济生活中的方方面面。但基于 Internet/Intranet、B/S 体系结构的 ERP 软件系统还处于初级阶段,对电子经营的支持尚未成熟;ERP 与 EC 的集成程度低,会导致客户满意度的下降,甚至失去很多的客户。

作为管理软件,ERP 系统还不能包括工厂基础自动化控制部分,管理系统与生产系统缺乏有机结合。

4. 技能训练准备

安排好实训多媒体教室,保证 MRP 教学软件的正常使用。

5. 技能训练步骤

(1)讲解 MRP 软件操作,明确实习任务;

(2)学生独立模拟操作 MRP 软件;

(3)验证学生 MRP 系统操作的正确性。

6. 技能训练注意事项

保证学生独立操作,维持正常的教学秩序。

7. 技能训练评价

请完成技能训练后填写表 7-8。

技 能 训 练 评 价　　　　　　　　　表 7-8

序号	MRP 软件操作 (45 分)	操作正确性 (30 分)	根据需求调整 MRP (30 分)	总分
1				
2				
3				
4				
5				
6				

8. 技能训练活动建议

随时进行 MRP 软件的更新,保持软件与企业实际相符。

二、JIT 与库存管理

1. 情景设置

上海水仙能率有限公司是由上海水仙电器总厂和日本能率公司合资的热水器生产厂,是一个典型的 JIT 生产方式的装配型企业。注册资金 2000 万美元。该公司拥有员工 300 多人,1995 年实现销售额 2 亿,占有上海热水器市场的 60%。

由于该公司根据日本能率公司的订单和技术文件组织生产,所以企业的主要管理内容为生产现场管理和财务管理。该公司按照 JIT 方式简化生产管理过程,在生产过程中不设物料仓库,不设半成品。生产管理全部手工实现。财务管理采用了某公司的财务软件。由于 JIT 生产方式采用看板方法,拉式组织企业生产,即针对最终一级生产发出的指令决定了整个加工过程应提供的产量。因此,在成本核算的过程中依据 JIT 生产报表,反推该成本周期内的物料、工资和费用,建立适当的会计分录,并过账到总账系统,以反映费用及成本。采用平行结转分步法进行成本核算,物料、工资和费用分别进行结转。

目前依据 JIT 生产报表,反推该成本周期内的物料消耗以及工资和费用的核算完全采用手工方式,核算周期长,容易出错。而且由于市场需求的不断变化,生产的发展,产品品种和规格越来越多,手工方式的成本核算越来越无法适应企业管理的需要。这时迫切需要有一种手段,自动实现成本核算。受水仙能率有限公司委托,我们为该公司开发了适合其实际的成本核算模块。

根据 JIT 生产报表,通过对 BOM 表进行一系列的集合运算,实现物料的成本核算层次定位、物料实际耗用推算以及物料、工资和费用的层层结转。系统提供了平行结转分步法、综合结转分步法实现实际成本核算,反映实际成本与标准成本的差异,系统的分析功能提供多种手段进行成本分析。系统同时还提供了成本试算功能为职能部门制订合理的成本策略提供科学依据,成本估算功能为工程技术部门技术提供新产品的成本信息。

图 7-5 表示了该公司的管理模型。

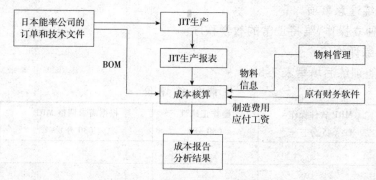

图 7-5 上海水仙能率管理模型

2. 技能训练目标

使学生对 JIT 的基本原理有大概了解。

3. 相关理论知识

1) JIT 的产生

在传统的库存管理中,库存一旦低于订货点或消耗时,就会立即发出订货需求,以保证一定的存货维持生产。这种不依据需求而定的做法没有必要,也很不合理,在需求间断的条件下必然造成大量的库存积压。所以,采用传统的库存管理不仅没有为企业提供可靠的数据,反而会误导企业的库存管理。这意味着一种新的库存管理体系诞生的必要性。

在上述背景下,就产生了"准时制生产"、"准时制采购"的理念。准时化生产方式是起源于日本丰田公司的一种生产管理方法。它的基本思想是以"彻底杜绝浪费"、"只在需要的时间,按需要的量,生产所需要的产品"。这也是准时制生产的基本含义。

准时生产方式已被世界公认为是日本企业在激烈的国际市场竞争中得以获得成功的法宝之一。以日本丰田汽车制造公司为代表的日本企业,从 20 世纪 60 年代起,开始采用 JIT

生产方式,并获得了空前的成功。由此,日本汽车工业在激烈的国际竞争中异军突起,取得了空前的优势。

准时制生产作为一种现代生产运作管理方式,为企业提供了一种不断提高生产能力和降低生产消耗的有效途径。JIT 所遵循的原则可用一句话概况为:只在需要的时候,按照所需要的数量,以完美的质量为顾客生产提供所需要的产品。

2) JIT 的基本构成要素

JIT 生产方式是建立在它的三项基本构成要素之上的。这三项基本构成要素分别是:消除浪费、全面质量、人员素质。这三者之间相互重叠,有机地联系在一起。JIT 生产方式运用现代生产作用管理技术来消除浪费,通过与全面质量相结合来提高企业素质,注重人员培训和提高人员素质,掌握新的技术以适应新的挑战。

(1) 基本构成要素之一:消除浪费。

根据 JIT 生产方式的观念,消费被定义为生产和服务过程中不对产品增添价值的任何活动、行为或事物。在生产和服务过程中,一般都存在不同程度、形式的浪费。丰田公司识别和归纳了常见的 7 种形式的浪费,它们分别为:①过量生产造成的浪费;②等候期间造成的浪费;③运送造成的浪费;④工艺流程不完善造成的浪费;⑤库存积累造成的浪费;⑥质量缺陷造成的浪费;⑦缺乏整体性造成的浪费。

(2) 基本构成要素之二:全面质量。

"全面"意味着全员和全过程的参与,"质量"是指企业所做的一切是为客户提供满足其要求的产品和服务,指企业内部人员相互之间的合作和协调性,指企业在原材料的质量与服务方面对供应商的期待和要求。就全面质量而言,值得重视的 6 个方面包括:①企业高层管理;②操作一体化;③防止质量缺陷;④产品质量检验;⑤质量自我保障;⑥持续改进。

(3) 基本构成要素之三:人员素质准备。

充分发挥和利用人的能力是 JIT 生产方式和全面质量思想理念的一个很重要的方面。JIT 生产方式的顺利实施,是建立在企业全员的积极参与和竭力贡献的基础之上的。这就要求企业对员工进行必要的培训,使他们具备所要求的素质和适应 JIT 生产经营环境的能力。就人员培训和素质提高而言,应予以重视的 6 个方面包括:①规章制度;②灵活性;③自主性;④人力开发;⑤工作环境;⑥创造性。

3) 看板原理

JIT 生产的原理和特点都很好,但要怎么样把他们实施和操作起来呢?如果没有一个具体的实施方法,则 JIT 生产的特点和优点体现不出来,再好的东西也没用。有一个既简单、方便又适用的实施操作的技术,就是看板管理技术。

所谓看板,就是一张信息卡片,又称为要货指令。在看板上记录着商品号、商品名称、供应商和需求点(取货地、送货地)、生产或要货数量、所用工位器具的型号,该看板的周转张数等,以此作为取货、运输、生产的凭证和信息指令。由需求方向供货方发出看板,就是向供应商发出什么时间把什么品种、什么规格、什么数量从什么地方送到什么地方的指令。看板可以用不同的材料做成,可以用纸片、塑封纸片、塑料片,甚至金属片都可以。可以挂在看板牌上,也可以放在看板袋里。

看板,根据其服务对象分,可以分为生产看板和运输看板。生产看板,用在生产循环中,运输看板主要用在运输循环中。生产看板,是从生产的产成品工位到其前面各个工序以及原材料库的看板循环,主要利用看板指挥其前面各个工序的生产数量和生产时间、索要零部件或工件、原材料。运输看板循环是指从生产部门的产成品到用户需求点的看板循环，主要是用户需求点向产成品供应点索要产成品的看板循环。它们的应用原理都一样。我们这里只讨论从客户需求点到供应商产成品的运输循环。

用户与供应商进行 JIT 运作，并实行运输看板操作。供应商直接小批量多批次地送货到用户的生产线需求点。货物以货箱为单位，直接用叉车装运到用户需求点。操作原理如下：当用户在生产线上消耗完一个货箱的货物后，就将空箱上挂上一块看板，由叉车取走，直接运到供应商的产成品供应处去要货。供应商按看板制订的需要品种、需要数量备货（或生产）、装货、装货完毕，叉车司机再按看板给定的时间准时运送到用户需求地、供用户继续的使用消耗。叉车由用户处离开时又把放在旁边的空箱连同挂在其上的要货看板一起又送到供应商处进行下一次的备货、装货和运输，这样循环不止，直到用户需求点完工为止。

在看板供应中，每次订货和供应都是对现实消耗的补充。它体现了准时化采购的基本原则。这种方式简单实用，是 JIT 采购最有效的管理工具，而且随着计算机通讯技术的发展，传统的纸化看板卡片已大多被电传、传真和电子信箱等现代化媒介所替代，使得看板供应更为迅速和准确。

4）JIT 的实施

（1）JIT 实施的条件。

①距离越近越好；

②制造商和供应商建立互利合作的战略伙伴关系；

③注重基础设施的建设；

④强调供应商的参与；

⑤建立实施 JIT 的组织；

⑥制造商向供应商提供综合的、稳定的生产计划和作业数据；

⑦着重教育与培训；

⑧加强信息技术的应用。

（2）JIT 采购实施步骤。

①创建 JIT 实施组织。JIT 实施组织的作用就是全面处理 JIT 的相关事宜。要制订 JIT 的操作规程、协调企业内部各有关部门的运作、协调企业与供应商之间的运作。

②制订计划，确保 JIT 策略有计划、有步骤地实施。要制订实施 JIT 的策略和措施，考虑如何减少供应商的数量、对供应商进行评价，向供应商发出指令。

③精选少数几家供应商建立伙伴关系。

④进行试点工作。

⑤对供应商进行培训，确定共同目标。

⑥给供应商颁发产品免检证书。

⑦实现配合节拍进步的交货方式。

⑧继续改进，扩大劳动成果。

4. 技能训练准备

教师准备相关案例，进行随堂讨论。

5. 技能训练步骤

（1）教师陈述案例；

（2）教师分析案例并提出问题；

(3)学生讨论并阐述自己的观点;
(4)教师点评总结。
6. 技能训练注意事项
(1)教师案例阐述要求清晰明了;
(2)要能激发学生积极主动性,使每个学生都要参与。
7. 技能训练评价
请完成技能训练后填写技能训练评价表,见表7-9。

技能训练评价　　　　　表7-9

序号	课堂表现(20分)	发言准确性(15分)	学生自评(15分)	教师评价(50分)	总分
1					
2					
3					
4					
5					
6					

8. 技能训练活动建议
教师的案例具有代表性和权威性。

思考练习

简答题

(1)简述 MRP 的基本原理。
(2)简述 MRP 的输入和输出。
(3)简述 ERP 的核心思想。
(4)简述 JIT 的基本构成要素。
(5)用图表示定量订货法和定期订货法的作业程序。

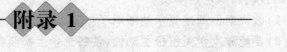

技 能 训 练 评 价 表1

小组	设计构想 (35分)	设计效果 (25分)	报告表述 (25分)	团队协作 (15分)	总分
1					
2					
3					
4					
5					
6					

附录 2

技能训练评价　　　　　　　　　　　　　　表 2

专　业			班　级		学　号		姓　名	
考评内容								
地　点								
考评标准			内　容				分值(分)	评分(分)
考评标准	实习表现	规章制度	是否遵守学校实习制度和参观厂家规章制度？				10	
考评标准	实习表现	实习态度	是否以端正的态度进行参观实习，过程中仔细观察，认真学习？				15	
考评标准	学生自评	参与度	是否积极参与学习？积极进入角色？积极动手实践？积极探知知识点和思考工作方法？积极参加研讨？积极提出建议？				10	
考评标准	学生自评	实习报告	是否独立完成？如实撰写？撰写详尽？专业性？图表合理清晰？				15	
考评标准	教师评价	工作流程计划	流程是否设置清晰？其是否具有可执行性和有效性？				10	
考评标准	教师评价	角色完成质量	调研内容确定是否有依据、准确？能否按时完成任务？能否正确完成任务？能否采取合理工作方法？				10	
考评标准	教师评价	工作汇报	是否PPT如实描述？内容是否全面？编排是否美观？是否具有专业性？图表是否合理清晰？是否具有独创性？				15	
考评标准	教师评价	工作报告	是否独立完成？是否如实撰写？撰写是否详尽？是否具有专业性？图表是否合理清晰？				15	
考评标准			总　评				100	

参 考 文 献

[1] 唐秀丽.物流仓储管理[M].上海:上海交通大学出版社,2010.
[2] 薛威.物流仓储管理实务[M].北京:高等教育出版社,2011.
[3] 赵阳.仓储管理实务[M].北京:北京理工大学出版社,2010.
[4] 白世贞.现代仓储管理[M].北京:科学出版社,2010.
[5] 王国文.仓储规划与运作[M].北京:中国物资出版社,2009.
[6] 周文泳.现代仓储管理[M].北京:化学工业出版社,2010.
[7] 张开涛.仓储管理实务[M].北京:人民邮电出版社,2011.
[8] 黄静.仓储管理实务[M].大连:大连理工大学出版社,2007.
[9] 中国交通运输协会.仓储管理应试指南[M].北京:电子工业出版社,2008.
[10] 田源.仓储管理[M].北京:机械工业出版社,2009.
[11] 高程德,张国有.企业管理[M].企业管理出版社,1992.
[12] 刘艳良,肖绍萍.仓储管理实务[M].北京:人民交通出版社,2008.
[13] 李永生,郑文岭.仓储与配送管理[M].北京:机械工业出版社,2009.
[14] 袁长明,刘梅.物流仓储与配送管理[M].北京:北京大学出版社,2008.
[15] 郭曙光.仓储与配送管理实务[M].北京:中国林业出版社,北京大学出版社,2008.
[16] 赵玉国.仓储管理[M].北京:冶金工业出版社,2008.
[17] 牛艳莉,杨力.仓储管理实务[M].天津:南开大学出版社,2010.
[18] 周云霞.仓储管理实务[M].北京:电子工业出版社,2010.
[19] 赵启兰,刘宏志.库存管理[M].北京:高等教育出版社,2005.
[20] 王槐林.采购管理与库存控制[M].北京:中国物资出版社,2008.
[21] 依桥宪彦.高效库存管理务实[M].李莹,译.广州:广东经济出版社,2005.
[22] 鲁楠.采购管理与库存控制[M].大连:大连理工大学出版社,2009.